지루함의 심리학

지루함의 심리학

—

2022년 2월 9일 초판 1쇄 발행
2022년 2월 25일 초판 2쇄 발행

—

지은이 제임스 댄커트, 존 D. 이스트우드
옮긴이 최이현
펴낸이 김정수, 강준규
책임편집 유형일
마케팅 추영대
마케팅지원 배진경, 임혜솔, 송지유, 이영선

—

펴낸곳 (주)로크미디어
출판등록 2003년 3월 24일
주소 서울시 마포구 성암로 330 DMC첨단산업센터 318호
전화 02-3273-5135
팩스 02-3273-5134
편집 070-7863-0333
홈페이지 http://rokmedia.com
이메일 rokmedia@empas.com

—

ISBN 979-11-354-7408-8 (03180)
책값은 표지 뒷면에 적혀 있습니다.

—

- 비잉은 로크미디어의 인문 도서 브랜드입니다.
- 잘못 만들어진 책은 구입하신 서점에서 교환해 드립니다.

지루함의 심리학

OUT OF MY SKULL

지루함이 주는 놀라운 삶의 변화

제임스 댄커트, 존 D. 이스트우드 지음 · 최이현 옮김

Being

저자 · 역자 소개

저자 · 제임스 댄커트James Danckert

제임스 댄커트는 캐나다 워털루대학교 심리학과 교수이자 인지신경과학자이다. 호주 멜버른 대학교에서 심리학과 영문학을 복수 전공했으며, 호주 라트로브대학교에서 신경심리학 석사, 박사 학위를 받았다. 대학교 때 형이 교통사고를 당해 뇌 손상을 입은 사건과 쇠막대 관통 사고로 뇌 손상을 입은 피니어스 게이지의 사례를 보면서 인간의 집행 기능에 대해 관심을 갖게 되었다. 또한 교통사고를 당한 형이 사고 전보다 더 많이 지루해하는 모습을 보면서 지루함이라는 주제에 큰 관심을 갖기 시작했다. 그는 외상성 뇌 손상 환자들을 대상으로 집행 기능을 비롯한 다양한 인지 능력 실험들을 진행했다. 그의 주된 관심 분야는 지루함과 정신 모델이며 인간의 주의력과 뇌졸중이 야기하는 결과에 관한 연구들도 함께하고 있다.

저자 · 존 D. 이스트우드 John D. Eastwood

존 이스트우드는 캐나다 요크대학교 심리학과 부교수이자 임상심리학자이다. 캐나다 워털루대학교에서 임상심리학 박사 학위를 받았다. 지난 20년 간 지루함이라는 주제에 매료되어 요크대학교 내에 지루함 연구소를 설립해서 관련 연구를 계속 해오고 있다. 광범위한 인문학적 관점에서 지루함이라는 주제에 접근하되, 주로 인지심리학과 임상심리학적 관점에서 지루함을 이해하고 분석한다. 또한 임상심리학자로서, 예비 임상의들을 교육하는 일도 병행하고 있다.

역자 · 최이현

연세대학교 행정학과에서 학사 및 석사 학위를 받았다. 독서와 글쓰기에 마음을 빼겨 10년 가까이 다니던 안정된 직장을 그만두고 전문 번역가의 길로 들어섰다. 현재 바른번역 소속 번역가로 활동 중이다. 《리볼트》, 《쿠데타, 대재앙, 정보권력》, 《침묵하지 않는 사람들》, 《정치는 어떻게 시간을 통제하는가?》 등을 우리말로 옮겼고, 계간지 〈뉴필로소퍼〉 번역에 참여하고 있다.

내 형제 폴에게
자주 지루해하지만 남을 지루하게 하지는 않는
- 제임스 댄커트

벤과 브로닌에게
너희의 날들이 의미 있는 참여로 충만하기를
- 존 D. 이스트우드

들어가며

운전면허증을 갱신하기 위해 일찌감치 집을 나서면서 당신은 혼잡을 피할 수 있길 기대했다. 그러나 그런 행운은 일어나지 않았다. 다른 사람들도 당신처럼 생각했는지 건물에는 사람들이 바글댔다. 접수처로 가니 직원이 말했다. "번호표 뽑고 앉아서 기다리세요."

당신은 걱정스러운 마음으로 가장 가까운 의자에 파묻힌다. 몸을 배배 꼬며 가만있지를 못한다. 마음을 진정시키려 눈을 이리저리 굴린다. 초보 운전자부터 크레인 기사까지 모든 운전자가 지켜야 할 규칙을 요약한 포스터들을 전부 읽어본 후 당신은 몸을 앞으로 숙이고 양손으로 머리를 감싸 쥔다. 모든 번호가 천천히 불렸다. 당신은 점점 무기력해지기 시작했으며 간간이 화도 치밀었다. 진이 빠졌는데도 초조하고 불안했다. 다시 포스터를 읽는다. 시간이 더디게 갈수록 행동하고 싶은 마음이 커졌다.

문득 휴대폰이 있다는 사실이 기억난다. 갈망하던 안도감을 찾기를 기대하며 떨리는 마음으로 휴대폰을 집는다. 이어폰을 꽂고 잠금을 해제하고 나니 몸의 긴장이 풀리고 머리가 맑아지면서 마음이 편안해진다. 위기를 피한 걸까? 아마도 그런 것 같다. 이제 당신은 불쾌한 기분에서 벗어났다. 그것은 좋은 일이다… 그런데 만약 지루함이 당신에게 하고 싶은 말이 있었다면 어떻게 하겠는가?

* * *

지루함은 앞길이 막막할 때 그리고 뭔가를 하고 싶지만 주어진 것은 하기 싫을 때 누구에게나 찾아온다. 이를 게으름이나 무기력함으로 부를 수도 있다. 혹 어쩌면 반대로 뭔가를 하고 싶어서 '좀이 쑤시고' 안절부절못하지만 만족할 수 있을지 확신하지 못하는 상태인지도 모른다. 지루함은 다양하게 묘사될 수 있지만 어쨌든 모든 사람이 느끼는 감정이다. 우리는 이 지루함에 관심을 기울이고 이해해야 한다고 주장한다. 우리가 생각하기에 지루해지는 것은 무척 흥미롭고 어쩌면 심지어 유익한 일일지 모른다.

수년간 철학자, 역사가, 신학자 들이 지루함을 연구해 왔다. 그러나 지루함이 이렇게 흔한 주제임에도 불구하고 지금까지 과학계에서는 지루함에 큰 관심을 두지 않았다. 《지루함의 심리학》을 통해 우리는 그런 경향을 바꾸고자 한다. 마음과 행동을 과학적으로 연구하는 심리학은 지루함이라는 인간의 경험을 조명하기에 적합한 학문이다. 우리는 신경과학과 임상심리학에 관한 전문 지식을 바탕으로 지난 15년간 꾸준히 지루함을 연구한 논문을 발표해 온 심리학자들로서 참여와 주체성이라는 두 핵심 개념으로 지루함을 이해해 왔다. 우리의 방법론은 광범위한 과학적 연구 결과를 설명할 수 있으며 지루함에 관한 다양한 방법론을 취합할 수 있다는 장점이 있다.

우리는 지루함이 당신에게 어떤 메시지를 준다고 확신하지만 감히 당신에게 인생을 어떻게 살아야 한다고 말할 수는 없다. 마찬가지로 지루함도 당신에게 할 일을 알려주지 못한다. 그런 의미에서 삶은 스스로 살아가는 것이다. 이것이 바로 지루함이 보내는 핵심 메시지고 더 나아가 이 책의 중심 주제다. 인간은 자기 자신의 결정에 따라 세상과 효과적으로 관계 맺어야 한다. 세상에 참여하고 몰두하며 자신의 욕구를 표현하고 기술과 재능을 발휘해야 한다. 요약하면 인간은 주체성을 가져야 한다. 그래야 번영할 수 있다. 주체성을 위협받은 인간은 지루함에 빠지고 세상과 단절된다.

이런 점에서 지루함은 인간됨의 중요한 특징이다. 우리에게는 주변 세상에 참여하고 싶은 강한 욕구가 있다. 나중에 살펴보겠지만 진정한 참여를 대체하는 수많은 방법들은 대단히 유혹적이고 심지어 단기적으로는 지루함을 몰아내기도 한다. 그러나 그런 임시방편은 효과가 금세 사라지기 때문에 지루함은 곧 다시 찾아오기 마련이다. 그 후 자신의 주체성을 어떻게 발휘할 것인지는 각자의 몫이다.

지루함은 다양한 영역에서 인간을 탐구해야 하는 난해한 주제다. 그런 이유로 지루함 연구는 매력적이면서 동시에 괴로운 작업이다. 루이스 캐럴Lewis Carroll의 《거울 나라의 앨리스》에서 험프티 덤프티와 앨리스의 대화를 생각해 보자. 험프티 덤프티는 '깔보듯이' 앨리스에게 이렇게 말한다. "내가 어떤 단어를 쓸 때 그 단어는 내가 선택한 의미만 가져. 그 이상도 그 이하도 아니지." 앨리스가 고쳐 말한다. "제 질문은 그렇게 마음대로 단어의 의미를 바꿔서 사용해도 되는지예요."

험프티 덤프티와 앨리스의 소통 실패는 지금까지 발표된 수많은 지루함에 관한 연구의 전형적인 특징이다. 지루함을 정의하는 방법에 정답은 없지만 좀 더 정교한 정의가 필요하다.

《지루함의 심리학》에서 우리는 당연하게도 심리학적 방법론을 사용해 지루함이라는 난해한 개념을 정의하려 했다. 지루함을 하나의 심리적 경험으로 보기 때문이다. 또 우리는 하나의 세분화된 학문으로 지루함을 연구하는 데 필요한 체계적인 분석 틀을 제공한다. 이 분석 틀이 다양한 독자와 학자가 만나 아이디어를 나눌 수 있는 일종의 공통 기준으로 기능할 수 있기를 바란다.

우리의 여정은 "지루함이란 무엇인가?"라는 질문으로 시작한다. 대부분의 사람들은 자신이 일상에서 거의 늘 경험하는 일들처럼 지루함을 잘 안다고 생각한다. 지루함을 정의하려고 시도해 보기 전까지는 그렇게 믿는다. 그러나 지루함은 자세히 들여다보면 볼수록 점점 불가사의하고 흥미로워진다.

다음 질문은 "지루함이 무엇에 도움이 되는가?"다. 진화적 힘은 왜 인간에게 이런 부정적인 경험을 하게 했을까? 나중에 다루겠지만 지루해질 수 있는 능력은 실제로 유익하다. 그러므로 지루함이 밀려들어도 두려워할 필요 없다. 다만 주의할 점은 지루함이 보내는 신호에 적절하게 반응해야 한다는 것이다.

이제 다음 질문으로 넘어가 보자. "무엇이 우리를 지루하게 하는가?" 이 질문에 대한 답은 간단하지 않다. 아름다움처럼 지루함도 사람마다 다르게 느낀다. 누군가에게는 즐거운 활동이 다른 사람에게는 지루할지 모른다. 그러나 지루함에 빠질 위험을 높이는 핵심 요소들은 우리 내면뿐 아니라 우리가 처하는 상황에도 있다. 또 우리는 어떻게 지루함이 우리를 다른 사람들과 단절시키고 의미를 만들고 목적을 찾고 싶은 중요한 욕구를 채우지 못하게 하는지도 분석한다. 그다음 지루함이라는 경험을 더 깊이 이해하고 지루함에 바람직하게 대응하기 위해 지루함의 반대어들을 면밀히 살펴본다.

지루함은 행동하라는 요구이자 적극적으로 참여하라는 신호다. 지루함은 좀 더 의미 있고 만족스러운 행동을 하도록 독려한다. 그리고 아주 중요한 질문 하나를 당신에게 던진다. "무엇을 해야 하는가?" 《지루함의 심리학》은 이 질문에 대한 답이 아니다. 이 책은 당신이 지루함의 메시지를 좀 더 명확하게 파악할 수 있도록 돕는 안내서다.

차례

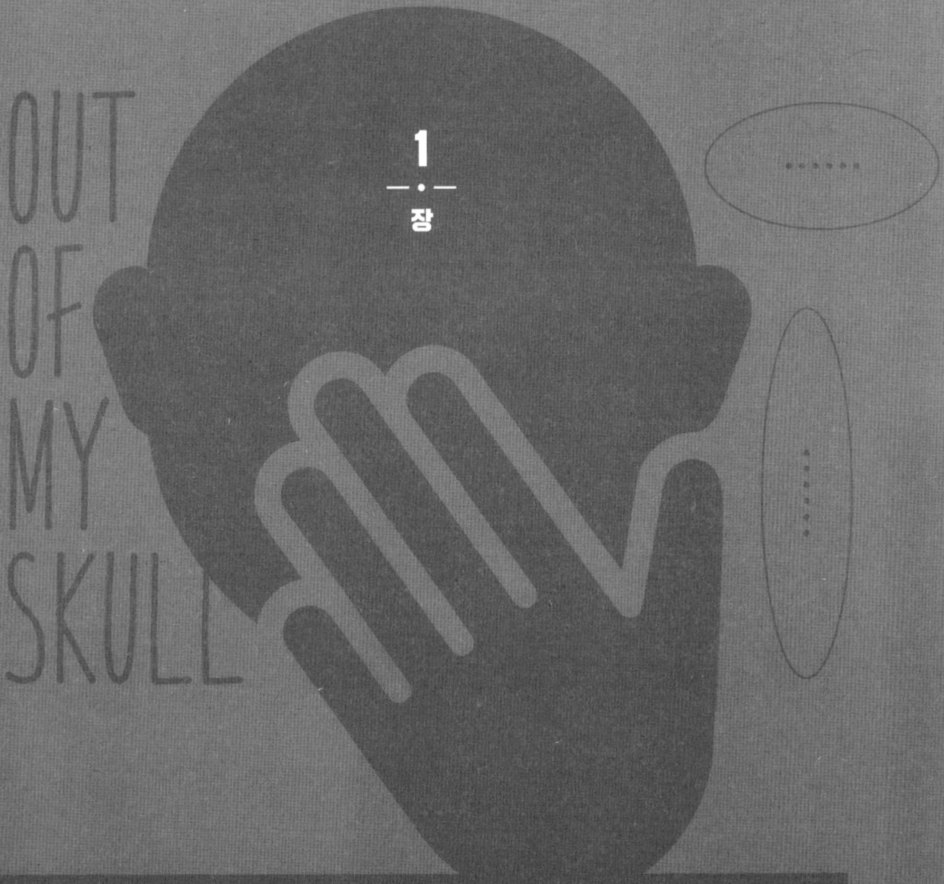

1장

지루함의 여러 이름

BOREDOM BY ANY OTHER NAME

당신은 주방 싱크대에서 설거지를 하다 문득 고개를 들어 창밖 너머 뒷마당을 바라본다. 난데없이 초조하고 불안해진다. 본능적으로 뭔가… 하고 싶어진다. 그런데 뭘 하지? 이런 생각에 정신이 팔려 있다 보니 당신의 개가 안중에 있을 리 없다.

개는 털빛이 푸르스름한 회색인 오스트레일리안 셰퍼드로 황갈색 반점이 기민하다는 인상을 준다. 녀석은 기발하고 타고난 기술을 발휘해 양이나 소 떼를 능숙하게 돌본다. 이런 활동적인 동물에게 하루 두 번 산책은 (솔직히 말하면 두 번도 겨우 하지만) 턱없이 적은 횟수다. 녀석은 확 트인 공간에서 활발하게 움직여야 하고 목표나 할 일이 필요하다. 즉, 당신과 별로 다르지 않다.

울타리로 들여보내야 할 양 떼가 없으니 녀석은 당신 집의 잔디밭 주변을 빙빙 돌면서 실컷 뛰어다닐 계획을 세우는 것으로 만족한다. 제 꼬리를 쫓거나 이따금 그것을 잡는 등 녀석의 모든 행동이 조금은 즐거워 보인다. 그러나 당신은 그런 행동들이 아무 의미 없다는 사실을 안다. 당신이 이런 생각을 하고 있을 때 녀석이 꼬리잡기를 멈추고 잠시 숨을 고르면서 자신을 향해 미소 짓고 있던 당신을 바라본다. 녀석의 표정이 애처로워 당신은 서서히 미소를 거둔다. 당신의 시선이 한곳에 머물러 있자 비로소 녀석은 당신이 자신을 구출하러 오지 않으리라는 것을 깨닫는다. 당신은 녀석의 지루함을 덜어줄 어떤 도움도 제공하지 않을 것이다. 녀석은 끝도 없고 무의미한 달리기를 다시 시작한다.

녀석은 지금 따분하다. 그 사실을 당신도 알고 녀석도 안다. 개도 이렇게 지루함을 느끼는데 하물며 당신은 자신의 불만을 어떻게 해소할 수 있을까?

* * *

데들록 경: "부인, 아직도 비가 오고 있소?"

데들록 부인: "네. 비 때문에 지루해 죽을 지경이에요. 이곳도 따분해요. 삶도 마찬가지고요. 제 자신도 너무나 지긋지긋해요."[1]

찰스 디킨스Charles Dickens의 소설 《황폐한 집》을 각색한 TV 시리

즈에는 빅토리아시대의 생활상에 대한 이런 유쾌한 묘사가 등장한다. 디킨스는 제목도 아주 그럴듯한 《황폐한 집》에서 '지루함boredom'이라는 단어를 최초로 소개했다. 데들록 부부의 대화[2]가 등장하기 전부터 '지루한 상황bore'이라는 단어가 이미 존재했고 프랑스에서는 무기력함을 표현하기 위해 오랫동안 '앙뉘ennui'[3]라는 단어를 사용해 왔지만 영어권에서는 19세기 말까지도 '지루함'이라는 단어를 보편적으로 사용하지 않았다.[4] 그러나 상황을 표현하는 단어가 없었다고 해서 영어권 사람들이 과거에 지루함을 전혀 못 느꼈다는 뜻은 아니다.

어떤 형태로든 지루함은 늘 우리 주변에 있었다. 그것은 오랜 진화적 유산으로 형성된 우리 생활의 일부다. 지루함에는 복잡하고 매혹적인 사회적, 철학적, 문학적, 예술적, 신학적 역사가 있다. 그 역사가 워낙 방대해 여기에서 전체 내용을 다룰 수는 없다.[5] 그러나 지루함이 무엇인지 제대로 이해하기 위해서는 먼저 그 용어를 정의하는 작업부터 해야 한다.

지루함에 관한 간략한 역사

피터 투이Peter Toohey는 《권태: 그 창조적인 역사》라는 훌륭한 책에서 지루함의 기원을 찾아 고대까지 거슬러 올라간다.[6] 아마도 최초로 지루함에 관한 글을 쓴 인물은 고대 로마 철학자 세네카Seneca일 텐데 그는 단조로운 일상에 대한 혐오감과 역겨움을 지루함과 연결해 다음과 같이 썼다.

> 이런 똑같은 상황이 얼마나 오랫동안 지속될 것인가? 당연히 나는 하품을 할 것이고 잠을 잘 것이다. 음식을 먹을 테고 목도 마를 테고 추위와 더위도 느낄 것이다. 여기에 끝은 없을까? 그렇다면 만물은 돌고 도는 것일까? 밤이 가면 낮이 오고 낮이 가면 밤이 온다. 여름은 가을에, 가을은 겨울에, 겨울은 봄에 자리를 내준다. 모든 것은 지나갔다가 되돌아올 것이다. 나는 새로운 일을 하지도, 새로운 것을 보지도 못한다. 그래서 이따금 나는 구역질(넌더리)이 난다. 많은 사람들이 인생을 고통스럽지만 공허하다고 생각한다.[7]

확실히 세네카의 이런 한탄은 반복된 생활에 대한 불만, 즉 하늘 아래 새로운 것은 없다고 불평하는 현대인의 목소리처럼 들린다. 혹자는 세네카보다 먼저 《구약성경》의 〈전도서〉 저자가 단조로운 삶을 한탄했다고 주장한다. 〈전도서〉 저자는 막대한 부와 명성을 얻는 일을 언급한 다음 이렇게 썼다. "전에 있던 것도 다시 있을 것이며 이미 한 일도 다시 하게 될 것이니 하늘 아래 새로운 것은 없다."[8] 세네카와 〈전도서〉 저자 모두 지루함을 구성하는 두 가지 요소를 강조한다. 첫째, 지루함은 부정적인 경험이며 둘째, 지루함은 목적의식을 상실시켜 삶을 공허하게 만든다. 심지어 투이는 2세기 로마의 어느 마을에서는 참을 수 없는 지루함에서 어떻게든 주민들을 벗어나게 해준 공무원을 기념했다는 이야기도 들려준다![9]

평범한 일상에 열정이 부족한 탓에 찾아오는 지루함은 중세 시대에도 피할 수 없는 현상이었다. 학자들은 지루함과 비슷한 상황을 가리키는 단어가 라틴어인 '아케디아acedia'에서 유래했다고 주장하는데 이 단어는 영적 수행에 열의가 부족한 수도사들의 상태를 가리킨다. 이런 영적 태만과 무기력은 시신 매장과 같은 풍습에 담긴 의미도 상실시킨다.[10]

한낮의 악마Noonday Demon[11]라고 불리는 평범한 일상의 끝없는 반복은 속세와 격리된 생활을 하는 수도사들에게 묘한 무기력과 마음의 동요를 함께 일으켰다(이런 뜻밖의 결합은 이 책에 반복적으로 등장한다). 세네카와 수도사들은 단조로움과 목적 상실이 주는 중압감을 강조할 뿐만 아니라 디킨스가 지루함을 다루기 훨씬 전부터 그것이 오랫동안 우리 곁에 있었다는 사실도 증명한다.

19세기 말에 이르러서야 사람들은 지루함을 심리학적 관점에서 탐구하기 시작했다. 심리학의 역사와 마찬가지로 첫 삽을 뜬 사람들은 역시 독일인들이었다. 당대에는 인류학자로 더 유명했던 테오도어 바이츠Theodor Waitz와 철학자 테오도어 립스Theodor Lipps는 독일인들이 랑게바일Langeweile(문자 그대로의 의미는 '오랫동안')이라고 부르는 상태에 관해 연구했다.[12] 바이츠가 보기에 지루함은 생각의 흐름과 관련 있었다. 생각이 꼬리에 꼬리를 물면 사람들은 그 생각이 지향하는 바를 기대하기 마련이다. 지루함은 이런 기대가 충족되지 못할 때 유발되며 이로써 생각의 흐름은 중단되고 생각의 꼬리는 끊어진다.[13] 립스는 "왕성한 심리 활동"을 하고 싶은 욕구와 "흥미가 유발될 수 없는 상황"이 충돌할 때 지루함을 느낀다고 주장했다.[14]

영어권 심리학의 조상이라 할 수 있는 박학다식한 프랜시스 골턴 경Sir Francis Galton과 철학자 윌리엄 제임스William James는 지루함과 유사한 개념들을 탐구했다. 골턴 경은 중세 수도사들이 한낮의 악마라 불렀던 마음의 동요에 매료됐다. 인간의 행동을 판단하는 방법을 꾸준히 모색했던 골턴 경은 따분한 과학 강연을 듣는 청중이 몸을 배배 꼬고 꼼지락거리는 모습이 지루함을 못 견뎌하는 분명한 표시라고 썼다. 20세기 초 한 연설에서 제임스는 "전 세계를 뒤덮은 치유 불가능한 단조로움"을 한탄했다.[15] 제임스는 단조로움과 그에 수반되는 지루함이 정보의 **질**보다 **양**을 중시하는 풍조 때문에 생긴다고 봤다.

지루함에 관한 초기 연구들은 충만한 삶을 살고 싶지만 그렇게 하지 못할 때 우리 마음이 불편해진다고 말한다. 또 지루함의 핵심은 정신이 사용되지 않고 있다는 신호라는 점이라고 강조한다.

실존적 딜레마

제임스가 불평한 "치유 불가능한 단조로움"과 세네카가 한탄한 단조로운 생활로 인한 혐오감은 둘 다 지루함이 삶의 의미를 상실했을 때의 감정이라는 중요한 사실을 지적한다. 삶의 부조리를 깨달을 때 드는 불길한 예감에 천착한 실존철학자들은 지루함의 유발 요인으로서 의미의 역할을 체계적으로 연구한 최초의 학자들에 속한다.[16]

염세적 실존주의의 조상인 아르투어 쇼펜하우어Arthur Schopenhauer가 보기에 세상의 근본적인 모습은 신체적 욕구를 경험함으로써 여실히 드러난다. 바꿔 말하면 삶이 곧 욕망이고 갈망이고 투쟁이다. 삶이 끊임없는 갈망이라면 우리가 품고 있는 욕망은 영원히 충족될 수 없다. 한 가지 욕망이 채워지면 이내 다른 욕망이 솟아나므로 우리 안에는 늘 욕망이 존재한다. 욕망에서 벗어나는 순간에는 거의 매번 행복감이 밀려온다. 그러나 행복감이 들자마자 다시 새로운 욕망이 고개를 든다. 쇼펜하우어는 이처럼 우리 안에서 끊임없이 들끓는 욕망 때문에 인간은 숙명적으로 평생 고통받는 존재로 살아갈 수밖에 없다고 생각했다. 우리 앞에는 두 가지 끔찍한 선택지가 놓여 있다. 아직 충족되지 못한 욕망 때문에 고통받을 것인지, 아니면 추구하고 싶은 욕망이 없어 지루해할 것인지.[17]

덴마크 출신으로 실존철학의 창시자인 쇠얀 키르케고르Søren Kierkegaard 역시 의미를 찾거나 만들어가는 투쟁과 지루함을 연결했다. 삶에서 의미를 제대로 만들어내지 못할 때 우리는 자신의 빈곤하고 무능한 자아를 엿보게 된다.[18] 키르케고르의 《이것이냐 저것이냐》에서 쾌락적인 이야기꾼은 이렇게 말한다. "지루함은 존재를 관통해 굽이굽이 흐르는 무nothingness에 좌우된다. 그것은 끝이 보이지 않는 심연을 내려다봤을 때 느껴지는 현기증과 같다."[19]

키르케고르의 메시지를 해석하면 "지루함이 모든 악의 근원"이 되는 이유는 바로 우리가 무엇을 희생해서라도 그것을 피하려 애쓰기 때문이다.[20] 그러나 실제로는 지루함에서 벗어나려는 기분 전환 행위가 오히려 지루함을 **가중**한다. 만약 지루함에서 벗어나고 싶은 욕구를 적절히 다스린다면 이 욕구는 목표를 향한 열정적인 삶의 길로 우리를 인도할 수 있다.[21] 실제로 《이것이냐 저것이냐》의 후반부에서 화자는 우리가 쾌락에서 벗어나 좀 더 도덕적인 존재가 되기로 할 때 더는 지루함이 방해물이 되지 않는다고 주장한다.

지루함을 정의하는 문제와 관련해 마지막으로 살펴볼 실존주의자는 마르틴 하이데거Martin Heidegger다.[22] 하이데거는 먼저 우리에게 두 시간 후에 도착할 기차를 기다리며 역에 앉아 있다고 상상해 보라고 한다. 역 안을 둘러보는 일은 따분하기 그지없다. 책이나 휴대폰이 있지만 이것들은 새로운 오락거리가 떠오를 때까지 아주 짧은 시간만 때워줄 뿐이다. 하이데거는 이런 상태를 **피상적 지루함** superficial boredom이라고 불렀는데 이는 외부 사물이나 일어나지 않은 사건에 의해 발생한다. 즉, 그냥 시간이 더디게 가는 상황이다.[23]

다음으로 하이데거는 유쾌하고 무해한 모임, 가령 은퇴를 앞둔 동료를 축하하는 자리에 있다고 상상해 보라고 한다. 이런 자리에서 사람들은 시사 토론을 벌이기도 하고 자녀 자랑이나 걱정을 나누기도 하며 혹 캐나다에 산다면 날씨 이야기로 꽤 많은 시간을 보낼 것이다. 이 모든 대화가 상당히 유쾌했음에도 나중에 우리는 이때 나눈 대화들이 완전히 무의미했다고 느낀다! 그 대화들에 참여하기는 했지만 전혀 중요한 대화는 아니었다. 이제 우리는 시간을 낭비했다고 생각한다. 이것은 기차를 기다리는 일처럼 특정 사물이나 사건과 직접 연관되지는 않는 **뭔가의 옆에서 느끼는 지루함**boredom alongside 이다. 그러나 하이데거가 가장 중요하게 여긴 세 번째 지루함은 **심오한 지루함**profound boredom이다. 이런 지루함에는 대상이나 출처가 없다. 끝이 없고 두려운 현실에서 느끼는 공허감과 비슷하다.

그러므로 오래전부터 지루함은 (세네카가 "낮이 가면 밤이 오고 밤이 가면 낮이 온다"고 표현했듯이) 따분한 일상과 관련돼 왔다고 말할 수 있다. 그리고 지금이든 앞으로든 충분한 만족감을 주는 것은 없다고 믿기 때문에 날마다 우리는 삶이 무의미하다는 생각과 투쟁을 벌인다. 이는 지루함의 아이러니가 아닐 수 없다. 지루함은 우리가 본질적으로 무의미한 존재임을 부각하는 동시에 신선하고 유의미하며 우리가 만족시키길 **바라는** 것을 끊임없이 탐색하도록 우리를 몰아간다.[24]

정신분석학적으로 바라본 지루함

실존주의자들이 지루함을 의미 상실에서 비롯된 문제로 인식하는 반면 정신분석가들은 지루함이 불안을 해소하는 방법이 될 수 있다고 주장한다.[25]

고전 정신분석학에 따르면 사회화 과정에서 깊이 묻힌 최초 욕구는 우리를 불안하게 한다. 우리가 그 욕구를 의식하는 순간 우리의 자기감sense of self은 물론 사회질서도 위태로워진다. 그래서 우리는 자신의 욕구를 두려워한다. 이를 막는 한 가지 방법은 원하지 않는 욕구를 마음 밖으로 밀어내는 것이다. 하지만 이렇게 하면 정확히 말로 표현할 수는 없지만 뭔가를 하고 싶은 강한 열망이 남는다. 구체적인 욕구는 잠재의식이라는 지하 감옥으로 추방할 수 있었다. 그러나 막연한 욕구가 느껴질 때는 긴장해서 안절부절못하고 세상에 나가 이 욕구를 가라앉힐 강력한 뭔가를 찾으려는 부질없는 시도를 한다. 말하자면 지루함은 마음의 안정을 얻기 위해 치러야 할 대가인 셈이다.

랄프 그린슨Ralph Greenson이 내놓은 지루함에 대한 초기 정신분석학적 설명에 따르면 지루함의 특징은 안절부절못하고 동요하는 상태다.[26] 그린슨은 우울함을 억눌러야 할 때 지루해지는 환자를 예로 든다. 실제로 이 환자의 경우 지루함이 사라졌을 때 "극심한 우울증에 빠지거나 충동적인 행동을 했다". 그린슨의 설명은 이어진다. "그가 느끼는 긴장감과 공허감은 일종의 배고픔, 즉 자극기아stimulus hunger와 같다. 그는 자신이 무엇에 허기를 느끼는지 알지 못하기 때문에 자신이 잃어버린 목표 혹은/그리고 대상을 세상이 제공해 주리라 기대한다."[27]

정신분석학자들은 지루함이 더 심각한 정신 문제를 회피하는 것이라고 생각한다. 하지만 그 때문에 우리는 다른 식으로 곤란에 빠진다. 자신이 할 수 있다고 생각하는 것은 원래 욕망과 동떨어진 탓에 만족스러운 대안이 되지 못한다.[28] 자기 감정을 제대로 파악하지 못했기에 방향감각을 상실하고 방황한다.[29]

실존주의가 의미 상실로 인한 무기력에 집중한다면 정신분석학은 지루함과 결합한 불안감을 강조한다. 다시 말해 지루함에 대처하려는 노력이 터무니없는 결합을 유발한다는 것이다. 영국 정신분석학자 애덤 필립스Adam Phillips는 지루함을 "상황이 전개됐으나 아무 일도 일어나지 않았으므로 기대하기를 멈춘 상태이자 너무나 부조리하고 모순적이게도 욕망을 바라는 탓에 마음이 어수선하고 동요하는 상태"[30]라고 썼다.

이는 레프 톨스토이Leo Tolstoy의 소설 《안나 카레리나》에 등장하는 "지루함은 욕망에 대한 욕망"[31]이라는 구절의 다른 표현이다. 즉, 정신분석학자들에 따르면 우리는 스스로 간절하게 원하는 것 때문에 위험에 빠질 때마다 지루해진다.

삶의 의미를 상실하고 깊은 내적 갈등을 겪는 일은 인간의 고유한 문제처럼 보인다. 사회학자이자 심리학자며 정신분석학자면서 20세기 대표 철학자인 에리히 프롬Eric Fromm은 이런 유명한 말을 했다. "인간만이 지루함을 느끼는 유일한 동물이다."[32] 프롬의 말은 옳을까? 정말로 지루함은 인간만 느끼는 감정일까? 물론 레이저 포인터를 쫓아다니는 고양이를 보면서 녀석이 허용될 수 없는 욕망 때문에 실존적 고뇌나 불안을 느끼고 있다고 상상하기란 어려운 노릇이다.

인간이 아닌 동물이 느끼는 지루함

동물들도 놀이를 한다는 생각은 누구나 쉽게 할 수 있다. 아기 호랑이나 아기 사자가 한데 뒤엉켜 노는 모습, 아기 코끼리가 진흙 비탈길을 미끄러져 내려와 친숙한 어른 코끼리에 부딪히는 행동[33], 범고래가 자기 꼬리로 물개를 공중으로 던져 올리는 행동[34] 등은 제법 놀이처럼 보일 뿐만 아니라 동물도 놀이를 한다는 사실을 분명하게 보여주는 것 같다. 놀이의 기능에 관한 초기 이론들은 성인기에 필요한 기술을 훈련하거나 사회적 유대관계를 맺는 데 놀이가 중요한 역할을 한다고 설명했다. 하지만 꼭 그렇지는 않다. 어릴 때 놀이를 많이 한 동물이 나중에 훌륭한 사냥꾼이 되거나 더 많은 친구를 사귀게 되는 것은 아니다. 동물의 놀이에 관한 최근 이론은 놀이에는 인간에게도 효과가 있는 단기적 이점이 있다고 설명한다. 놀이가 스트레스를 줄인다는 것이다.[35]

만약 동물도 인간과 같은 이유로 놀이를 한다는 견해를 받아들인다면 과거에 인간의 전유물로 여겼던 감정을 동물도 느낀다고 생각해야 하지 않을까? 바꿔 말하면 동물도 지루함을 느끼지 않을까? 만약 놀이가 동물의 스트레스를 줄여준다면 놀이든 아니든 자기 행동을 스스로 선택할 수 없을 때 동물은 지루해질 것이다. 증가하는 스트레스를 해소할 방법이 없는[36] 열악한 환경에서 자란 동물의 뇌가 제대로 발달하지 못한다[37]는 것은 오랫동안 널리 인정받은 사실이다. 그러나 그와 반대되는 환경, 즉 신경 발달을 촉진하는 다양한 활동이 주어지는 환경도 마찬가지다. 핵심은 단조로운 환경에서 사육되는 동물은 스트레스가 증가할 경우 지루할 때와 같은 행동을 보인다는 점이다. 스코틀랜드 루럴칼리지 소속 과학자 프랑수아즈 웨멜스펠더Françoise Wemelsfelder는 실제로 동물이 지루함을 느낀다는 생각을 오랫동안 견지해 왔다.[38] 그가 보기에 지루함의 주범은 포획된 동물이 갇힌 밀폐된 환경이다. 감금은 분명 동물이 선택할 수 있는 행동 범위를 제한한다. 이들의 행동은 정형적이고 무의미한 것으로 축소된다. 그리고 이는 대개 야생동물의 행동과는 다르다. 계속 언급하겠지만 인간도 지루해지면 자기 삶의 주인이 될 수 있는 능력을 어떤 식으로든 위협받거나 제한받는다.

그런데 동물이 다른 감정이 아니라 진짜로 지루함을 느낀다고 어떻게 확신할 수 있을까? 궬프대학교 레베카 미거Rebecca Meagher와 조지아 메이슨Georgia Mason은 포획한 검은 밍크를 대상으로 쾌락 불감증, 무관심, 지루함을 구분하는 연구를 수행했다.[39] 인간의 경우 즐거움을 느끼지 못하는 쾌락 불감증은 우울증과 연결된다.[40] 무관심은 상황을 개선하려는 의지나 관심이 부족한 모습을 반영한다는 점에서 지루함과 구별된다고 여겨진다. 무관심과 달리 지루함에는 뭔가를 하고 싶다는 강한 욕구가 있다. 다시 말해 쾌락 불감증 환자는 즐거움을 느끼지 못하고 무관심한 사람은 관심이 없지만 지루해하는 사람은 뭔가를 하고 싶어 한다. 물론 문제는 동물에게 지루할 때(혹은 관심이 없거나 쾌락을 느끼지 못할 때)가 언제인지 물을 수 없다는 점이다. 그러나 동물에게 새로운 자극을 줬을 때 어떻게 반응하는지는 관찰할 수 있는데 미거와 메이슨은 바로 이런 방식으로 실험했다.

이들은 밍크를 두 집단으로 나눈 다음 한 집단에는 아무 자극도 주지 않았고 다른 집단에는 여러 자극을 주고 다양한 탐구 활동을 하게 했다. 마지막에는 모든 밍크를 회피적 물건(포식자의 냄새), 보상적 물건(고양이의 레이저 포인트에 해당하는 밍크용 움직이는 칫솔), 중립적 물건(플라스틱 병)에 노출시켰다. 그런 다음 집단별로 새로운 물건과 접촉하는 시간과 빈도를 측정했다. 이론적으로 무관심한 동물은 모든 물건에 적은 관심을 보여야 한다. 반대로 쾌락을 느끼지 못하는 동물은 보상적 물건에만 관심을 적게 보여야 한다. 다시 말해 이런 동물은 쾌락을 느낄 수 없으니 정상적으로 흥미를 유발하거나 긍정적 보상이 따르는 물건과의 접촉을 피할 것이다. 지루해하는 동물은 이와 다르다. 연구자들은 지루함을 느끼는 동물은 물건의 종류를 가리지 않고 차지하려 할 것이라고 주장했다. 다시 말해 열악한 우리에 갇혀 있는 밍크가 정말로 지루함을 느낀다면 새로운 물건이라면 무엇이든 세상과 접촉하고 싶은 녀석들의 욕망을 채워줄 것이다. 연구자들은 밍크가 관심을 보인 물건이 무엇이며 그것이 주어졌을 때 얼마나 빨리 그 물건 쪽으로 가는지도 측정했다.

열악한 우리에 있던 밍크는 포식자의 냄새 같은 회피적 물건을 포함해 **모든** 물건에 재빨리 다가갔다! 이들은 기피 행위나 무관심한 모습 대신 자극을 갈망하는 것 같은 모습을 보였는데 이는 지루하다는 확실한 증거였다. 또 (특수 사료를 얼마나 많이 먹는지와 같은) 소비 행동을 측정했을 때도 열악한 우리에 있던 밍크가 풍족한 환경에서 지낸 밍크보다 더 많이 먹었다. 지루함에서 벗어나기 위해 음식을 먹는 행위는 인간도 마찬가지다. 굳이 지루함이라는 단어를 사용하지 않더라도 미거와 메이슨의 연구 결과는 단조로운 환경에서 자란 동물이 새로운 자극에 민감하다는 사실을 보여준다.

물론 이 모든 것은 갇혀 있는 동물의 이야기다. 그렇다면 야생동물은 어떨까? 야생동물도 지루함을 느낄 수 있지만 오직 짧은 시간만 지루해할 것이다. 아무 제약 없는 자연에서 사는 동물은 자신의 다음 행동을 자유롭게 선택할 수 있다. 그러나 감금 상태의 동물은 여러 제약 조건 때문에 단조롭게 생활할 수밖에 없다. 우리에 갇힌 동물은 야생동물이 경험하는 활동에 정상적으로 참여할 수 없다.

그러므로 핵심은 인간이든 동물이든 자기결정권을 갖고 자기 방식대로 세상과 관계를 맺으며 자유롭게 기준을 설정할 수 있어야 한다는 점이다. 환경 변화와 흥밋거리만으로는 충분하지 않다. 오히려 과도한 변화와 통제하기 어려울 정도로 계속 주어지는 자극은 전혀 도움이 되지 않는다. 이들은 불안이나 심지어 열정 같은 것을 유발한다. 중요한 것은 선택권이다. 선택이란 어떤 활동이 다른 활동보다 중요하거나 만족스럽다고 판단하는 일이다. 또 밍크 연구가 증명하듯이 인간과 마찬가지로 동물도 활동에 가치를 매긴다. 즉, 동물 역시 자기를 표현하는 법을 선택할 수 있기 때문에 지루함에 취약하다.[41] 그러므로 갇혀 있던 동물에게 나타나는 지루함은 이 동물이 정상적으로 발휘할 수 있는 기술 및 능력과 지금 처해 있는 환경적 제약 사이의 부조화를 반영한다. 만약 우리가 **어디**에 있는가가 우리가 **누구**인가(혹은 우리가 무엇을 할 수 있는가)를 제대로 표현하지 못하게 막는다면 인간과 동물 모두 지루함을 느낀다.

지루할 때 우리의 뇌

따라서 우리가 정의하는 지루함은 그 역사가 길며 인간의 전유물도 아니라는 사실을 시사한다. 그런데 지루함은 우리 생활에서 실제로 일어나는 필수 현상일까? 연구자들은 지루할 때 나타나는 생물학적 특징을 정확히 밝혀내기 위해 심박 수와 같은 생리적 변화와 뇌의 전기신호를 측정하거나 뇌 스캔으로 뇌 기능 활동의 네트워크를 분석하는 등 다각도로 실험을 진행했다. 이런 연구들은 아직 초기 단계다. 지루함의 신경적 특성을 파악하기 위해 이제 겨우 인간의 마음을 들여다보기 시작한 것이다.[42]

지루해질 때 뇌가 어떤 활동을 하는지 자세히 조사하기 위해 우리는 피험자의 뇌를 MRI(자기공명영상) 기계로 스캔하는 동안 이들에게 영상 두 개를 보여줬다. 하나는 지루함을 유발하는 내용으로 8분간 두 남자가 빨래를 너는 장면이었다. 다른 하나는 영국 BBC에서 제작한 〈블루 플래닛Blue Planet〉의 한 장면으로 전혀 지루하지 않은 영상이었다. 실험 결과는 대단히 흥미로웠다. 지루함은 뇌 활동이 얼마나 활발한지가 아니라 서로 다른 두 네트워크가 어떻게 연결되는지에 따라 달라졌다. 우선 섬피질insular cortex이라는 부위는 주변에 중요한 정보가 있을 때 뇌에 신호를 보내고 그 정보에 집중하도록 돕는다.[43] 반대로 외부 환경에 관심을 두지 않아도 되는 정보가 있을 때는 '디폴트 모드 네트워크default mode network(휴식을 취할 때 활성화되는 뇌 부분_옮긴이)'가 작동한다. 이것은 우리가 내면의 생각과 감정에 집중하는 상태로 전환될 때도 활성화한다. 지루함을 느낄 때 뇌의 두 부분(섬피질과 디폴트 모드 네트워크)은 서로 반대로 움직이는데 이는 한 부분이 활성화되면 다른 부분이 작동하지 않는다는 뜻이다. 후속 연구가 필요하지만 우리는 섬피질과 디폴트 모드 네트워크가 서로 반대로 움직이는 패턴이 단조롭고 재미없는 사건에 참여하기 싫어하는 마음을 반영한다고 생각한다. 결정적으로 뇌의 이 두 부분은 사람들이 단순히 휴식을 취하고 있을 때와 흥미로운 BBC 영상을 보고 있을 때의 연결되는 방식이 달랐다. 이 모든 결과는 흥미로운 시사점을 던져준다. 즉, 지루함을 느끼는 뇌는 할 일이 없는 뇌일 뿐만 아니라 할 일이 있을 **가능성**을 기대하고 바라는 뇌기도 하다. 이와 관련된 연구들이 아직은 시작 단계에 머물러 있기 때문에 우리가 내린 결론은 입수한 정보에 근거한 추측에 불과하지만 이 연구 결과들은 흥미로울 뿐만 아니라 적어도 지루함이 생리학적으로 별개의 신경학적 상태와 관련이 있다는 사실을 암시한다.

지루함의 현대적 정의

지루함은 디킨스가 멋지게 표현하기 훨씬 이전부터 오랫동안 우리가 느껴왔던 감정이다. 지루함은 현재 자기결정권을 상실한 채 괴롭게 옴짝달싹도 못하고 있지만 관계를 맺을 수 있는 뭔가를 찾고 싶은 상태다. 지난 몇 십 년간 학계에서는 지루함을 정의하는 문제에 대한 폭발적인 관심이 일었다. 바이난트 판틸뷔르흐Wijnand van Tilburg와 에릭 이구Eric Igou는 의미 상실이라는 표현이 지루함을 가장 잘 정의한다고 주장하는 반면 에린 웨스트게이트Erin Westagate와 티머시 윌슨Timothy Wilson은 지루함이 의미 상실과 관심 부족의 결과라고 주장한다. 토머스 괴츠Thomas Goetz와 그의 동료 학자들은 교육 환경에서 네다섯 종류의 지루함이 발생한다고 주장한다. 안드레아스 엘피도루Andreas Elpidorou는 지루함을 긍정적인 관점에서 다른 뭔가에 참여하도록 "독려"하는 역할을 한다고 봤다. 이와 유사한 맥락에서 헤더 렌치Heather Lench와 셰인 벤치Shane Bench는 지루함이란 어떤 상황에 대한 감정적 반응이 약화될 때 일어나는 정서로 우리가 행동에 나서도록 자극한다는 설명을 지지한다.[44]

그렇다면 **우리**가 지루하다고 하는 것은 어떤 의미일까? 그 답을 찾기 위해 우리는 직접 다양한 분야의 전문가들과 일반인들이 지루함을 어떻게 정의하는지 조사해 봤다. 그 결과 모든 집단의 생각이 놀랄 정도로 일치한다는 사실을 발견했다. 즉, **지루함이란 뭔가를**

원하지만 만족스러운 활동에 참여할 수 없어서 아쉽고 불편한 마음[45]이라는 것이다.

지루함은 우리가 정신 능력mental capacity을 발휘하고 싶지만 그렇게 할 수 없어서 무엇에도 몰입하지 못할 때 느끼는 감정이다. 누구나 자기가 감정을 느낀다는 사실은 잘 알지만 자신이 생각하고 있다는 감각에는 별 관심을 두지 않는다. 그런데 이것이 바로 우리가 여기서 다루려는 주제다. 이는 우리가 **무엇**을 생각하고 있는지가 아니라 오히려 **어떻게** 생각하고 있는지의 문제다.[46] 읽고 있는 내용이 쉽게 이해되거나 수수께끼가 막 풀리려는 순간에 혹은 기쁨에 겨워 시간 가는 줄 모르고 뭔가에 몰두할 때 느껴지는 긍정적인 감정을 떠올려보자. 이와 달리 무리하게 정신 능력을 사용해야 할 때는 비참한 느낌이 들지 모른다. 지루함을 생각하는 느낌feeling of thinking으로 정의한 사람이 우리가 처음은 아니다. 이는 생각의 흐름이 중단될 때 지루해진다는 바이츠의 견해에 근거한다. 좀 더 최근에는 진 해밀턴Jean Hamilton과 그의 동료들이 "집중해야 할 인지적 정보처리 행위"[47]를 할 때 지루함이 발생한다고 주장했다.

우리가 지루함을 사고 과정과 연결된 느낌feeling이라고 말하면서 의도적으로 지루함을 하나의 정서emotion로 분류하지 않았다는 점에 주목하자. 일반적으로 정서는 느낌과 달리 구성 요소가 복합적이라고 여겨진다. 정서는 기본욕구와 관련된 특정 사건으로 촉발되고 그 사건에 특정한 반응을 하도록 조직화된 감정이다. 이와 반대로 생각하는 느낌으로의 지루함은 정서처럼 외부 사건과 연결되지는 않으

나 진행 중인 인지 과정을 느끼는 경험이다.[48]

그렇다면 지루함을 느낄 때 우리 마음속에서는 무슨 일이 벌어질까? 우리는 두 가지 기본 메커니즘이 있다고 생각한다. 첫째, 우리가 **욕망의 난제**에 사로잡혀 있을 때, 즉 뭔가를 하고 싶으면서 아무것도 하기 싫을 때 지루해진다. 이런 순간에는 뭔가를 하고 싶은 욕구를 품을 수 없다. 상황이 반전되길 바라지만 사정이 여의치 않아 좌절하게 된 사람은 뭔가를 하고 싶은 욕구조차 생기지 않으므로 지루해진다. 둘째, 자신의 정신 능력이나 기술, 재능을 발휘하지 않을 때, 즉 정신이 사용되지 않을 때 우리는 지루해진다. 이 두 가지 메커니즘은 서로 같은 방향으로 움직인다. 다시 말해 한 메커니즘이 다른 메커니즘을 강화한다. 정확히 이 두 가지는 지루함의 **원인**이라기보다 지루함 그 **자체**다. 앞에서 우리가 의도적으로 지루함을 정서로 정의하지 않았듯이 지루함의 원인도 정의에서 배제한다.[49]

지루함은 정신이 쓰이지 않을 때 느껴지는 감정이다. 그럼 쓰이지 않는다는 건 무슨 뜻일까? 이는 그의 정신 능력이 제대로 발휘되지 못함을 뜻한다. 특정한 순간에 얼마나 많은 정신 능력이 사용되는지는 두 가지 요인이 결정한다. 하나는 특정 활동이 얼마나 많은 정신 능력을 요구하는지, 다른 하나는 그 활동을 위해 얼마나 많은 정신 능력을 할애하는지다. 온 정신을 기울여야 하는 활동이 있는가 하면 별로 몰입할 필요가 없는 활동도 있다. 가령 지금부터 30분 동안 숫자 3을 기억한다고 해보자. 이것은 별로 힘든 일이 아니다. 아니, 너무 쉬워서 정신 능력이 남아돌 것이다. 그리고 이 미사용 정신 능력을 쓸 일을 찾지 못하면 아마도 지루해질 것이다. 반면 주변에서 벌어지는 일에 신경 쓰고 싶지 않다면 아무리 복잡한 기회가 있어도 정신 능력은 사용되지 않을 것이다. 당면 과제가 지나치게 단순하거나 눈앞에서 벌어지는 일에 집중할 수 없을 때는 자신만의 생각에 빠져들 수 있다.[50]

진화적 힘에 의해 인간은 인지 자원cognitive resources을 제대로 활용하지 못할 때 지루함이라는 불편한 감정을 경험하도록 만들어졌다. 몸에 영양이 부족하면 배고픔을 느끼듯 마음에 영양이 부족하면 정서 불안을 느껴 상황을 개선하고 싶어진다. 인간은 생물학적으로 몰두할 대상을 찾으려는 성향이 있으며 지루함은 그 대상을 계속 찾으라는 신호다. 이런 욕구는 스마트폰처럼 쉽게 몰입하게 하는 도구가 발명되기 전에는 좀 더 균질했다. 그러나 지금은 쉽게 마음을 빼앗길 수 있는 수많은 도구가 늘 주변에 있어 지루함에서 벗어나고 싶은 욕구가 오히려 우리를 어두운 곳으로 데려갈 때도 있다.

그런데 본능적으로 몰두할 대상을 찾는 행동을 몰두하려는 노력과 혼동하지 말아야 한다. 오히려 그 반대 경우가 더 자연스러워 보인다. 모든 조건이 같다면 마음을 빼앗길 활동을 찾기는 쉽다. 인간은 "인지적 구두쇠cognitive misers"다.[51] 즉, 뭔가에 마음을 빼앗기면 굳이 몰두하려 애쓰지 않아도 된다. 별생각 없이 편하게 뭔가에 빠져들 수 있다. 복권 당첨금을 어디에 쓸지 혹은 자기가 대통령이나 총리라면 무슨 일을 할지 등을 상상하는 일은 힘들이지 않고 공상에 빠질 수 있는 좋은 예다.

불편한 마음 외에 감출 수 없는 지루함의 증거는 네 가지가 더 있다. 이 네 가지는 지루함의 정의와 정확히 일치하지는 않지만 지루함을 구성하는 주요 요인이라고 할 수는 있다. 첫째로 지루할 때는 시간이 더디게 간다고 느낀다. 지루함을 뜻하는 독일어 랑게바일은 지루함의 의미를 적절히 압축한 표현이다. 몰두할 대상이 없을 때 우리는 그저 흘러가는 시간만 뒤따라갈 뿐이다. 운전면허증을 갱신하러 가서 자기 번호가 불리기를 기다리고 있다고 상상해 보자. 당신은 에어컨이 고장 난 장소에서, 같은 목적으로 온 낯선 사람들과 함께 딱딱한 의자에 앉아 천천히 바뀌는 LED 화면을 바라보는 일 말고는 달리 할 일이 없다. 이때 시간은 느릿느릿 간다. 지루함의 두 번째 증거는 집중하려는 안간힘이다. 단조로운 환경에서 마음에 드는 선택지도 없을 때는 주의력이 떨어지고 마음이 방황하다 이내 지루해진다. 도무지 끝날 것 같지 않은 회의에 참석하고 있다고 상상해 보자. 당신은 이달의 통계가 뭘 뜻하는지, 직원의 병가 일수가 1퍼센트 증가한 원인을 경영진이 무엇이라고 생각하는지 등에 주목해야 한다는 사실을 알지만 집중이 잘 안 된다. 셋째, 지루하면 무슨 일을 해도 무의미하게 느껴진다. 간단히 말하면 우리 마음을 사로잡지 못하거나 내키지 않는 활동은 거의 가치가 없다. 눈곱만큼 증가한 병가 일수를 두고 끝없이 진행되는 회의는 집중하기도 어려울 뿐만 아니라 결코 돌아오지 않을 귀한 시간을 낭비한다는 느낌마저 준다. 넷째로 지루함은 무기력과 초조함과 결합된다. 지루할 때 우리의 에너지 수준은 엉망이 되기 쉽다. 문득 당신은 조금도 움직일 생각 없이 소파에 널브러진 자신의 모습을 발견했다. 그러자 다음 순간 당신은 잔뜩 긴장한 채 다급하게 할 일을 찾아 거실을 서성댄다. 어떻게 해도 이 조급증에서 벗어날 수 없다. 뭔가에 시선이 닿을 때마다 이렇게 생각하기 때문이다. '아냐, 그럴 가치가 없어.'[52]

여기서 강조하고 싶은 중요한 사실은 지금까지 설명한 내용이 심리학자와 사회학자가 **지루한 상태**라고 부르는 모습의 실질적 정의라는 점이다. 이 책에서는 이런 상태를 가리킬 때 **지루함**이라는 용어를 사용할 것이다. 어떤 사람은 좀 더 자주 그리고 좀 더 심하게 지루함을 느낀다. 이것은 심리학자와 사회학자가 주목했듯이 사람에 따라 **지루함에 취약한 성질**trait boredom proneness있다는 사실을 반영한다. 다음 장에서는 상황과 성격에 따라 어떻게 지루함이 유발되는지를 살펴본다. 그러나 유발 원인이 무엇이든 지루함을 유발하는 기본 메커니즘은 변하지 않는다. 바꿔 말하면 지루함의 유형은 다양하지 않다. 우리는 지루함의 정의가 하나밖에 없다고 주장한다. 우리가 보기에 지루함을 다양하게 정의하려는 시도는 그저 본질을 흐리는 일일 뿐이다.[53]

명확한 정의를 내리는 일은 과학자의 당연한 의무지만 현실 세계에서는 골치 아픈 작업이다. 데들록 부인이 최초로 언급한 지루함은 오랫동안 여러 다른 이름으로 우리를 괴롭혀 왔다. 그러나 앞에서 우리가 임의로 세운 지루함의 정의를 이용하면 지루함의 원인을 밝혀낼 수 있다.

사실 지루함은 어디에서든 갑자기 밀려오는 감정이다. 그리고 일부 장소에서는 특히 위험하다. 지루함을 전혀 느끼지 못하는 사람은 없다. 그리고 어떤 사람은 다른 사람보다 더 지루함을 못 견딘다. 다음 장에서는 이 난해한 정신 상태의 기원을 파악할 수 있도록 통찰을 제공하는 외부 상황과 개인의 성격 요인을 모두 분석해 보자.

2장

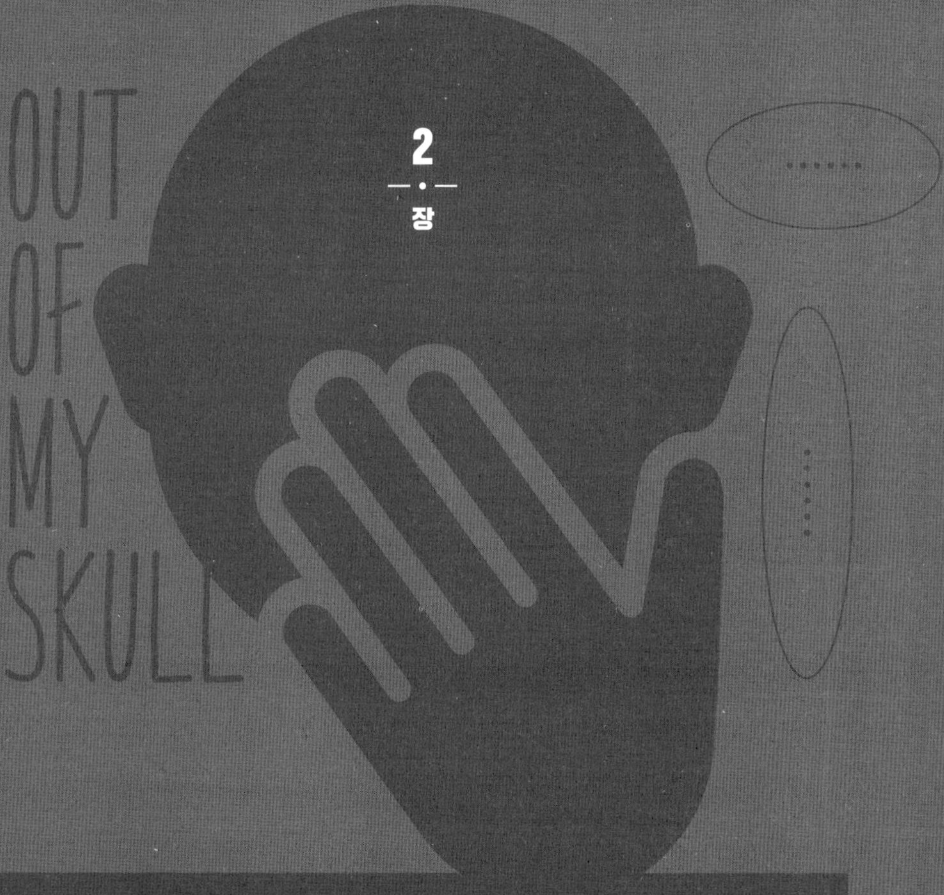

골디락스 세상

당신은 기분 좋게 하루를 시작했다. 생애 첫 서부 여행을 떠날 참이라 장엄한 로키산맥과 콜롬비아 아이스필드 그리고 온갖 야생동물을 볼 수 있으리라는 기대에 잔뜩 부풀어 있었다. 이 여행은 고등학생 시절부터 당신의 버킷 리스트에 있었다. 그런데 여행 첫날 공항의 각종 규정과 복잡한 절차는 당신의 진을 빼고 당신을 지루함에 빠뜨리려고 작정한 듯했다.

에어 캐나다의 탑승 수속은 원래 간단해야 했다. 대부분의 지겨운 절차는 온라인으로 다 처리했기 때문에 당일 공항에서는 고속으로 수속이 마무리되리라 예상했다. 그런데 전혀 그렇지 않았다. 사소하지만 누락된 정보가 일부 있었고 이를 해결하기 위해 체크인 부스에서 기다려야 했다. 기다린 지 30분이 지났다. 그리고 다시 한 시간이 흘렀다. 담당자가 쉴 새 없이 키보드를 두드리고 책임자와 여러 번 통화를 한 끝에 마침내 탑승권을 건네줬다. 그러나 여기서 끝이라고 생각했다면 오산이다.

당신은 검색대 앞에서 가장 짧은 줄을 찾았다. 그러나 그것이야말로 무의미한 행동이었다. 식료품점 계산대 앞에서 흔히 볼 수 있는 풍경, 즉 할머니 한 분이 세상에서 가장 작은 지갑에서 동전을 하나하나 힘들게 꺼내 물건값을 치르는 것과 같은 상황이 지금 당신 앞에서 펼쳐지고 있었다. 그래도 뭐든 해봐야 했다. 맨 오른쪽 줄이 빨리 줄어드는 것 같아서 일단 그쪽으로 옮긴다.

줄을 옮기면서 앞사람을 보지 못했다. 한 사람당 휴대용 가방을 세 개씩 든 가족이 서 있었는데 가방 하나가 당신 짐을 전부 합해 놓은 것만큼 컸다. 그리고 검색대 직원들은 그 가족의 가방을 일일이 검사할 생각이었다. 그 안에는 작은 화장품 병들, 커다란 샴푸와 컨디셔너 용기, 빨대컵, 한 무더기의 주스 상자와 물병 등이 들어 있었다. 이 사람들은 대체 어느 나라에서 살다 왔을까? 그 물건들은 전부 반입 금지 품목이라 한바탕 실랑이가 벌어졌고(물론 그 가족은 화를 냈다) 결국 폐기됐다. 당신이 선택했던 짧은 줄은 이제 천천히 줄어들기 시작했다.

그런데 검색대를 통과해도 끝이 아니었다. 원래는 탑승 전까지 휴대용 가방에 잘 넣어둔 존 르 카레John le Carré 소설을 탐독할 생각이었지만 이제는 그러고 싶은 마음이 사라져버렸다. 그럼 출발 라운지 건너편에서 잡지를 사거나 면세점에서 쇼핑을 해볼까. 아니다. 어떤 일도 잘될 것 같지 않았으므로 당신은 그저 가만히 앉아 기다린다. 지금은 하고 싶은 일이 없다. 하지만 분명 뭔가를 하고 싶긴 했다! 결국 할 수 있는 일이라고는 기다림밖에 없었고 이제 신경 써야 할 문제는 오직 하나, 시간이 기어간다는 것이었다. 불안감이 파도처럼 휘몰아친 후 지루함이 밀려왔다.

* * *

우리는 지루해하는 사람을 만나면 그냥 어서 거기에서 벗어나라고 말한다. 혹은 효과적일 것 같은 방법을 제안한다. 책을 읽어라, 달리기를 해라, 텔레비전을 봐라, 친구에게 전화를 걸어라 등. 우리는 기본적으로 이미 그들도 아는 이야기를 한다. 참여할 만한 활동이 저쪽에 잔뜩 있다고 말이다. 타인의 지루함에 보이는 이런 즉각적인 반응은 지루함의 기본 메커니즘과 근본 원인에 대한 무지를 드러낸다. 지루해진 사람도 선택 가능한 **활동**이 있다는 것은 잘 안다. 다만 그중 어떤 활동에도 **참여**할 수 없을 뿐이다. 그도 할 수만 있다면 그렇게 할 것이다. 만약 지루함이 행동에 착수하지 못하는 상태를 의미한다면 지루해하는 사람에게 행동하라고 한다고 해서 그가 저절로 행동하게 되는 것은 아니다. 수영을 못하는 사람이 물에 빠졌는데 그에게 해안으로 헤엄쳐 오기만 하면 된다고 말할 수는 없지 않은가.

지루함의 원인을 파악하기란 어렵다. 한마디로 복잡하다. 이미 살펴봤지만 지루함을 느낄 때는 두 가지 메커니즘이 작용한다. 인지능력의 활용 부족과 욕망의 난제가 바로 그것이다. 지루함의 원인 중 일부는 인지능력을 활용하지 못하게 하고 일부는 욕망의 난제에 빠지게 한다. 이번 장에서는 지루함의 다양한 원인을 이해하고자 과거로 거슬러 올라갈 것이다. 그 시작으로 지루하다는 느낌의 근거가 되는 메커니즘을 자세히 들여다보자.

지루함은 정신이 쓰이지 않아 느끼는 고통인 동시에 욕망의 난제에 빠지는 괴로움이다. 지루해진 사람은 정신이 허전하다는 불편한 감정 때문에 부담을 느낀다. 무슨 일을 하든, 무슨 생각을 하든, 무슨 감정을 느끼든, 무슨 상상을 하든, 지금 이 사람은 자신의 인지 자원을 활용하지 못하고 있는 상태다. 그와 동시에 그 사람은 뭔가를 하고 싶지만 그 일을 시작조차 할 수 없는 상태기도 하다. 이것이 극심한 압박감을 일으킨다. 즉, 뭔가를 하고 싶은 욕구는 있지만 그 욕구가 지금 **이 순간에 바로** 할 수 있는 것과 연결되지 못한다. 이때 지루함은 막연하고 목적이 없는 결핍 상태다. 즉, 톨스토이가 말한 "욕망에 대한 욕망"인 셈이다. 어떤 면에서 지루함은 '설단 현상tip-of-the-tongue'과도 비슷한데 이는 영화 속 주인공의 이름 같은 것이 정확히 기억나지 않아 말로 표현하지 못하는 상태를 말한다.[1] "그 사람이 멜 깁슨이었나? 아닌데… 브루스 윌리스던가? 이 사람도 아닌데. 맞다, 키아누 리브스!" 이런 상황에서는 비슷한 두 힘이 감정에 영향을 미친다. 하나는 뭔가의 부재고 다른 하나는 그 부재를 채우고 싶은 충동이다. 적어도 설단 현상이 일어날 때는 이름이 안 떠올라 애는 타지만 결국 그것을 알아내리라는 것을 안다. 그러나 지루함에는 이런 낙관적인 전망이 없다. 그래서 지루함을 느낀 사람은 허전함을 채우고 압박감을 완화할 수 있는 뭔가를 광적으로 찾아다닌다. 어울리는 재킷을 찾을 때까지 계속 옷을 입어보는 사람처럼 지루해진 사람도 실현 가능한 욕구를 찾을 때까지 안심하지 못한다. 지루해진 사람은 세상에 너무 많은 것을 요구한다. 자신이 정확히 무엇을 하고 싶어 하는지를 세상이(혹은 지루함을 **해결**해 달라고 부모에게 떼를 쓰는 아이처럼 다른 사람들이) 밝혀주기를 기대한다. 계속 자신의 기술과 재능을 발휘할 수 있는 목표를 찾지 못하면 지루함은 길어진다.

간혹 상황 때문에 욕구를 채우지 못하기도 한다. 직장 때문에 보트를 타러 가지 못하는 경우처럼 하고 싶은 일을 할 수 없거나 납세 행위처럼 하기 싫은 일을 해야 할 때가 있다. 두 상황 모두 지루함이 아닌 좌절감을 일으킨다. 당신이 원하는 방식대로 세상에 참여하지 못하면 결국 지루해지지만 그런 상황 자체가 **필연적으로** 지루함을 유발하지는 않는다. 환경이 참여 가능한 활동을 제한하면 다른 활동을 찾아볼 수도 있지만 바로 그 순간 어떤 활동도 하고 싶지 않은 자신을 발견하기도 한다. 그리고 이런 일이 벌어지면 먼저 욕망의 난제에 봉착하고 곧이어 정신이 작용을 멈춘다. 이 두 가지 핵심 메커니즘이 함께 작용할 때 지루함에 빠진다. 이때 사람들은 처음에 하고 싶었던 것을 할 수 없어서 좌절하고 그와 동시에 제공되는 것을 하고 싶지 않아서 지루해진다. 어쩌면 마지못해 가까이 있는 대안을 선택할지도 모른다. 그런 대안에는 (세금 처리와 같은) 달갑지 않은 업무를 반복하거나 (사무실 창밖을 보면서 보트를 타는 상상을 하는 식으로) 몽상에 젖어 탈출구를 찾는 일이 포함될 것이다. 다행히도 업무를 계속하거나 몽상에 빠져들 때는 불만스러울지언정 적어도 지루하지는 않은 상태다.

그러므로 지루함은 좌절감과 다르다. 좌절감은 명확한 목표를 성취하지 못했을 때 일어난다. 가령 요트를 타러 가고 싶지만 그러지 못하고 직장에 가야 하는 경우다. 지루함은 목표를 찾는 일이 시급한데 그 목표가 뭔지 모를 때 발생한다. 지루함을 느끼는 사람은 욕구를 충족해 줄 조건들을 알지 못한 채 그 욕구 때문에 괴로워한다.[2]

쇼펜하우어는 이런 상황에 대해 다음과 같이 정확하게 묘사했다. "우리는 이럴 때 스스로를 행운아라고 여긴다. 아직 바라는 것이 있을 때, 얻으려고 애쓰는 것이 있을 때, 끊임없이 욕구가 채워지고 그 만족감이 새로운 욕구로 계속 이어질 때(이 속도가 빠르면 행복이라 부르고 속도가 느리면 슬픔이라 부른다) 그리고 무력하게 만드는 지독한 지루함과 명확한 대상도 없는 맥 빠진 갈망, 지긋지긋한 나른함 속에서도 그 과정이 흔들리지 않고 계속 반복될 때가 바로 그런 순간이다."[3]

지루함은 골치 아픈 딜레마다. 뭔가를 하고 싶고 거기에 몰두하고 싶지만 만족할 만한 활동은 전혀 없다. 바로 이런 상황을 우리는 지루함의 난제boredom conundrum라 부른다.

잠을 자거나 무관심해지거나 평정심을 길러서 욕구 자체가 일어나지 않게 할 수도 있다. 만약 뭔가를 해야 한다는 압박감이 약해지면 더는 지루하지 않고 **아무것도 하지 않는 상태**에 만족하게 될 것이다. 아니면 어떤 일이 자신의 관심을 끌고 욕구를 채워줄 때까지 그 일을 계속하도록 스스로에게 강요할 수도 있다. 가령 인터넷이라는 토끼 굴에 뛰어들거나 하루에도 수십 번씩 모바일 게임을 하거나 난해한 고전인 《전쟁과 평화》에 다시 도전해 볼 수도 있다.

세 번째로 실현 가능한 욕구를 찾는 방법도 있는데 이는 인위적으로는 불가능하다. 오히려 그런 일은 자연스럽게 일어난다. 가령 잠을 자려고 애쓰는 상황을 생각해 보자. 잠을 청할수록 더 잠이 안 오는 것처럼 느껴진다. 그러나 쉽게 잠이 드는 환경을 만들 수는 있다. 이와 마찬가지로 우리는 원하는 것을 찾는 데 도움을 주는 환경을 만들고 가꿀 수 있다. 간혹 이런 상황은 별로 노력하지 않을 때 만들어지기도 하는데 마치 설단 현상처럼 잊어버리고 있다가 답을 발견하는 경우다.[4] 아마도 헤르만 헤세Hermann Hesse의 《싯다르타》에 나오는 다음과 같은 충고에 주의를 기울이는 편이 나을 것이다. "당신의 구도 행위가 지나치다는 것 그리고 구도 행위가 지나쳐서 깨달음을 얻지 못한다는 것 말고는 당신에게 드릴 말씀이 무엇이 있겠습니까."[5]

정신이 쉬고 있고 뭔가를 하고 싶은데 그게 무엇인지 파악하지 못한다. 한마디로 바로 이것이 지루함이다. 그런데 우리는 어떻게 지루해졌을까? 무엇이 지루함을 일으킬까? 끝날 줄 모르는 정치 토론, 이전에 수천 번 들었던 이야기를 또 듣는 경우, 따분한 업무 회의 등 **지루한 상황**은 아주 많다. 실제로 외부 환경은 지루함을 유발하는 중요 요인이다. 이 같은 외부 원인으로는 다음의 네 가지가 눈에 띈다. 단조로운 생활, 목적 상실, 제약, 도전 수준과 기술의 부조화가 바로 그것이다.

지루함의 네 기수

오른쪽 〈그림 2.1〉에서 흑백 캐나다 국기 가운데 있는 작은 점을 30초 동안 바라본 후 그 아래 빈 공간에 찍힌 점을 바라보면 당신의 뇌에 관해 중요한 사실을 알게 된다. 뇌는 같은 것을 오래 응시하는 일을 좋아하지 않는다. 첫 번째 그림(흑백 캐나다 국기)을 오래 보고 나면 감각 순응 잔효adaptation after-effect 현상이 일어난다. 여기서 우리는 기초 감각 체계조차도 제 기능을 하려면 변화와 다양성을 필요로 한다는 점을 알 수 있다.[6]

변화와 다양성의 반대인 단조로움은 작업장에 관한 연구를 통해 연구자들이 분석한 첫 번째 기수(외부 원인)다. 제1차세계대전과 제2차세계대전 사이 전반적으로 노동의 성격은 육체적으로 힘들고 위험하던 작업에서 힘이 덜 들고 반복적이며 기계화된 공장 노동으로 바뀌었다. 이제 노동자들은 오랜 시간 동안 단순 반복 작업을 해야 했다.[7]

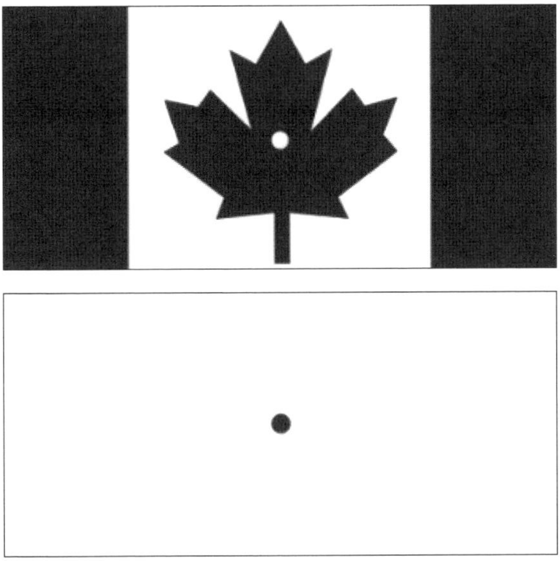

| 그림 2.1 | **캐나다 국기에 대한 감각 순응 잔효에 의한 착시**
먼저 그림 속 캐나다 국기에서 흰색 작은 점을 30초 동안 바라본다. 오래 바라볼수록 착시가 심해지고 가까이에서 바라볼수록 착시가 약해진다. 그다음 아래 그림의 빈 공간에 있는 검은색 작은 점을 바라본다. 이제 처음 봤던 그림이 반전된 이미지가 보일 것이다.

1931년 영국 공장의 위생 상태를 점검했던 수석의무검열관 J.C. 브리지J.C. Bridge는 당시 노동자들의 어려운 처지를 이렇게 묘사했다.

> 실제로 기계화가 서서히 확대되면서 수공예의 즐거움이 사라지고 있으며 기계화의 결과로 "신경 장애" 발병률이 높아지고 있다. …당연하지만 반복 작업으로 인한 피로감은 육체적 피곤함이 아니라 조금도 몰두할 수 없는 일을 억지로 해야 하는 데서 오는 지루함을 일시적으로나마 덜고 싶은 욕구의 발현이다. …그 자체로 따분한 작

업들에 더 많은 관심을 둬야 한다. 이런 상황에서 어떤 노동자를 선발할지는 크게 중요하지 않다. 적격자를 찾는 일보다 지루한 작업을 해결하는 것이 더 중요하다.[8]

단조로운 일은 집중을 요구하지만 우리를 몰두시키지는 못하기 때문에 지루함을 유발한다. 불량품을 골라내기 위해 조립 라인을 감시할 때는 우리의 정신 능력을 모두 사용할 필요가 없다. 그러나 작업 중 몽상에 빠지거나 저녁에 가족과 친구와 뭘 할지 생각하는 순간 불량품을 놓치게 된다.[9] 여기서 문제가 생긴다. 지루하고 단조로운 일이라도 생각 없이 손대면 마무리되지 않으므로 어느 정도 정신 능력을 사용해야 하지만 참여 욕구를 채워주지는 못한다.

아마도 직장 내 단조로움의 문제를 인식하고 연구한 최초의 인물은 산업심리학과 조직심리학의 선구자인 휴고 뮌스터베르크Hugo Münsterberg일 것이다. 뮌스터베르크가 보기에 단조로운 직장은 "획일성과 변화 부족에 대한 주관적인 반감"을 일으켰는데 이는 환경의 객관적 특성이 아니라 개인적 판단 결과였다. 직장 생활이 단조롭다고 느끼는 사람도 있지만 변화가 심하다고 느끼는 사람도 있었다.[10] 뮌스터베르크는 날마다 3만 4,000개의 동작을 반복했던 한 놀라운 남자에 관해 언급했다. 그는 14년 동안 직장에 다니면서 매일 전동 드릴을 사용해 정확한 각도와 일정한 속도로 금속판의 같은 위치에 구멍을 뚫었다. 뮌스터베르크는 그 일이 외부인의 입장에서도 지독히 지루한 작업이 분명해 보였기에 이 남자와 이야기를 나눠봤다.

놀랍게도 그는 전혀 지루하지 않다고 말했다. 오히려 이 남자는 그 일이 재밌고 자신에게 활력을 준다고 생각했다. 심지어 해를 거듭할수록 그 작업이 즐거워졌노라고 말했다. 깜짝 놀란 뮌스터베르크는 이렇게 썼다.

> 내 생각에 이것은… 복합 동작이 서서히 자동화돼 그가 이 작업을 일종의 반사운동처럼 수행하게 됨에 따라 작업 중 다른 생각을 할 수 있는 여유가 생겼다는 것을 의미한다. 그러나 그가 설명하기를… 자신은 (뚫은 구멍의 개수에 따라 보수를 받기 때문에) 자기 일에 온전히 집중해야 할 의무가 있다고 느끼며… 보수에도 만족하지만 결정적으로 작업 자체에서 기쁨을 느낀다고 했다.[11]

이 단조로운 작업은 그에게 외적으로나 내적으로 가치가 있었고 이 점이 매우 중요했다. 그러나 누구든 반복 행동에서 어떤 목표를 발견하는 것은 아니라 여기서 지루함의 두 번째 기수인 목적 없는 활동이 등장한다. 반복 행동 자체가 지루함을 유발하지는 않는다. 반복 행동에는 지각된 가치perceived value가 없다. 이 남자는 겉보기에 열중할 필요가 없는 작업에도 충분히 몰두할 수 있었다. 그는 일을 하면 할수록 그 일에 점점 더 빠져들었다. 사람은 관심이 생기면 사소한 것까지 신경 쓰기 마련이다. 그리고 뭔가에 신경을 쓸 때는 그것을 다시 들여다보고 싶어진다. 그렇게 하다 보면 어느 틈엔가 우리는 남들이 이해할 수 없거나 별로 재미없다고 생각하는 것에 묘미를 느끼게 된다. 이것이 바로 지루함을 없애는 동기부여의 힘이다. 이런 동기부여가 없으면 단조로움은 지루함을 유발하는 강력한 원인이 된다.

그러므로 누구나 그럴 만한 이유가 있다면 지루한 상황을 유익하게 바꿀 수 있다. 뮌스터베르크가 언급한 공장 노동자에게 그럴 만한 이유란 가족을 부양할 수 있게 해주는 금전적 보상이 주어진다는 사실이었다. 좀 더 최근 연구에 따르면 그럴 만한 이유를 만드는 것은 사람들에게 지금 하는 일이 건강에 이롭거나 시험 성적을 높여주거나 나중에 더 좋은 일자리를 얻게 해줄 것이라고 믿게 하는 것만큼 간단하다.[12] 어떤 일을 해야 할 충분한 이유는 그것이 없었다면 하고 싶어 하지 않았을 일을 하고 싶게 만들어준다. 그런데 만약 어떤 일을 의무적으로 해야 하는데 그 일을 해야 할 이유를 하나도 찾지 못한다면 어떻게 될까? 이 질문은 지루함의 세 번째 기수인 제약으로 이어진다. 어떤 일을 하라는 혹은 하지 말라는 강요는 분명하게 지루함을 유발한다.

1937년 초 뉴욕시티칼리지대학의 조셉 바맥Joseph Barmack은 제약과 지루함 사이에 연관성이 있다고 주장했다. 그가 보기에 지루함이란 일을 멈추고 싶은 시점이 지나서까지도 그 일을 계속해야 할 때 느끼는 감정 혹은 "과잉포만super-satiation" 상태다.[13] 실제로 단조로움에 관한 초기 연구는 제약이 심한 직장에서 느끼는 지루함에 관한 내용이었다.

단조로움과 제약은 시너지를 일으킨다.[14] 단조로운 상황이 계속

되면 우리의 에너지는 줄어드는데 이는 우리가 반복적이고 변화가 없는 일에 익숙해졌음을 보여준다. 몇 시간 동안 스프레드시트에 숫자를 입력하는 작업을 생각해 보자. 가령 당신은 지금 이번 달 직원들의 근무 시간을 입력하거나 재고 정리를 하고 있는데 그 일에 별 흥미를 느끼지 못한다. 각성 수준이 너무 낮아져 졸리기 시작한다. 이런 상태가 아무 문제가 되지 않을 때도 있다. 그때는 그냥 잠깐 자거나 인터넷 서핑을 하면 된다. 그러나 그 일을 꼭 해야 하는 상황이라면 자신의 에너지를 끌어올릴 방법을 찾아야 한다. 그러지 않으면 실수를 저지르게 될 것이다.[15] 낮잠으로 해결되지 않는 직업도 있기 때문이다(항공 교통 관제소를 떠올려보라). 이따금 안절부절못하는 행동이 각성 수준을 끌어올리려는 방법처럼 보이기도 한다.[16] 그러나 내게 도움이 된다고 해서 반드시 내 작업에도 유용한 것은 아니며 반복 작업으로 졸린 상황에서 에너지를 충분히 끌어올리기란 쉬운 일이 아니다.

이와 같이 에너지는 감소하는데 일에 대한 관심을 유지해야 하는 상황에서 빚어지는 갈등은 일이 단조로운 정도의 영향을 받으므로 이 단조로움을 없애기 위해 더 많은 노력을 기울여야 한다. 지루함은 각성 수준이 불안정한 상태다.[17] 그러나 단조로운 업무를 계속하도록 강요받지 않는다면 그런 상황을 겪지 않아도 된다. 제약이 없으면 지루함이 사라지기 때문이다. 그럴 때는 그냥 잠을 자거나 다른 일을 하면 된다. 어느 쪽을 택하든 지루함은 사라질 것이다.

노퍽에 위치한 올드도미니언대학의 마크 서보Mark Scerbo와 그의 동료들은 제약이 직접적으로 지루함을 유발한다는 생각을 입증하는 실험을 했다. 이 실험에서 한 집단은 원하면 언제든 단조로운 작업을 그만둘 수 있었고 다른 집단은 연구자가 지시할 때까지 그 작업을 계속해야 했다. 두 집단 모두 작업 시간은 동일했지만 작업을 멈출 자유가 있었던 집단이 지루함을 덜 느꼈다.[18]

관심을 끌지도 않고 변화도 없는 단순 반복적 작업은 강제성을 띠는데 지루함에 관한 연구들은 대부분 그런 상황에 초점을 맞춰왔다. 의욕을 돋우지 않지만 피할 수 없는 상황은 실제로 지루함을 유발한다. 그러나 그게 다는 아니다.

오디세우스Odysseus가 제대로 파악한 것처럼 한 가지 위험은 비교적 처리하기 쉽지만 두 괴물 사이에 끼어 있을 때는 상황이 극단적으로 어려워진다. 불운했던 오디세우스는 한쪽에는 스킬라(암초)가, 다른 한쪽에는 카리브디스(소용돌이)가 있는 메시나해협을 통과해야 했다.[19] 마찬가지로 지루해지지 않으려면 도전적이지 않은 상황뿐 아니라 지나치게 도전적인 상황도 해결해야 한다. 그러므로 자신의 기술과 관심 그리고 가능한 것 사이에서 조화를 이룰 방법, 즉 골디락스 존Goldilocks zone을 찾아야 한다. 이것을 찾지 못한 경우가 바로 지루함의 네 번째 기수다.

비디오게임이 좋은 비유다. 테트리스 1단계를 한 시간 동안 하고 있다고 상상해 보자. 레벨을 올리지 못하면 같은 게임을 반복해야 하고 기술을 활용할 수 없어 몹시 지루해질 것이다. 그럼 이제 최고 단계에서 게임을 시작한다고 해보자. 당신은 순식간에 압도될 것이다. 흥분이 고조되고 기술을 최대한 활용해야 한다. 첫 번째 경우는 새로운 것은 없고 불필요한 반복만 있었다. 두 번째는 혼돈과 소음뿐이어서 아무것도 이해할 수 없다.[20] 두 경우 모두 집중할 수 없기 때문에 순식간에 지루함에 빠지고 만다.

이처럼 기술 수준과 과제 난이도가 조화를 이루는 지점을 찾는 것은 지루함을 몰아내는 데 대단히 중요하지만 이런 생각을 직접 시험해 본 과학적 연구는 많지 않다. 한 연구에서는 실험 참가자를 두 집단으로 나눠 각각 컴퓨터와 가위바위보 게임을 하게 하고 한 집단은 항상 이기도록, 다른 집단은 항상 지도록 설정했다. 이후 참가자들은 과제에 대한 자신의 통제력을 평가했는데 놀랍게도 이들의 평가 점수는 응답 가능한 범위 전체에 퍼져 있었다. 게임에서 항상 이긴 집단의 몇몇 참가자는 불완전한 통제력을 느꼈고 항상 지는 집단의 몇몇은 자신들이 게임을 어느 통제할 수 있다고 느꼈다. 참가자들이 느낀 지루함의 정도를 측정해 보니 게임을 완벽히 통제했다고 느꼈거나 아예 통제력이 없다고 느꼈던 사람들이 가장 많이 지루해했다. 도전 과제의 수준을 정하는 문제에 적용해 보면 이 연구 결과는 전혀 도전적이지 않거나(항상 이기거나) 지나치게 도전적일 때(항상 질 때) 사람들이 가장 많이 지루해함을 시사한다.[21]

또 다른 연구에서는 참가자를 두 집단으로 나눠 서로 다른 20분짜리 비디오를 시청하게 했다. 한 비디오에서는 광대가 익살스러운 마임으로 쉬운 기초 영어 단어를 아주 천천히 반복적으로 설명했다. 다른 비디오에서는 똑똑한 사람이 끔찍하게 복잡한 수학 공식과 난해한 도표를 사용해 고급 컴퓨터 그래픽의 내용을 설명했다. 참가자 전원에게는 비디오 시청 후 내용과 관련된 질문에 답해야 하니 주의 깊게 비디오를 봐야 한다고 일러뒀다. 두 집단 모두 비디오를 시청하면서 괴로워했다. 또 그들이 지루함을 느끼는 정도에도 차이가 없었다. 따분한 마임이 낮은 도전 의식을 갖게 했든 복잡한 수학이 높은 도전 의식을 갖게 했든 상관없이 모두 영상을 보면서 끔찍해했다.[22]

환경적 위험 요소를 가리키는 지루함의 네 기수는 반드시 피해야 할 것들이다. 지루해지면 사람들은 재빨리 자신을 그런 상태로 내버려둔 세상을 원망한다. 그러나 지루함의 원인은 이게 전부가 아니다.

내부 원인

우리는 무고한 구경꾼이 아니다. 모든 것이 자기 하기 나름이다. 연구에 따르면 어떤 사람은 다른 사람보다 더 쉽게 지루함을 느낀다. 상황에 반응하는 방식과 사용할 수 있는 기술이 지루함을 느낄지 아닐지를 결정한다.[23] 지루함을 유발하는 다섯 가지 내부 요인은 다음과 같다. 첫째는 **정서**, 즉 어떤 순간에 느끼는 감정이다. 둘째는 **생명 작용**으로 주변 환경에 기민하게 반응하는 능력이다. 셋째는 **인지**

능력으로 우리 주위의 세상에 집중하고 사고하는 능력이다. 넷째는 **동기부여**로 뭔가에 참여하도록 지지받는 것이다. 그리고 마지막 다섯째는 **의지력** 혹은 **자기통제력**으로 계획을 수립하고 그대로 따르는 능력이다. 이런 내부 요인에 취약한 부분이 있다면 지루함에 빠질 위험에 놓인다.[24]

정서는 주변에서 벌어지는 일과 자신의 관계를 드러낸다. 바꿔 말하면 정서는 다양한 방법으로 사물에 중요 표시를 한다. 정서가 메마르면 무엇이 중요한지 알지 못하므로 방황하기 마련이다. 사물의 가치를 감정으로 표현하지 못한다면 이 세상은 밋밋하고 무미건조할 것이다. 우선순위를 매길 필요도, 특정 행위를 할 이유도 전혀 없기 때문이다.

그러므로 낮은 정서 인식력emotional awareness이 지루함과 연결된다고 해서 놀랄 일은 아니다.[25] 우리가 어떤 감정을 느끼는지 혹은 우리에게 무엇이 중요한지 식별할 능력이 없으면 행동 계획을 짜기가 (불가능하지는 않더라도) 어려워진다. 지루해하는 사람의 정서 인식력이 부족한 이유는 다양하게 설명되지만 이들이 감정을 느끼는 것이 두려워 피하려고 한다는 데는 모두가 동의한다.[26] 한 실존주의적 관점에 따르면 정서적 무감각과 그에 수반되는 지루함은 자신이 삶의 주인임을 깨달았을 때 느끼는 불안감에 대한 반응으로 추정된다. 자기가 인생의 주인이라는 깨달음은 중요하지만 느끼는 사람을 불안하게 할 수도 있다.[27] 사람들은 처지를 비관해 스스로 목숨을 끊는 것보다 외부의 힘을 탓하거나 외부의 규칙을 찾는 편이 훨씬 쉽다고 느낄지 모른다. 이런 점에서 보면 지루함은 위협적인 정서와 깨달음을 차단하고 스스로를 보호하기 위해 치러야 할 대가다.

그런데 낮은 정서 인식력과 지루함의 관계에 대한 설명을 뒷받침해 줄 실험적 증거가 있을까? 네바다대학의 스티븐 헤이즈Steven Hayes와 그의 동료들은 자신들이 "경험적 회피experiential avoidance"라고 부른 현상 혹은 원치 않는 감정을 쫓아내거나 피하려는 성향을 측정하는 척도를 개발했다. 경험적 회피 성향이 높은 사람은 감정이 다칠까 두려워 감정을 느끼지 않으려고 애쓴다.[28] 우리가 연구한 결과에 따르면 감정 회피자는 그렇지 않은 사람보다 더 자주 지루함을 느꼈다. 더구나 지루함을 자주 느끼는 사람은 감정 식별 능력이 눈에 띄게 부족했다.[29] 감정 회피 성향과 낮은 정서 인식력은 삶에 재미와 활력을 주는 정서가 제대로 기능하지 못하게 한다. 정서가 다양하고 풍부하지 못하면 세상이 무의미하게 느껴져 자신에게 소중한 것을 파악하지 못한다. (의미의 역할은 7장에서 좀 더 자세히 다룰 예정이다.) 이쯤에서 정리하면 감정을 회피하고 정서 인식력도 낮으며 삶의 의미도 찾지 못하는 사람은 가치 있는 활동을 찾지 못함으로써 지루함에 빠진다. 또 할 일을 찾았더라도 뇌에서 제대로 반응하지 않고 열정을 돋우지 못하면 그 일에 열심히 참여하지 않는다.

세상에 기민하게 반응하려는 내적 몸부림이 지루함을 유발한다는 생각에는 오랜 역사가 있다. 예컨대 1913년 뮌스터베르크는 (관찰자의 시선에서) 따분함을 느끼는 특정 성향을 구별해 내기 위해 일련의 실험을 수행했다. 그의 결론에 따르면 어떤 사람들은 반복되는 사건을 볼 때 모호하게 대충 받아들인다. 다음에 같은 사건을 접해도 세부 내용을 기억해 내지 못한다. 이런 성향의 사람들은 같은 일에 계속 집중해야 하는 업무(조립 작업과 자료 입력이 좋은 예)가 고통스럽다. 이들은 반복 업무를 힘들어한다. 매 순간이 구분되지 않기 때문에 시간이 기어가는 것 같다. 새로운 것도 금세 식상해진다.

2009년 양지앙Yang Jiang과 그의 동료들은 같은 시각적 이미지를 반복해서 볼 때 쉽게 지루해하는 사람들은 전두엽에서 일어나는 신경 반응이 느리고 불명확하다는 사실을 입증했다. 지루함에 취약한 사람들은 환경에 빨리 익숙해지는 것 같다. 다른 사람에게는 신선하고 새로운 것이 이들에게는 곧 낡은 것이 되기 때문이다. 기본적으로 이들은 새로운 관심거리를 더 많이 필요로 한다.

그러므로 쉽게 지루해지는 원인의 일부는 주변 상황과 사물에 대한 신경 반응이 신속하게 사라지는 데 있다. 그뿐 아니라 지루함에 취약한 사람들은 만성적으로 활기가 부족하다는 문제도 있다. 이들은 활력을 얻기 위해 이곳저곳 쏘다니며 에너지를 높여줄 흥밋거리를 찾는다. 이것은 지루함과 밀접하다. 자신의 인지 자원을 활용하기 위한 에너지가 충분하지 못하면 당연히 지루해지기 때문이다. 대개 각성 수준이 낮은 사람은 어딘가에 참여하기 위해 필요한 활력이 부족하다. 그래서 외부 자극에서 에너지를 얻지 못하면 아예 참여할 생각조차 하지 않는다.[30] 물론 주변에서 벌어지는 일에 관심도 있고 활력이 넘치더라도 그 일에 항상 성공적으로 참여할 수 있는 것은 아니다. 그에 적합한 인지능력도 필요하기 때문이다.

인지능력이란 무엇일까? 인지능력은 분명 모호하고 광범위한 개념이다. 따라서 여기서는 주로 집중력과 관심을 통제하는 능력에 초점을 맞추기로 한다. 즉, 인지능력이란 관심 대상을 통제하고 집중을 방해하는 요소를 제거하며 충동을 억제하고 사고하는 동안 관련 정보를 저장해 두며 유연하게 다른 생각으로 넘어갈 수 있는 능력을 말한다. 관심 대상을 통제하는 능력은 주변과 자신의 내부 감각을 연결해 줄 뭔가와 생각거리를 선별하고 검열하는 기본적인 인지 기술이다. 이런 통제력이 부족한 사람은 이따금 상황을 너무 어렵다고 인식해 그 순간에 벌어지는 상황에 참여하지 못한다. 그러므로 만약 지루함을 참여 욕구가 채워지지 않은 상태라고 정의한다면 관심을 통제하는 능력의 부족은 지루함의 타당한 원인이 된다.

신경 손상에 따른 주의력 결핍 장애를 겪는 사람들은 쉽게 지루함을 느낀다. 최근 보고서에 따르면 지루함은 뇌 손상 환자의 증상을 공통적으로 악화한다.[31] 물론 뇌 손상 환자가 느끼는 지루함의 원인은 재활 치료소의 따분한 생활이나 참여 기회 부족 등으로 다양할 수 있지만 뇌 손상의 직접적 결과로 생긴 주의력 결핍 장애가 지루함을 더 자주 유발한다는 사실은 개연성이 있다.[32] 그리고 주의력 결핍 과잉 행동 장애나 조현병처럼 신경 손상을 입은 환자들이 자주 지루해한다는 보고도 있다.[33]

주의력과 쉽게 지루해하는 성향의 상관관계는 신경 손상을 입지 않은 사람에게서도 발견된다. 예를 들어 스스로 집중력이 부족하다고 생각하는 사람은 쉽게 지루해진다고 말했다.[34] 만성적으로 주의력과 집중력이 부족하면 습관성 지루함의 원인이 되기도 한다. 말하자면 이 현상들은 함께 일어날 뿐만 아니라 주의력 결핍이 지루함의 이유가 되기도 하는 것 같다.[35]

주의력이 부족한 사람들은 지루함과 관련된 문제가 복합적임을 알 것이다. 우선 이들은 무슨 일을 해도 관심을 유지하고 몰두하기가 어렵다. 그와 더불어 자신의 관심을 끌 만한 것이 별로 없다는 사실을 알기 때문에 하고 싶은 일을 좀처럼 찾지 못한다. 간단히 말해 이들은 혼자 힘으로는 관심거리와 몰두할 대상을 찾지 못하므로 외부에서 찾아야 한다. 그래서 몰두하기 위해 어떤 이는 좋은 책(과 그것을 읽을 시간)만 필요하지만 쉽게 지루해하는 사람들은 끊임없이 사건이 일어나고 스릴로 가득한 액션 영화가 필요하다. 관심 부족은 참여 능력뿐만 아니라 **원하는 일**을 구별해 내는 능력조차 약화해 지루함을 증가시킨다. 원하는 일을 알아내는 능력은 지루함의 또 다른 내부 요인인 동기부여와 연결된다.

세상에는 두 종류의 사람이 있다고 한다. 하나는 쾌락을 극대화하려는 사람이고 다른 하나는 고통을 최소화하려는 사람이다. 즉, 즐거운 활동을 추구하는 사람이 있는가 하면 사소한 문제조차 일으키고 싶지 않아 신중하게 느린 길을 택하는 사람도 있다. 어느 쪽이든 극단적인 삶의 방식은 당신을 지루함에 빠뜨린다.

끊임없이 쾌락을 극대화하고 싶은 욕구는 채워질 수 없다. 그런 욕구를 가진 사람은 어느 순간 세상이 재미없어질 것이다. 모든 일은 시간이 걸리기 마련이고 자질구레하게 처리해야 할 일은 늘 있으며 이따금 따분한 회의에도 참석해야 한다. 흥분과 쾌락을 바라는 마음이 잘못은 아니지만 그런 욕구가 지나칠 경우 세상이 늘 불만스럽기 마련이고 이를 핑계로 지루함에 빠질 수 있다. 쾌락과 흥분과 변화를 극단적으로 추구하면 당연히 선택 가능한 안들이 대부분 만족스럽지 못할 것이므로 자신이 원하는 활동을 찾기 어려워진다.

그럼 반대로 고통을 최소화하고 싶은 욕구는 어떨까? '안전제일'이 특징이고 회피 행동과도 연관되는 이 방식은 고통도 피하지만 동시에 참여 기회도 제한한다. 우리는 정신이 쓰이지 않을 때 지루해진다고 주장해 왔다. 작은 위험조차 두려운 사람이라도 참여 욕구는 품을 수 있다. 당연하지만 고통을 최소화하기 위해 세상에 관여하기 싫은 마음과 지루함을 쫓기 위해 세상에 참여하고 싶은 마음은 동시에 만족시킬 수 없다. 이런 불일치는 앞에서 설명한 쾌락 추구자의 경우와는 다른 종류다.[36]

우리는 연구를 통해 서로 다른 두 가지 동기 유발 방식이 지루함을 초래한다는 사실을 증명했다.[37] 이는 지루함을 느끼는 성향을 다음의 두 척도로 측정해 보면 저절로 드러난다. 권태 성향 척도 Boredom Proneness Scale는 지루함에 관심 있는 과학자들이 가장 많이 쓰는 척도일 텐데 이것으로 측정해 보면 고통을 최소화하려는 사람이 가장 많이 지루해한다. 권태 민감 척도Boredom Susceptibility Scale는 감각 추구 성향을 광범위하게 조사하는 도구의 보조 척도로 이것으로 측정해 보면 흥분과 쾌락을 추구하는 사람들이 쉽게 지루해한다. 즉, 동기 유발 방식에 상관없이 둘 다 지루해질 위험을 초래한다.

사람들에게 동기가 유발되는 방식은 다양하다. 어떤 사람은 보수를 많이 받으려고 고된 일을 마다하지 않는다. 어떤 사람은 배우자의 화를 돋우지 않으려고 자신의 빨랫감을 스스로 빨래 바구니에 넣는다. 그러나 이따금 사람들은 결과물이 좋든 나쁘든 상관하지 않고 오직 즐겁기 위해 뭔가를 한다. 그저 도전하고 싶어서 높은 산에 오르거나 록 스타를 꿈꾸지는 않지만 악기를 배우는 모습은 모두 내재적 동기부여intrinsic motivation의 예다. 즉, 활동 자체가 보상이 된다. 이와 반대로 이따금 사람들은 배우자의 짜증을 피하고 싶거나 금전적 보상을 기대하고 행동하는 것은 외재적 동기부여extrinsic motivation의 예다. 내재적 동기에 의해 어떤 행위를 할 때는 그 행위 자체가 목적이 된다. 즉, 기술을 연마하거나 계발해서 유능하고 자발적인 사람이 되고 싶은 욕구를 충족한다.[38]

따분한 세상에 참여하고 싶은 내재적 욕구를 가진 사람을 상상하기는 어렵다. "기타 연주를 정말로 좋아하지만 내가 연주할 때는 지루해!"라고 말하는 사람은 흔치 않다. 안타깝게도 개인의 성격 특성과 내재적 동기의 연관성에 관해 알려진 내용은 별로 없다. 대다수 연구가 성격이 아닌 특정 상태와 내재적 동기의 연관성을 다루고 있다.

우리는 실력 향상이나 자결권 같은 내재적 보상에 동기부여가 되는 사람들은 지루함을 덜 느낀다는 사실을 잘 안다.[39] 이들은 어떤 활동이든 특정 결과를 얻기 위해서가 아니라 자신의 인지력과 창조력을 발휘할 기회로 여긴다. 즉, 행동 자체를 중요하게 생각한다.

또 우리는 자율성을 확보하고 역량을 갖추고 싶은 욕구가 충족되지 못하면(자기 인생의 주인이 되지 못할 때) 더 쉽게 지루함에 빠진다는 사실도 안다.[40]

그러나 통제력을 갖추기란 쉽지 않다. 가끔은 남들의 기대에서 벗어난 충동과 욕구가 자기 내부에서 생겨난다. 이상하게 들리겠지만 때로 사람들은 자신이 원하는 방향과 다르게 행동하기도 한다. 자기통제력은 타인과 조화롭게 살아가는 데 필수며 목표를 달성하는 데 대단히 중요한 요소로 면접을 보는 동안 안절부절못하지 않고 차분히 앉아 있을 수 있는 능력부터 수년간 교묘하게 이직을 준비하고 실행하는 능력에 이르기까지 광범위하다. 이미 살펴봤듯이 동기는 고통 회피 혹은 쾌락 추구라는 두 가지 상반된 방식으로 유발될 수 있다. 자기통제력은 목표의 우선순위를 정하고 그것들을 실행 가능하게 바꾸는 능력이다.

자기통제력의 중요한 기능을 고려하면 자주 지루해진다고 말하는 사람들이 자기통제력을 발휘하는 데 어려움을 느끼는 것도 당연하다.[41] 자기통제력과 지루함은 밀접하게 연관돼 있다. 나이(나이가 들고 현명해질수록 자기통제력이 어느 정도 강화된다)와 성별(대개 남성이 여성보다 더 자주 지루해한다) 같은 변수를 제거한 후에도 지루함을 느끼는 정도와 자기통제력 수준의 상관관계는 여전히 높다.[42]

자기통제력은 여러 중요한 능력을 포괄하는 광범위한 개념이다. 가령 '자기지시self-direction' 능력은 원하는 일을 할 때 스스로 통제할 수 있음을 보여준다. 여기에는 먼저 하고 싶은 일을 파악한 후에 그것을 완수하기 위해 자신의 생각과 감정, 행동을 조절하는 능력이 포함된다. 자기지시 능력은 자기통제력과는 별개다. 충동 조절(아침 회의 때 세 번째 도넛을 먹지 않으려고 자제하는 일)이나 행동 억제(면접 중 초조해하지 않기) 같은 능력은 실행 계획을 수립하고 추진하는 일과 거의 관련이 없다. 자기지시 능력은 욕구 표출과 연관된다. 부모님과 좋은 관계를 유지하겠다는 생각은 동기 유발의 문제지만 정기적으로 일요일 오후에 부모님을 방문하겠다는 구체적인 목표를 세우고 실행하는 일은 자기지시 능력의 문제다.

우리 주장처럼 지루함이 대상이 없는 헛된 욕구에서 비롯된다면 자기지시 능력의 부족은 개념상 지루함의 핵심 원인이 된다. 자기지시 능력이 부족한 사람은 대상도 실속도 없는 욕구에 얽매이기 쉽다. 실제로 자기지시 능력의 일부는 지루함을 느끼는 성향과 연결돼 있다.[43] 우리는 사람들이 목표를 달성하기 위해 사용하는 다양한 전략을 조사해 봤다. 어떤 사람들은 행동과 변화에 초점을 맞추고 "일단 해보"는 방식을 선호한다. 어떤 사람들은 체계적이고 철저하게 최선의 행동 방침을 평가하는 데 초점을 맞추고 "올바르게 하"는 방식을 선호한다. 당연히 후자가 지루함을 더 쉽게 느낀다. 이들은 현 상황을 꼼꼼히 검토하는 일에 집착한 나머지 어떤 흥미로운 활동도 시작하지 못한다.[44]

지루함의 내부 원인은 외부 원인보다 지루함에 취약한 사람을 더 잘 설명할 수 있다. 실제로 어떤 사람들은 심리적 보상을 제대로 받지 못해 지루함에 빠지기도 한다. 정서 인식력, 생명 작용, 인지력, 동기부여 방식, 자기통제력 등 이 모든 것이 지루함에 영향을 미친다. 이런 내부 원인과 앞서 언급한 외부 원인이 결합되면 당신은 끔찍한 지루함에 빠지고 말 것이다.

모든 길은 지루함으로 통한다

지루함이 환경 혹은 우리 내부에서 비롯된다고 말한다면 이는 부정확한 표현이다. 둘 다 지루함의 원인이거나 좀 더 정확히 말해 둘 다 원인이 아니다. 지루함은 세상과 관계를 맺는 과정에서 유발된다. 이번 장의 제목은 지루함의 요구에 따라 우리가 어떻게든 골디락스 세상을 구축할 수 있으리라는 비합리적이고 이상적인 기대를 암시한다. 골디락스 세상은 어떤 상황에서 우리가 제공할 수 있는 것과 우리가 그 상황으로부터 제공받는 것이 서로 완벽하게 일치하는 공간이다. 당연히 이런 일은 불가능하다. 그러나 이 둘이 일치하지 않을 때 그 틈을 지루함이 파고든다.

이 시점에서 한 가지 사실은 분명하다. 원인이 외부에 있든 내부에 있든 지루함의 원인은 한 가지가 아니다. 또 지루함이 유발되기 위해 모든 원인이 동시에 존재해야 하는 것도 아니다. 그러나 정신이 쉬고 있고 욕망의 난제에 빠져 지루함을 느꼈던 특정 순간을 떠올려보면 하나 이상의 달갑잖은 원인을 발견하게 될 것이다.

어쨌든 다양한 원인이 우리가 세상에 참여하지 못하도록 방해함으로써 지루함을 유발하며 이는 자기 삶의 주인이 된다는 것이 어떤 의미인가 하는 문제의 본질을 자극한다. 지루함의 원인들은 우리가 주체성을 발휘하지 못하게 방해하므로 본질적으로 지루함은 주체성에 위협적인 요소다. 조수에 밀려 바다 위를 이리저리 떠다니는 코르크 마개는 행위자가 아니다. 그러나 해안에 닿기 위해 해류를 거슬러 노를 젓는 낚시꾼은 행위자다. 코르크 마개는 움직이는 방향을 정하지 못하지만 낚시꾼은 정할 수 있다.[45] 코르크 마개는 의사가 없지만 낚시꾼은 해안에 닿고 싶어 한다. 코르크 마개처럼 살면 삶이 지루해진다. 자기통제력을 발휘해 관심을 쏟을 대상을 찾고 거기에 몰두할 때 주체성sense of agency이 형성된다. 지루함에서 벗어나고 싶다면 주체성을 되찾는 것이 중요하다. 즉, 코르크 마개가 아닌 낚시꾼이 돼야 한다. 지루함은 바로 행동하라는 신호다.[46]

3장

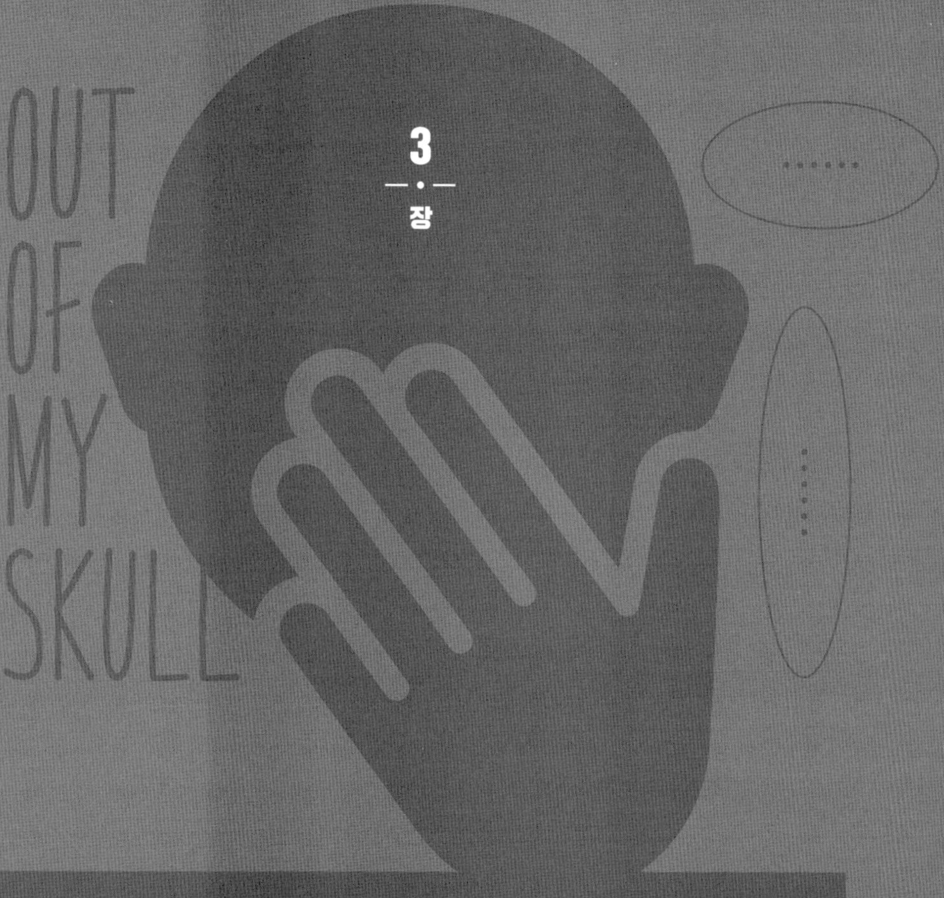

변화 동기

아이들이 신이 나서 시끄럽게 떠들고 있다. 하늘은 푸르고 바람이 살랑거렸다. 앞으로 더 나은 날들만 있으리라 약속하는 듯 완벽한 봄날, 미시간호는 인산인해를 이뤘다. 때는 1933년, 당시 활기 넘치던 시카고에서는 사람들이 "진보의 세기!"를 축하하고 있었다.

당신은 다채로운 색깔의 천막과 기상천외한 전시품 주변을 산책한다. 소인국, 세계 곳곳에서 온 이국적인 야생동물들, 인큐베이터 속 아기들, 미래 자동차 등! 그런데 당신의 아이가 가장 독특한 천막으로 손을 잡아끈다. 바로 '리플리의 믿거나 말거나 박물관Ripley's Believe It or Not Odditorium'이다!

한 과묵한 남자가 무대 위에 있다. 당신보다는 키가 크지 않고 머리는 짧게 깎았으며 흰색 반바지에 커다란 황동 버클이 달린 검은색 벨트를 매고 있다. 턱시도와 중산모를 멋지게 걸친 사회자가 지팡이를 들고 서커스 분위기를 띄우고 있다. 그가 우렁찬 목소리로 외쳤다. "신사 숙녀 여러분, 여기를 보세요. 심약한 분은 안 됩니다. 고통을 못 느끼는 남자, 아서 플럼호프를 소개합니다!"[1] 청중은 넋을 잃는다. "이 남자는 평범해 보이지만 괴력을 가졌습니다. 살을 여러 번 찔러도 단 한 번도 움찔하지 않거든요!"

플럼호프가 길거리 싸움꾼처럼 건들건들 앞으로 걸어 나온다. 말 한 마디 없이 13센티미터 길이의 바늘을 집어 든다. 몸을 살짝 웅크리고 눈을 부릅뜬 채 천천히 입을 벌리는 모습은 경외감보다는 공포심을 자아낸다. 사방이 쥐 죽은 듯 조용했다. 마치 연극을 하듯 플럼호프가 바늘로 자신의 한쪽 뺨을 찌른 다음 사람들이 알아볼 수 있도록 그 바늘을 벌린 입으로 통과시켜 반대쪽 뺨으로 나오게 했다.

놀라움과 혐오감에 헉 하는 소리가 천막 안을 가득 메웠다. 당신의 큰아들은 마음을 빼앗겨 의자 끝에 걸터앉는다. 작은 아들은 바늘이 플럼호프의 뺨을 처음 찌를 때부터 몸을 움츠리더니 당신의 가슴에 머리를 기대고 눈을 감아버렸다. '저게 어떻게 가능하지? 사람이 어떻게 저런 고통을 참을 수 있지?' 당신은 홀로 생각한다.

* * *

서커스 공연을 하는 고통을 못 느끼는 사람, 일명 "인간바늘방석

The Human Pincushion" 이야기는 1930년대 의학 잡지에 처음 등장했다.[2] 이런 사람들이 앓고 있는 선천적 통각상실증은 고통의 기능이 무엇인지 분명하게 보여준다. 즉, 고통은 행동이 필요하다고 알려준다.

고통의 목적이 상처 **입히기**가 아니라는 데 주목해야 한다. 고통의 **기능**은 행동의 필요성을 알리는 것이다. 불이 가까이 있으면 반사적으로 몸을 피하거나(〈그림 3.1〉) 칼질을 잘못했을 때 손을 빼는 행동부터 두통을 완화하고자 진통제를 복용하는 의식적 행동까지 고통은 괴로움을 치유하기 위해 뭔가를 해야 한다고 신호를 준다.

| 그림 3.1 | 르네 데카르트, <화상 통증의 전달 경로>(1964)

이 그림은 도피반사의 신경 경로를 보여준다. 추정컨대 불은 피부가 타는 것 같은 통증을 유발할 테고 이런 통각을 전달받은 뇌는 취해야 할 행동을 계획할 것이다. 다소 묘한 느낌을 주는 이 그림에서 천진난만한 아이는 고통을 전혀 느끼지 못하는 듯 멍한 미소를 지으면서 아픈 발가락 쪽으로 침착하게 손을 뻗는다. 그림 속 불은 의도적 행위보다 척수반사를 유도할 가능성이 훨씬 높다. 그러나 여기서 핵심은 불이 유발한 고통이 행동을 요구한다는 점이다.

고통의 기능에 대한 이런 설명은 새롭지 않다. 오랫동안 고통은 집중력을 흩뜨리고 괴로운 상황을 피하려는 행동을 자극한다고 여겨졌다. 이렇게 고통 때문에 새로운 목표를 추구하지 못하게 되면 곧바로 고통을 느끼기 전의 원래 목표로 돌아가고 싶은 충동이 일어난다.[3] 이런 현상은 조직 손상으로 인한 육체적 고통의 경우에는 비교적 쉽게 일어난다. 그럼 지루함과 밀접한 정신적 고통의 경우는 어떨까?

어떤 이론은 정신적 고통을 포함해 모든 고통이 일종의 자기조절 신호 역할을 한다고 설명한다.[4] 육체적 고통은 불길이 닿으면 손을 떼는 행동처럼 자동 반응을 일으키지만 슬픔(과 지루함) 같은 정신적으로 불쾌한 상태는 복잡한 반응을 일으킨다. 사랑하는 사람을 잃고 고통에 빠진 사람은 혼자 있고 싶은 마음부터 적극적으로 다른 사람들에게서 위로를 받고 싶은 마음에 이르기까지 다양한 반응을 보인다. 그러나 이때도 핵심은 같다. 육체적이든 정신적이든 모든 고통은 행동하라는 신호다. 우리는 지루함이라는 신호가 고통과 거의 비슷한 기능을 한다고 생각한다.

어느 회사원의 평범한 하루를 상상해 보자. 이 사람은 앞으로 할 일을 생각하면서 열정적으로 하루를 시작한다. 그는 현재 하는 일에 충분히 참여하고 있다. 그러나 그런 '열정'이 늘 똑같이 유지되기는 어렵다. 정신을 산만하게 하는 것들과 싸워야 하고 뭘 좀 먹으라고 경고하는 배의 꼬르륵 소리처럼 행동을 요구하는 다양한 신호들을 처리해야 한다. 최선을 다해 집중력을 유지하려 해도 실패할 때가 있다. 시간은 가는데 일이 예상보다 더디게 진행되자 그는 꼼지락거리기 시작한다.[5] 의자를 뒤로 밀고 스트레칭을 하고 심호흡을 한 다음 하던 일로 돌아간다. 잠시 후 이메일을 확인하고 스팸 메일을 지우고 나니 조금 더 초조해진다. 잠시 창문 밖을 쳐다보고 5분간 몽상에 빠진다. 이 모든 이야기가 정신이 산만해지려 할 때는 이미 지루함이 어딘가에 숨어 있었다는 뜻처럼 보이지만 사실 지루함을 느끼는 때는 지루함이 보내는 신호가 충분히 강해지고 난 후다! 결국 불편한 마음으로 퇴근을 한 이 회사원은 친구 밥이 오늘 점심때 뭘 먹었는지 보려고 소셜 미디어를 확인한다. 그러다 셰릴 샌드버그 Sheryl Sandberg(페이스북 최고운영책임자_옮긴이)가 올린 기후 변화를 부정하는 사람들에 관한 글을 읽게 되고 오락성 정보가 가득한 토끼 굴로 들어간다. 이 글은 유명 정치인의 최근 실수를 집중 조명한 기사로 연결됐고 토론토 동물원에 기증된 판다에 관한 시시한 기사를 거친 후 마침내 최근 연패 중인 지역 스포츠 팀에 관한 우울한 기사에까지 닿는다. 매 순간 무엇에도 제대로 참여하지 못하자 그는 불만스러워졌다. 이럴 때 지루함은 신호를 보낸다. 이 활동은 만족스럽지 않아. 그러니 다른 일을 해! 이 사람이 몰두하지 못한 이유는 아주 많다. 속절없이 흐르는 시간(종종 재미없는 일이 오래 걸린다)이나 덫에 갇힌 느낌(해야 하지만 하기 싫은 일)은 곧 지루해진다는 신호일지 모른다. 이유가 무엇이든 제대로 참여하지 못하고 있음을 드러내는 것은 바로 지루함이라는 신호다.

지루함을 하나의 행동 신호로 이해하기 위해서는 **참여**와 **의미**의 중요한 차이를 구별해야 하는데 이는 우리가 수시로 언급하는 내용이기도 하다. 통념까지는 아니더라도 많은 사람들이 아이와 놀아주기 같은 일들을 중요하지만 심하게 지루한 일로 생각한다. 아이들은 '똑똑, 누구세요?'라는 지겨운 놀이를 반복하기를 굉장히 좋아한다! 반대로 우리는 평소에는 별 의미 없는 일에 깊이 몰두하기도 한다. 한심한 리얼리티 쇼를 한꺼번에 몰아서 본 일은 나중에 시간 낭비로 생각될지 모르지만 그 당시에는 거기에 몰두했을 것이다. 이런 의미에서 지루함 신호는 하고 있는 일의 내용보다는 무슨 일이든 거기에 충분히 몰두하지 못하고 있다는 사실을 더 많이 알려준다. '똑똑, 누구세요?' 놀이를 레슬링 시합으로 바꾼다면 아마도 지루함을 피할 수 있을 것이다.

지루함 신호를 생각하는 또 다른 방법은 지루하지 않는 삶이란 어떤 모습인지 질문하는 것이다. 어쩌면 전혀 지루하지 않은 삶을 갈망하는 사람도 있을지 모르겠다. 그러나 좀 더 깊이 연구해 보니 그런 삶을 바랄 때는 신중할 필요가 있다. 지루함이 사라진 삶에는 무관심과 무기력이 가득할 것이기 때문이다. 얼핏 보기에 지루하지 않은 삶이 무관심한 삶으로 이어진다는 주장은 터무니없는 듯한데 지루함과 무관심이 서로 비슷한 의미처럼 여겨지는 탓이다. 실제로 이 두 가지는 참여하지 못한 상태라는 공통점이 있다. 그러나 심리 상태로서 이 둘은 근본적으로 다른 감정이다. 무관심한 사람은 참여할 일을 찾아야 한다는 강박관념에서 자유롭다. 정의에 따르면 무관심은 소파 위에서 뒹구는 행동처럼 의욕도 도전 의식도 없지만 그 상황을 개선할 생각조차 없는 상태다. 그러나 지루해하는 사람의 경우는 완전히 다르다. 이들은 어딘가에 참여하고 싶은 욕구가 강하다. 그리고 그 욕구가 충족되지 못할 때 마음이 불편해진다.[6] 고통과 마찬가지로 지루함도 어떤 행동을 취하도록, 즉 참여하지 못함으로써 유발되는 부정적 상황을 개선하도록 자극한다. 그런 자극이 사라지면 지루하지 않게 살 수 있을지 모르지만 극단적으로 표현해 이런 삶은 아무런 욕구를 느끼지 못하는 삶이나 다름없다.

이와 마찬가지로 고통 없는 삶을 원하는 사람도 있을 것이다. 그러나 '인간바늘방석'에게 고통 없는 삶은 자기도 모르게 자해를 하는 위험천만한 삶을 의미했다. 지루하지 않은 삶은 이론적으로는 매력적일 것 같지만 실은 너무나 무기력한 삶이어서 결국은 개인과 사회 모두에 해를 끼치고 말 것이다. 자신의 기술과 재능을 활용해 목표를 추구하지 않으면 인간은 무의미한 존재가 된다. 만약 우리 조상들이 한가한 생활에 만족해 모닥불 주변(처음부터 불을 사용할 줄 알았다는 가정 하에)에서 빈둥거릴 뿐 탐험하고 창조하고 뭔가를 이해하려는 동기를 품지 못했다면 지금 우리가 어떻게 살고 있을지 한번 상상해 보라. 당연히 그것은 비생산적이고 덧없는 삶이 될 것이다. 고통처럼 지루함도 잠재력을 발휘할 행동이 필요하다는 중요한 신호다.

이 신호는 거기에 **적응적으로** 반응할 때 제대로 기능한다. 지루함 신호를 정확히 파악했다면 그다음에는 어떻게 행동하는지가 중요하다. 여행 중 낯선 사람의 집에 공짜로 묵거나 동네 술집에서 폭음하는 것처럼 기본적으로 위험한 행동을 선택할 수도 있다. 혹은 달리기나 독서, 기타 연주 같은 좀 더 생산적인 활동을 선택할 수도 있다. 안타깝지만 되풀이되는 지루함은 충동과 중독성이 커지는 부적응 반응과 연결된다.[7] 지루함 신호에 적응적으로 반응하기 위해서는 하던 일보다 더 흥미로운 활동을 선택함으로써 잠재적으로 집중력을 깨뜨릴 만한 요소를 제거하도록(가령 점심시간이 될 때까지 소셜미디어를 하지 않는 것) 자기조절 기능을 발휘해야 한다. 집중 방해 요소에 굴복하고 자기통제력이 약화되면 지루한 상태가 계속 이어진다. 낯선 사람의 집에 묵는 극단적 사례부터 페이스북에 빠지는 일상적 사례에 이르기까지 만성적으로 지루함에 부적응적으로 반응한다면 그런 반응은 일시적으로 지루함을 해소해 줄지언정 장차 지루함이 일상을 망가뜨리는 것을 막지는 못할 것이다.

그럼 이제 지루함을 일시적 상태와 기질이라는 두 가지 관점에서 생각해 보자.[8] 어떤 사람들은 결코 지루한 적이 없었다고 주장한다. 심지어 이들은 "다른 사람을 지루하게 하는 사람만이 지루함을 느낀다!"고 말한다. 정말로 누군가 지루하지 않게 사는 축복을 받았다면 그것은 그가 지루한 상황이 늘어지기 전에 지루함 신호에 재빨리 반응했기 때문일 것이다. 이런 관점에서 보면 지루함이 문제가 되는 경우는 자주 지루해질 때와 그 지루함에 비효율적이거나 부적응적으로 반응할 때다.[9] 일시적 상태로의 지루함은 혐오스럽고 파괴적이지만 여러 사례를 통해 비교적 해소하기 쉽다는 사실이 증명됐다. 만약 앞에서 예로 든 회사원이 곧 지루해지리라는 신호를 읽을 수 있었다면 그는 다른 장기 프로젝트에 착수함으로써 새로운 활력을 얻었을 것이다. 아니면 소셜 미디어에 올라온 요리 관련 글을 읽고 의욕이 **생길지도** 모른다. 지루함 신호에 적절히 반응하지 못하면 자주 지루함에 빠지고 거기에서 빠져나오는 데 어려움을 겪을 것이다.[10] 또 새로운 목표를 설정하기도 힘들어질 것이다. 할 일을 신속하게 선택하지 못하면(즉, 제대로 적응하지 못하면) 지루한 상황은 장기화되며 몹시 불쾌한 경험이 되고 만다. 반복해 말하지만 내용과 과정을 구분하는 것이 중요하다. 지루함이라는 신호 자체는 다음에 무엇을 할지 혹은 지금 하는 일이 왜 부족한지 파악하는 데 아무런 도움이 되지 못한다. 무슨 활동이 흥미롭고 중요하고 만족스러운지는 동기부여, 보상, 학습, 과거 경험 등과 관련된 복잡한 심리 과정에 좌우된다. 지루함은 스스로 문제를 해결할 수 없다. 단순히 경고만 할 뿐이다(〈그림 3.2〉).

보통 부정적인 감정은 주변 환경과 관련된 뭔가의 존재를 알려

| 그림 3.2 | <캘빈과 홉스(Calvin and Hobbes)>라는 제목의 연재만화에서 늘 몽상에 빠져 있는 주인공 캘빈은 지루함의 신호를 제대로 포착…하지만 지루함이 준 경고가 현실화된 상황에 고마워하지 않는다! 캘빈의 고충에는 지루함이라는 경험의 또 다른 중요 요소인 상황적 제약도 있다. 그는 지금 적응적으로 반응할 수 없는 지루한 교실에 갇혀 있기 때문이다.

준다. 가령 전방에 뱀이 있다거나 화가 잔뜩 난 사람이 나를 향해 돌진해 오고 있다거나 하는 경우는 필요한 대응을 해야 하는 중요 사건이다. 지루함도 그런 식으로 작용한다. 두려움과 고통이 대응해야 할 뭔가의 존재를 의미한다면(앞에서 뱀이 길을 막고 있다면 얼른 안전한 길로 돌아가야 한다) 지루함은 뭔가의 부재, 즉 참여하지 못한 상태를 가리킨다. 그러나 그런 상태를 어떻게 느끼는지는 복잡한 문제다. 막 지루해지려 할 때 어떤 사람들은 안절부절못하거나 주위를 서성대거나 남은 에너지가 소진되거나 하는 식의 신체적 감각이 동반될 것이다. 또 어떤 사람들은 인지할 만한 신체적 반응 없이 명확히 규정하지는 못하지만 궁극적으로 잠재력이 낭비된다는 느낌에서 비롯된 심리적 욕구를 느낄 것이다. 어쨌든 이런 참여하지 못한 상태는 즉시 이렇게 도발한다. 나 지금 지루해. 이제 어떻게 할래?

이렇게 보면 지루함은 전적으로 부정적인 감정만은 아니다.[11] 물론 바람직한 감정도 아니지만 적어도 두 가지 면에서 긍정적인 역할을 한다. 지루함은 지금 하는 일이 더는 흥미를 주지 못한다고 신호를 보내면서 기존 목표를 상기시킨다. 어쩌면 더 나을지도 모를 색다른 목표를 추구하라고 알려주기도 한다. 루이빌대학 철학과 교수인 엘피도루는 이를 지루함이 보내는 "독려"라고 설명한다. 스스로 자기 몸을 보호하도록 자극하는 고통처럼 지루함도 지금 하는 일보다 더 도전적이고 흥미로운 일을 찾아 거기에 참여하도록 동기를 부여한다.

사람들이 지루할 기회가 없다면, 즉 인지능력을 활용하도록 동기를 부여받지 못하면 자신의 자원을 낭비하고 잠재력도 발휘하지 못할 것이다. 18세기 초 밸브 관리사로 일했던 열한 살짜리 아이와 20세기 중반 무기력증에 걸린 한 청소년의 대조적인 이야기는 참여 욕구가 실제로 얼마나 중요한지 잘 보여준다.

가엾은 험프리 포터의 직업은 토머스 뉴커먼Thomas Newcomen(영국의 증기기관 발명가_옮긴이)의 대기압기관이 제대로 작동하도록 정확한 시간에 밸브를 열고 닫는 작업을 반복하는 것이었다.[12] 그 작업은 그냥 따분한 정도가 아니었다! 포터는 그 일을 증오했다. 1713년 기준으로 봐도 그 작업은 몹시 지루했다. 정확한 때를 기다렸다가… A밸브를 열고… 다시 정확한 때를 기다렸다가… B밸브를 잠가야 했다. 마치 비누칠을 하고 씻어내는 행동을 반복하는 일과 같았다. 포터는 따분했고 불안했다. 그는 좋은 방법을 찾아야겠다고 생각했다. 사실 좋은 방법이 있긴 했다. 고분고분했던 동료들과 달리 포터는 기본적으로 지루함을 참을 수 없었기 때문에 그 방법을 발견할 수 있었다. 그는 사고력, 의사결정력, 분별력을 갖춘 자신이 직업 때문에 잉여 인간이 됐다는 사실에 주목했다. 밸브는 다른 장치가 특정 위치에 있을 때만 열리면 되고 다른 때는 그럴 필요가 없었다. 그래서 포터는 자기 대신 대기압기관을 자동으로 작동하는 코드와 기어 체계를 연구하기 시작했다. 유레카! 지루한 작업을 없애버리자 포터에게 일찍 귀가해서 친구들과 놀 시간이 생겼다. 지독한 지루함에 괴로웠던 포터는 일명 '땡땡이skulking' 장치를 개발함으로써 증기기관 발달에 기념비적인 공을 세웠다. '땡땡이'는 직무 태만을 의미하는 18세기식 표현이다!

포터의 바람직한 사례와 비교하기 위해 이제 그가 살았던 시대에서 시간을 200여 년 앞으로 당겨 엘시 닉스Elsie Nicks의 이야기를 들어보자. 닉스는 오랫동안 끔찍한 두통에 시달리고 있었다. 두통이 심해지자 그는 모르핀을 처방받았다. 그런데 상황은 더욱 나빠졌다. 그가 10대였던 1941년부터 "증상들"이 나타나기 시작했다.[13] 점점 나른해졌고 극단적으로 주변에 무관심해졌다. 말도 거의 하지 않았고 어쩌다 하더라도 단음절로 속삭이듯 말했다. 그의 행동은 평범한 10대에게서 볼 수 있는 쌀쌀맞고 무심한 모습이라기보다 어딘지 은둔적이었다. 마침내 닉스는 행동 능력을 완전히 상실했다. 긴장증이나 마비 증세는 아니었다. 그는 단지 의욕이 없었다. 닉스의 사례는 의학적 미스터리였다. 혹시 그의 병은 20년 전 전 세계적으로 약 100만 명을 죽게 한 기면성뇌염이었을까?[14] 나중에 닉스의 주치의였던 오스트레일리아 출신 휴 케언스Hugh Carins가 원인을 찾았는데 닉스의 무기력증은 뇌에 생긴 낭종 때문이었다. 이 낭종을 제거하자 닉스는 곧 정상적인 생활로 돌아갔다. 궁극적으로 케언스는 악성 낭종을 제거해 닉스가 바라고 원하고 의도하는 대로 행동할 수 있는 능력을 회복시켰다. 그는 닉스의 증상을 무동무언증akinetic mutism이라고 명명했다.

포터와 닉스의 이야기에는 지루함에 관한 중요한 내용이 담겨 있다. 즉, 지루함은 우리에게 의도가 있다는 사실을 드러내며 그 의도는 세상을 제대로 살아가는 데 매우 중요하다. 포터는 세상에 참여하려 했고 최선을 다해 능력을 발휘했다. 그 때문에 그는 밸브 관리 작업에 지루함을 느꼈다. 이것이 그로 하여금 더 나은 방법을 찾게 했다. 반면 닉스는 행동 능력을 완전히 잃었다.[15] 이 때문에 그는 몇 시간 동안 아무것도 하지 않아도 지루함을 느끼지 못했다. 실제로 그는 하고 싶은 일이 없었기 때문에 불만스러운 감정조차 느끼지 못했다. 요약하면 무동무언증에 걸린 사람은 주도적으로 행동하지 못한다. 이는 욕구를 생성하고 유지할 수 없는 상태로 정의된다.[16] 기본적으로 닉스는 기계처럼 다른 사람이 설정한 방식대로만 행동할 수 있었다. 다른 사람의 지시가 없으면 오랜 시간 아무것도 하지 않아도 불만을 느끼지 않았다. 이런 무관심은 여러 면에서 지루함과 다르다. 무관심할 때는 신경이 쓰이지 않지만 지루할 때는 신경이 쓰인다. 사실 우리가 괴로운 이유는 만족스러운 일을 하고 싶은 욕구 때문이며 그런 절박한 욕구가 채워지지 못하기 때문에 지루해진다.

행동 의사나 참여 욕구가 없다면 지루함을 경험하지도 않을 것이다. 욕구가 없어서 지루하지 않다는 생각은 '피로스의 승리Pyrrhic victory'라고 볼 수 있다.[17] 피로스는 로마군과의 전투에서는 승리했지만 엄청난 희생을 치른 탓에 궁극적으로 전쟁에서는 패했다고 한탄한 그리스 장군이다. 아마도 욕구의 부재는 순간적인 지루함에서는 벗어나게(피로스의 이야기로 치면 한 전투에서 승리) 해주지만 궁극적으로는 세상에 제대로 참여하지 못하게(전쟁에서 패배) 할 것이다. 원초적 욕구는 인간의 생명을 유지하고 인류의 미래를 지켜주는 생물학적 욕구다. 욕구가 없는 사람은 생명의 위협을 받을 수도 있다. 고매한 욕구는 포터처럼 따분한 밸브 작업에서 벗어나기 위해 더 나은 방법을 찾도록 노력하게 한다. 그와 달리 닉스는 지루한 작업을 피하기 위해 획기적인 장치를 발명하기는커녕 바닥에 떨어진 사탕을 주울 의지조차 없었다.

이것은 양날의 검이다. 욕구와 의도, 계획을 품을 수 있으면 지루함에 빠질 위험이 있지만 그렇지 못하면 개인이든 사회든 혁신하고 발전할 수 없다. 포터의 지루함 해소법은 기계 발명이었고 그 기계는 그를 지겨운 밸브 관리 작업에서 해방했을 뿐만 아니라 기존의 증기기관을 개선하는 성과도 이뤄냈다. 포터의 땡땡이 장치처럼 기계는 단조로운 작업을 싫어하지 않는다. 기계와 컴퓨터, 로봇 등은 불평하지 않고 같은 작업을 반복 수행한다. 말하자면 인간은 지루할 기회를 통해 이익을 얻지만 (인간의 관점에서) 기계의 미덕은 지루해하지 않는다는 점이다. 사실 지루함을 느끼지 못하는 기계는 지루함을 느끼는 생명체의 영리한 발명품이다. 이런 기계들은 우리 사회에서 중요한 역할을 맡고 있다. 그러나 역설적이게도 인간은 기계에 더 많은 것을 원한다. 바로 기계가 지능을 갖추기를 원하는 것인데 그렇게 되면 완전히 다른 이야기가 펼쳐진다.

데스크톱컴퓨터를 떠올려보자. 이 컴퓨터에는 놀라운 계산 능력이 있지만 흔히 우리가 말하는 지능이나 적응 행동 능력을 갖췄다고는 누구도 생각하지 않을 것이다. 심지어 컴퓨터는 커피 만들기 같은 단순한 일도 하지 못한다. 만약 다양한 문제를 해결할 줄 아는 혁신적인 인공지능 기계를 발명하고 싶다면 그 기계가 포터처럼 지루함에서 벗어나고 싶은 욕구도 갖게 해야 한다. 지능이 있는 기계라면 자신의 계산 능력을 낭비하게 하는 작업과 단조로운 일을 피하려는 동기도 가져야 한다. 이 문제에는 인공지능 연구자들이 등장하기 훨씬 전부터 진화론이 실마리를 제공했던 것 같다. 그러나 인공지능 연구자들이 그 뒤를 바짝 쫓기 시작했다. 현재 이들은 지루함을 느낄 줄 아는 인공지능 기계를 만들기 위해 노력하고 있는데 이는 지루함이 실용적·적응적 신호라는 우리 주장을 강력하게 뒷받침한다.

여담이지만 언급할 중요한 이야기가 있다. 몇몇 철학자와 연구자는 지루함과 같은 심리 상태를 그게 어떤 느낌인지 혹은 뇌에서 무슨 일이 벌어지고 있는지가 아닌 그것이 하는 일로 정의해야 한다고 주장한다. 이들은 "지루함이란 지루함이 하는 일과 같다"고 생각한다. 이 기능주의자들은 인공지능이라면 말 그대로 지루함을 느끼지 않겠냐고 주장할 것이다. 이런 견해는 우리 입장이 아니다.[18] 우리는 1장에서 언급한 대로 지루함을 일종의 감정으로 정의하며 그런 감정을 유발하는 근본적인 심리적 메커니즘을 분석한다. 우리 목표는 지루함을 새롭게 정의하는 것이 아니라 지루함의 기능적 역할을 설명하는 것이다. 그러므로 인공지능 기계가 지적인 존재가 되려면 지루함을 느낄 줄 알아야 한다는 말은 지루함이 인간에게 미치는 영향을 기계도 똑같이 받아야 한다는 의미다. 우리는 기계가 실제로 어떤 감정을 느끼는지, 인간과 유사한 감정을 느끼기는 하는지조차 말할 수 없다. 우리는 단순하게 의인화된 기계를 연구하려는 것이 아니다. 오히려 지루함을 느낄 줄 아는 인공지능의 세상을 들여다보는 일은 지루함의 기능을 더 깊이 이해하고 인간의 지루함이 적응적 역할을 한다는 우리 주장을 뒷받침한다.

키스멧Kismet이라는 이름의 매력적인 기계가 좋은 예다. 포터처럼 키스멧은 우리가 욕구라고 부르는 것을 가지며 영리할 뿐 아니라 지루함도 느낄 줄 안다. 키스멧을 발명한 사람은 매사추세츠공과대학MIT의 신시아 브리질Cynthia Breazeal 교수로 이 인공지능 시스템은 인간처럼 복잡한 사회적 상호작용도 할 수 있다.[19] 키스멧은 자폐증 환자의 얼굴 표정과 사회성 부족에 관한 연구 결과를 활용해 사람들과 얼굴 표정으로 소통할 수 있도록 제작된 로봇 머리다.

브리질은 자기지시적이고 지적으로 행동하기 위해서는 의도가 중요하다는 사실을 알았기 때문에 키스멧에게 세 가지 기본적인 충동을 부여했다. 키스멧은 사교하고 놀고 쉬고 싶은 욕구를 느낄 수 있다. 사교 충동은 인간 친구를 찾아 이들과 소통하도록 동기를 부여한다. 놀이 충동은 갖고 놀 장난감을 찾게 한다. 그리고 휴식 충동은 평정심을 찾고 혼자 있을 때는 잠을 자게 한다. 즉, 충동마다 키스멧이 충족하고 싶어 할 욕구들이 구체적으로 지정돼 있다. 그러나 골디락스처럼 키스멧도 너무 많지도 너무 적지도 않은 '적정'량의 충동이 일어날 때만 제 기능을 한다. 이와 같이 적정 수준을 유지하는 일을 생물학자들은 항상성이라고 부른다. 모든 생물은 자신의 몸을 최적 상태로 유지하려고 노력한다. 가령 우리 몸은 중심 체온을 대체로 일정하게 유지하기 위해 매우 열심히 일하고 이는 건강 유지에 필요한 골디락스 존이다. 만약 중심 체온이 너무 올라가거나 낮아지면 심각한 일이 생긴다. 마찬가지로 키스멧에도 적정 수준으로 사교, 놀이, 휴식 활동을 할 수 있도록 내부에 항상성 조절 메커니즘이 있다.

키스멧의 사교 충동을 자세히 살펴보면 작용 방식을 파악할 수 있다. 누구에게나 크리스마스 때 저녁 식사를 같이하고 싶지 않은 친척이 하나쯤 있다. 옆에 와서 끊임없이 자기 이야기를 늘어놓는 짜증 나는 고모가 있다면 어떻게 하겠는가? 당신은 본능적으로 고모를 피하고 싶을 테고 화장실에 간다는 핑계를 대며 자리를 뜰 것이다. 키스멧도 이런 짜증 나는 고모를 만나면 당신과 비슷하게 행동한다. 키스멧은 말을 섞지 않으려고 시선을 피한다. 기본적으로 고모는 인공지능 기계를 당황하게 만들었고 그로 인해 키스멧의 사교 기억 저장소socialization bucket 용량이 초과됐다. 한편 한겨울에 대화할 상대도 없는 집에 며칠씩 갇혀 있는 기분이 어떤지 우리는 잘 안다. 지독히 외롭다. 어쩌면 그 짜증 나는 고모에게 전화를 걸고 싶을 정도로 절망적인 상태일지 모른다! 이는 사회적 접촉이 매우 부족할 때 느끼는 감정이다. 이런 상황에서 키스멧의 사교 의욕은 급격히 증가한다. 사교 기억 저장소가 비었으므로 키스멧은 가까이에 있는 인간의 관심을 끌려고 필사적으로 노력하며 소통 욕구를 표현한다. 소통이 많거나 적을 때 키스멧의 의욕은 '적정' 사교 수준에서 한참 벗어나게 된다. 이런 의욕 과다는 다른 정서 상태와 연관된다. 의욕이 적정 수준이면 마음이 편안하다. 의욕이 너무 많으면 괴롭고 너무 적으면 지루하다. **욕구**를 느끼는 능력이 지루함을 느낄 가능성을 일으킨다. 키스멧 안에서 만족스러운 참여에 대한 갈망이 지루해질 조건을 만든다. 이렇게 지루함을 느낀 키스멧은 기본적인 욕구를 채워줄 사물을 찾기 위해 주변을 탐색한다.

아기는 주변을 탐구하고 주변에 영향을 미치도록 동기부여하는 세상에 태어난다. 이런 동기는 중요한 발달의 기초가 된다고 알려져 있다. 동기가 부여되지 못하면 아기는 학습하지 못한다. 사실 인간은 주변 사물을 탐구함으로써 지식을 얻는다고 할 수 있다. 탐구가 인간 발달의 기초라는 생각과 같은 맥락에서 앨런 튜링Alan Turing은 진정한 인공지능 기계를 만들려면 어린아이의 마음을 모방해야 한다고 주장했다.[20] 피에르이브 오데이에Pierre-Yves Oudeyer의 주장에 따르면 튜링의 핵심 조언은 인공지능 연구자들이 로봇의 학습 **방법**만 생각할 것이 아니라 학습하려는 **이유**도 파악해야 한다는 것이다. 즉, 로봇에게 주변 환경을 탐구하고 조작하고 싶은 욕구를 부여한 후에야 지능이 생긴다는 뜻이다. 오데이에와 그의 동료들이 수행 중인 작업이 바로 주변 환경을 탐구하려는 내적 동기를 가진 로봇을 설계하는 일이다. 그런 다음 오데이에는 이렇게 제작된 로봇에게 탐구하고 조작할 기회가 풍부한 환경을 조성해 주고 한발 물러서서 로봇이 환경과 상호작용하는 과정을 통해 똑똑해지는 모습을 관찰한다. 그는 **새로운** 참여와 학습 기회가 없는 무척이나 익숙한 상황에서 로봇이 지루해한다는 사실을 발견했다. 여기서 다시 한 번 로봇도 지적인 존재가 되려면 (인간처럼) 지루함이라는 대가를 치러야 한다는 사실이 확인된다. 이런 점에서 지루함과 동기부여는 불가분의 관계라 할 수 있다.

자크 피트라Jacques Pitrat는 CAIAChercheur Artificiel en Intelligence Artificielle(프랑스어로 인공지능을 연구하는 인공지능 연구자라는 뜻)와 공동 연구를 진행하면서 인공지능 시스템도 지루해하는 능력을 가질 수 있다는 사실을 발견했다.[21] CAIA는 피트라의 발명품이자 유능한 조수다. 영리하게도 피트라는 인공지능 연구자를 창조해 그것이 인공지능을 연구하게 해야겠다고 생각했다. 그로부터 약 30년이 지난 지금 CAIA는 피트라의 연구에 값진 기여를 하고 있다. 일종의 보너스로 CAIA가 작동하고 그 결과로 학습하는 모습도 관찰할 수 있었다. 피트라의 최종 목적은 완벽하게 자기지시적인 인공지능 과학자를 창조하는 것이다. 이를 위해 그는 CAIA에게 자기관찰 능력과 자기평가 능력을 부여했다. 자기관찰 능력을 갖춘 CAIA는 자신이 하고 있는 일을 의식했고 문제 해결에 성공한 이유나 실패한 이유를 파악했다. 또 자기평가 능력을 갖춘 덕분에 난이도와 중요도에 따라 문제의 우선순위를 설정하고 다룰 만한 가치가 있는 문제가 무엇인지 그리고 어떤 해결책이 유용한지 정할 수 있었다. 이 두 능력을 결합해 CAIA는 비효율적인 순환 계산에서 벗어날 수 있었다. 포터처럼 CAIA도 기본적으로 자원 낭비를 피하고 싶어 했다. 바꿔 말해 CAIA는 지루함을 피하려고 노력했다.[22]

안타깝게도 부모에게 제발 자신의 지루함을 해결해 달라고 애원하는 가엾은 어린아이처럼 CAIA도 작동을 멈추고 불평하는 일 말고는 지루함을 덜 방법이 없다. CAIA는 지루해졌다는 신호를 보낸 다음 피트라가 개입해 그 문제를 해결해 주기를 기다린다. 덕분에 피트라는 CAIA가 언제, 왜 지루해지는지 파악함으로써 개선된 인공지능 시스템을 개발한다는 목표에 필요한 중요한 통찰을 얻었다. 궁극적으로 언젠가는 CAIA가 혁신적인 방법으로 자신의 지루함을 해소하고 포터처럼 땡땡이 장치를 발명하게 될 것이다.

반면 키스멧은 지루함을 완화하는 기능이 초보 수준으로 그 방법은 '같은 일을 신물이 나도록 반복'한다는 의미에서 습관화라 부르는 프로그래밍의 구성 요소component와 같다. 이 구성 요소는 키스멧이 반복 행동에 머물러 있을 때 키스멧의 '주의력'에 변화를 준다. 포터와 CAIA처럼 키스멧도 언제 멈춰야 할지 안다. 브리질의 실험실 책임자인 로드니 브룩스Rodney Brooks는 이 구성 요소를 "스티븐 스필버그 메모리얼Steven Spielberg memorial"이라고 부르는데 이는 스필버그의 영화 〈에이아이AI〉에서 2,000년 동안 한 조각상을 헛되이 바라보던 로봇을 예우하기 위한 이름이다! 브룩스와 브리질은 키스멧이 같은 실수를 반복하지 않도록 키스멧에게 지루해하는 능력을 줬다.

지루함은 상황이 변하지 않을 때 유발되므로 키스멧도 그런 상황에 반응하도록 설정됐다. 그러나 지루함은 반대 상황, 즉 환경이 계속 변할 때도 유발될 수 있다. 끊임없이 변하는 환경은 이해하기 어려울 정도로 무질서하고 요란하기 때문에 끝내 우리를 지루함에서 구제해 주지 못한다.[23] 이 문제 역시 인공지능 연구자들의 고민거리다. 연구자들이 인공지능 컴퓨터에 호기심 충동을 주입하기 위해 한쪽 벽에 내용이 계속 바뀌는 TV 화면을 띄우자 가상 미로에서 길 찾기를 학습하던 컴퓨터가 미로에서 길을 잃고 말았다.[24] 화면에 나타난 이미지들은 컴퓨터의 호기심을 충족할 수 있는 새로운 것들이었다. 확실히 인간이든 인공지능 컴퓨터든 한 장소에 갇히면 그 환경에 잘 적응하지 못하며 복잡한 문제를 탐구하고 해결하는 법을 배우는 것이 목표일 때는 더욱 그렇다. 흥미롭게도 다른 계산 작업을 할 때는 호기심보다 지루함이 탐구 행위의 원동력으로 나타났다. 연구자들이 인공지능 컴퓨터에 두 가지 서로 다른 충동(지루함과 호기심)을 주입했을 때 가장 뛰어난 학습자는 지루함을 느낀 컴퓨터였다.[25] 그렇다고 호기심이 탐구와 학습의 원동력이 되지 못한다는 말은 아니다. 그러나 지루함을 느낀 컴퓨터는 끊임없이 바뀌는 화면에 흥미를 느끼지 못할 것이다. 결국 이 컴퓨터는 무의미한 소음과 계속 바뀌는 화면에 싫증을 내고 말지만 호기심을 가진 컴퓨터는 그 바보상자에 열중할 것이다.

CAIA와 키스멧은 지루해하기도 하고 그만둘 수도 있다. 세스 고딘Seth Godin은 도발적인 책 《더 딥: 포기할 것인가 끝까지 버틸 것인가》에서 노력이 낭비되는 컬드색cul-de-sac에 갇히지 않도록 "전략적 포기"라는 것의 가치를 강조한다.[26] "승자는 절대 포기하지 않고 포기하는 자는 절대 승리하지 못한다"는 명언과 반대로 고딘은 승자는 늘 멈출 수 있어야 하고 (자신의 자원이 낭비되기 전에) 멈춰야 할 때를 아는 것이 정말로 중요한 기술이라고 말한다. 이런 점에서 우리를 새로운 활동으로 넘어가도록 강요하는 지루함(변화 동기)은 우리의 협

력자다. 바로 그런 능력을 닉스는 갖지 못했고 포터는 가졌으며 인공지능 기계는 배우는 중이다. 고통을 느낄 수 없을 때 무슨 일이 벌어지는지 인간바늘방석에게 물어볼 수 있다면 모르긴 몰라도 전혀 지루함을 느끼지 않고 살게 해달라고 요구하는 일은 없을 것이다.

심리적이든 육체적이든 모든 고통은 불쾌하다. 누구나 고통을 싫어하며 가급적 제거하고 싶어 한다. 지루함도 마찬가지다. 그래서 지루함은 이 끔찍한 감정을 즉각 제거하라고 집요하게 메시지를 보낸다. 실제로 이런 메시지는 변화를 일으키는 데 도움이 된다. 정신이 쓰이지 않는 상태는 누구에게도 유익하지 않다. 여기서 가장 중요한 질문은 이것이다. 무엇을 **해야 하는가?** 그러나 지루함은 그 질문에 직접 답하지 못한다. 어쩌면 지금 하고 있는 일에 몰두하기 위해 두 배의 노력을 해야 할 것이다. 혹은 다른 일을 시도해야 할지도 모른다. 그러나 그렇다 하더라도 대체 무엇을 할 것인가? 설상가상으로 지루함이 너무 심해서 가장 쉽고 빠르게 완화되는 해결책을 모색한다 해도 이는 장기적으로 최선책은 아닐 것이다. 그러므로 '이 끔직한 감정을 없애버리자'는 생각에 담긴 진짜 메시지를 듣기 위해서 그리고 행동 동기에 맞게 반응하기 위해서 우리는 앞 장에서 논의한 지루함의 원인을 기억해야 한다. 육체적 고통도 마찬가지다. 그 원인을 알 때만 제대로 반응할 수 있다. 그렇지 않으면 헛되이 여러 방법을 시험해 보다가 임시방편일지 모를 방법을 해결책이라고 믿어버리게 된다.

극심한 지루함은 우리가 능력을 낭비하고 있고 주체적으로 세상에 참여하지 못하고 있다고 혹은 로버트 화이트Robert White의 말처럼 자신의 능력을 표현하고 개발하고 싶은 욕구를 충족하지 못하고 있다고 말한다.[27] 그러므로 지루함을 느끼는 사람은 가능한 한 빨리 그 불쾌한 감정을 떨쳐버리라는 메시지뿐 아니라 당신의 적극적인 참여를 유도하고 욕구와 능력을 표현할 기회를 주는 세상과 소통할 방법을 찾으라는 메시지도 받는다. 지루함이 실질적인 행동을 요구할 때 명심할 사실은 겉보기에 지루함은 변화 동기로 작용하고 있지만 궁극적으로 그 이면에서는 자신의 선택을 통제하며 행위자로서 자신을 표현하도록 동기부여하고 있다는 점이다. 지루함을 통해 얻을 수 있는 최상의 결과는 주도권을 찾고 원하는 것을 발견하며 세상과 소통하는 능력을 기르는 것이다.

그런데 문제가 있다. 우리는 지루해지는 순간 통제력을 상실한 기분이 들고 따라서 우리가 할 수 있는 일이라고는 불평밖에 안 남는다. 그러나 바로 이 순간이 무엇이 담기기를 기다리는 그릇이 되거나 자극 혹은 누군가가 기분을 달래주기를 바라는 것이 아니라 주도권을 회복해야 할 때다. 우리는 행위자가 되려고 열심히 노력해야 한다. 자신의 내부와 주변에 미칠 힘을 기르기 위해 날마다 노력해야 한다. 그리고 끝까지 방심해서는 안 되는데 시간이 지나면서 우리를 방해하는 세력이 바뀌기 때문이다. 인생의 모든 단계에서 지루함의 원인은 다양한 모습으로 나타난다.

4장

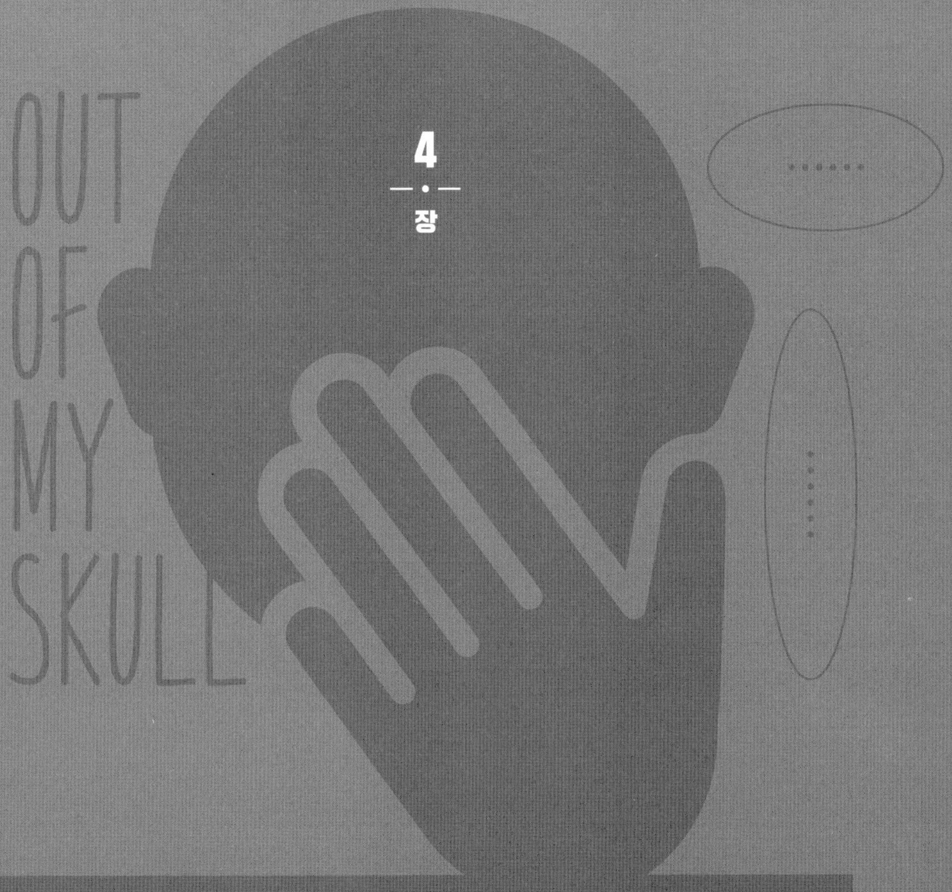

생애주기별 지루함

ACROSS THE LIFE SPAN

이달 들어 벌써 세 번째 벌어지는 일이라 백화점 경비원은 놀라지 않았다. 준은 허망하다는 듯 얼굴을 찡그린 채 또다시 책임자 사무실에 앉아 있었다. 그가 훔친 물건들은 도무지 말이 되지 않았다. 처음에는 유축기와 아기 옷을 훔쳤는데 그는 임신 중이 아니었고 앞으로도 그럴 가능성은 거의 없었다. 이번에 훔친 물건은 그의 사이즈보다 적어도 두 사이즈는 큰 부츠 한 켤레였다. 처음에 책임자는 10대가 물건을 훔쳤다고 생각했다. 그럴 만도 한 것이 아이들은 시간이 남아돌고 달리 할 일도 없기 때문이다. 그러나 준은 일흔여섯 살이었고 증손주까지 둔 할머니였다!

"준, 하나만 물어볼게요. 알겠죠?" 서로 이름만 부를 정도로 그동안 많은 사건이 있었다. "왜 그랬어요?" 연금 생활자 준은 혐오감과 지루함이 뒤섞인 표정으로 그를 쳐다봤다.

"늙는다는 게 무슨 의미인지 알아요? 난 지루해요. 할 일이 없다고요. 그게 다예요."

바로 그거라고, 사탕을 훔치는 10대와 다를 바가 없다고 그는 생각했다.[1] 그러니까 준의 도벽은 할 일이 필요해서 생긴 것이었다.

* * *

10대와 70대 모두 시간은 남아도는데 할 일이 없을 때 불안감이 커진다. 모든 10대가 수업이 끝나고 끝도 없이 몰을 배회하지는 않는다. 또 모든 은퇴자가 시간을 때우기 위해 집에서 퀴즈 프로그램이나 드라마를 시청하지도 않는다. 요람에서 무덤까지 한평생을 사는 동안 지루함은 뭔가 계속할 일이 필요하다고 신호를 준다.

지금까지 지루함에 관한 연구들은 나이라는 좁은 관점에서 이뤄졌다. 가장 흔한 조사 대상은 17~22세 대학생으로 이들 모두 전 세계에서 지루함을 연구하고 있는 대학의 학부생이다.[2] 이 집단에서는 나이가 많아질수록 지루함을 덜 느꼈다. 그렇다면 나이가 들어갈수록 점점 덜 지루해진다는 뜻일까 아니면 나이에 따라 지루함을 느끼는 정도에 변화가 생긴다는 뜻일까? 어떤 사람이 미래에 더 많이 혹은 더 적게 지루해하는지 초년에 파악할 수 있는 지표가 있을까? 그리고 말년의 지루함은 초년의 지루함과 그 이유가 같을까?

일생 동안 느끼는 지루함에 관한 초기 연구 중 실제로 지루함의 반대인 호기심에 주목한 연구가 있었다. 볼티모어 소재 국립노화연구소의 레너드 지엄브라Leonard Giambra와 그의 동료들은 일생 동안 호기심과 감각 추구 성향이 어떻게 변하는지 연구했다. 그리고 호기심과 감각 추구 성향의 당연한 귀결인 지루함을 느끼는 성향도 함께 연구했다.[3] 우리를 포함한 수많은 연구자들처럼 이들도 10대 후반과 성인 초기에는 지루함을 덜 느낀다는 사실을 발견했다. 그리고 20대 이후로 조사 범위를 확대한 결과 지루함을 느끼는 정도

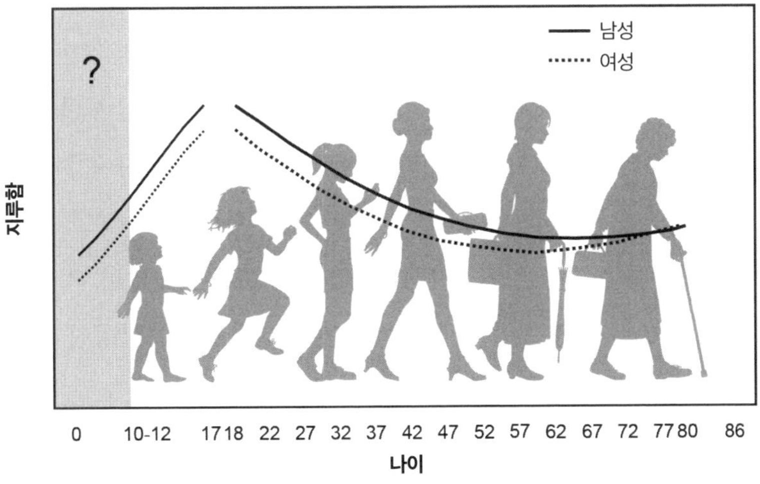

| **그림 4.1** | 이 그래프는 지엄브라 등이 수행한 1992년 연구와 10~12세부터 17세까지 짧은 기간을 대상으로 한 여러 연구의 결과물을 두루 참고해 만들었다. 지엄브라의 자료에 따르면 나이와 지루함은 2차함수 관계를 보이며 10대 후반부터 감소하다가 60대 초반(60~65)이 지나면서 아주 조금씩 증가하기 시작한다. 지루함이 10~17세에 증가했다가 10대 후반부터 감소하는 현상에 대해서는 충분한 연구가 이뤄졌다. 그러나 말년의 지루함에 관한 연구는 많지 않다. 또한 10세 이전 아동이 느끼는 지루함에 관해서도 알려진 내용이 거의 없다(그래프에서 물음표가 찍힌 회색 부분).

가 50대까지 지속적으로 감소한다는 사실을 밝혀냈다(〈그림 4.1〉). 그러다 60대 이후에는 지루함을 느끼는 정도가 서서히 증가하는데 이 현상은 특히 여성에게서 두드러진다.

지루함을 느끼는 성향("권태 성향")과 나이의 관계가 변하는 모습에서 흥미로운 질문이 떠오른다. 나이에 따라 지루함을 다르게 느끼는 특별한 이유가 있을까? 우리는 지루함을 덜 느끼는 10대 후반과 20대 초반이 신경 발달이 완성되는 시기라는 사실에 주목한다. 이것이 지루함을 느끼는 정도가 달라지는 하나의 이유가 될 수 있다. 즉, 전두엽 피질이 왕성하게 활동하는 동안에는 지루함을 덜 느낀다. 말년에 지루함을 느끼는 정도가 조금씩 증가하는 것도 전두엽 피질과 관련이 있는데 이때는 노화에 따른 뇌 기능 감소가 원인이 된다.

나이와 권태 성향의 관계를 가장 잘 설명해 주는 요인은 환경이다. 대부분의 국가에서는 전두엽 피질이 완전히 발달한 나이가 됐을 때 시민으로서 권리와 자유를 주고 의무를 지운다.[4] 운전하고 투표하고 입대하고 술을 살 수 있다는 사실은 주체감은 더 많이, 지루함은 더 적게 느낄 수 있도록 환경이 바뀌었으며 이렇게 달라진 환경과 상호작용하는 능력에도 변화가 생겼다는 신호다. 즉, 자기결정권을 행사할 수 있는 기회는 물론 지루해지지 않기 위해 할 수 있는 일도 많아진다. 그럼 중년기는 어떨까? 이 시기에는 지루할 틈이 거의 없을 정도로 다양한 책임을 진다. 직장과 돈 문제, 배우자와의 관계와 자녀 문제 등으로 고민하느라 좀처럼 지루함을 느끼기 어렵다. 그러다 은퇴 후에는 수많은 책임에서 벗어난다. 그런데 이때 환경적 제약이나 체력과 정신력의 한계 때문에 자신의 능력을 제대로 발휘하지 못하면 단절감과 고립감(6장 참조)에 휩싸이면서 다시 지루해지기 시작한다.

연령별 권태 성향의 변화는 추측에 의존해 설명할 수밖에 없는데 그 이유는 나이와 지루함의 관계에 대한 일상적 관찰은 꽤 오랫동안 있어왔지만 놀랍게도 관련 연구는 대단히 부족하기 때문이다. 그래서 우리는 생물학적 요인이나 사회적 요인이 연령별 지루함을 느끼는 정도에 어떤 영향을 미치는지 명확히 알지 못한다. (교육 환경 같은) 특정 환경이나 (거주지가 시골이냐 도시냐와 같은) 인구통계학적 요인에 특별히 초점을 맞추고 청소년의 지루함에 미치는 사회적 요인의 영향을 분석한 연구는 더러 있다. 그러나 그뿐이다. 이런 연구들은 좀 더 광범위한 문화의 영향은 다루지 않는다. 서로 완전히 다른 서양의 개인주의와 동양의 집단주의에 따라 나이와 지루함의 관계는 다르게 나타날까? 미국과 캐나다처럼 문화가 비슷해도 그곳 사람들이 지루함을 느끼고 거기에 대처하는 방식은 서로 다를 것이다. 확실히 더 많은 연구가 필요하다.

"나
지루하다고!"

모든 부모는 따분하다는 아이들의 칭얼거림을 일상적으로 겪는다.

그들 대부분은 아이들이 느끼는 지루함을 **아이들**의 결점 때문이라고 쉽게 생각한다. 우리가 생각하기에 지루함을 사소한 문제로 일축하고 그 해소법을 여러 방향으로 제시하는 것은 확실히 본질에서 벗어난 태도다. 왜냐하면 지루함은 할 일이 없어서 혹은 참여 의욕이 부족해서 일어난 감정이 아니기 때문이다. 오히려 그 반대다. 지루해하는 아이들은 세상에 할 일이 많다는 사실을 알고 있고 자신을 만족시켜 줄 뭔가를 분명하게 원하고 있다. 이런 아이들의 고민은 그것을 "어떻게" 찾느냐다. 아이들이 어른들에게 자신의 지루함을 해결해 달라고 요구하는 상황은 아이들이 처한 현실을 반영하는지도 모른다. 부모는 아이들 세상의 대부분을 통제한다. 그러니 아이들의 지루함도 해결해 줄 수 있지 않을까? 안타깝게도 어른에게는 아이들의 지루함을 무시하는 성향이 내재돼 있다. 알려진 바에 따르면 (유대감을 강화하는 호르몬인) 옥시토닌은 아이가 아파서 운다고 생각할 때만 우는 아이에게 동정심을 느끼게 한다. 아이가 지루해서 칭얼댄다고 생각하면 옥시토닌이 분비되지 않기 때문에 마음이 움직이지 않는다.[5] 그래서 지루함을 느낀 아이는 그것을 스스로 해소할 수밖에 없다. 이는 장기적으로 볼 때 오히려 아이와 관련된 모든 사람에게 실질적인 최선책이 될 것이다.[6]

부모들이 아이들의 지루함을 대수롭지 않은 일상으로 여겼던 것처럼 학계도 마찬가지였다. 아동기를 포함해 연령에 따라 지루함을 느끼는 정도를 파악하는 연구는 변화 추이를 분석하는 모든 연구가 그렇듯 설계에 제약이 따른다. 이상적인 방법은 동일인을 유아기부터 시작해 가능한 한 오랫동안 추적 관찰하는 종적 연구다. 그런데 한 사람의 인생 전체를 추적하는 일은 당연히 불가능할 뿐 아니라 5년에서 10년간의 변화를 포착하는 일조차 쉽지 않다. 이런 이유로 우리는 특정 연령대에 속하는 여러 집단의 차이를 분석하는 횡단 연구를 수행했다.

유아기의 지루함을 연구할 때는 또 다른 어려움이 생긴다. 과연 네 살짜리 유아가 지루할 때 어른이 사용하는 단어로 말하겠는가? 감정을 표현하는 용어의 문제는 차치하더라도 아이들이 대부분의 시간을 보내는 교실에서는 **지루함**이라는 단어의 사용조차 금기시될지 모른다. 어려움이 무엇이든 결과적으로 열 살 미만 아이들의 지루함을 분석하는 연구는 거의 없다. 한 연구는 3~4학년에게 지루했던 경험을 물은 후 질문의 답과 답을 한 아이의 수학 성적 및 독해력을 비교했다.[7] 그 결과 지루함은 학업 성적 부진과 관련이 있었으며 가장 관련성이 큰 영역은 독해였다. 독해 능력이 좋은 아이일수록 지루함을 덜 느꼈다. 독서는 단어를 이미지화해 대화문을 직접 듣고 있는 것처럼 상상하게 하고 책 속 장면을 활발한 정신 활동의 소재로 삼게 해준다. 독해 능력이 뛰어날수록 상상력도 풍부하므로 결과적으로 독서 활동에 더 적극적으로 참여할 수 있다. 반복해서 말하지만 무슨 일을 하든 적극적인 참여는 지루함에서 탈피하는 데 대단히 중요하다. 3~4학년은 읽는 법을 익힌 후 배우기 위한 독서를 시작하는 중요한 시기다. 난독증이 있는 아이는 수업 활동에 활발하게 참여할 수 없다.[8] 안타깝게도 이런 연구들은 단편적인 정보만 제공할 뿐이다. 나이에 따라 지루함을 느끼는 정도가 달라지는 원인은 알려주지 않는다.

오랫동안 지루함은 성인들에게 감각을 추구하고 위험을 선호하도록 부추겨왔다. 조지아대학의 메리 루소Mary Russo와 그의 동료들에 따르면 7세쯤 시작되는 감각 추구 성향은 사춘기 초기까지 완만하게 증가한다.[9] 이런 성향은 자기결정력 부족과 결합하면 잠재적으로 지루함을 느끼는 정도를 증가시킨다. 아이는 새로운 자극을 추구하고 경험하고 싶어 한다. 그런데 아이의 자기결정력(하고 싶은 일을 선택하는 것뿐 아니라 원하는 목표를 정확하게 실행하는 것까지 포함)은 처음에는 체력과 인지 기능에 우선순위가 밀리고 나중에는 부모와 사회의 강요 같은 외부 제약 때문에 제대로 발달되지 못한다.[10] 이 같은 현상은 아동기를 지나 청소년기로 이행할수록 더욱 뚜렷해진다.

밀물처럼 밀려드는 지루함

배핀섬 북부에 사는 이누이트족 남자아이들은 11~12세가 되면 사냥 기술을 배우기 위해 아버지를 따라 오지를 다닌다. 여러 문화권에서 여자아이들은 초경이라는 눈에 띄는 생물학적 변화와 관련된 의식에 참여한다. 바누아투공화국에서는 남자아이가 7~8세가 되면 성인이 된 기념으로 번지점프용 밧줄보다 작은 덩굴로 발을 묶고 약

30미터 높이의 탑에서 뛰어내린다. 이런 전통의 공통점은 아동기에서 청소년기로의 이행을 문화적으로 정의했다는 사실로 청소년기에는 인지 기능이 좀 더 정교하게 발달하기 시작한다.[11] 또 청소년기는 일생에 걸쳐 지루함이 표출되는 방식과 관련해 가장 중요한 시기인지도 모른다.

짓궂은 표현이지만 세상에 미치는 영향력이 클수록 더 쉽게 지루함에 빠진다. 이런 생각은 세상과 관계를 맺지 못해서 지루해진다는 주장에서 비롯된다. 새로운 인지 기술이 발달하면 세상과 관계를 맺는 능력이 확대되듯 제대로 활용되지 못하고 있는 새로운 능력을 발견할 **가능성**도 마찬가지일 것이다. 아직 세상으로부터 행동 선택권을 충분히 받지 못한 10대의 경우가 특히 그렇다. 10대는 행동에 제약을 받는 한편 시간이 남아돌아도 할 일이 별로 없다. 그리고 두 경우 모두 지루함을 유발한다.

앞에서 언급한 의식 중 상당수는 생활연령chronological age(출생을 기점으로 한 달력상 나이_옮긴이)보다 청소년기에 나타나는 생물학적 신체 변화와 훨씬 밀접한 관련이 있다. 새로운 인지 기능은 분출되는 호르몬과 고조되는 정서에 의해 발달한다.[12] 갓 10대가 된 사람은 격렬하고 복합적인 감정을 느낄 뿐만 아니라 추상적 사고 능력과 논리적 추론 능력이 발달하고 복잡한 문제도 해결할 수 있다. 정서가 풍부해지고 인지능력이 잘 발달해 격렬하게 언쟁을 벌이는 시기가 바로 10대다.

그러나 10대의 정서와 인지 기능은 발달 경로가 다르다. 뇌의 정서 네트워크는 분출하는 호르몬 때문에 급변하는 반면 인지 및 추론 체계는 10대에 서서히 발달하기 시작해 완전한 성인의 능력을 갖추기까지 수십 년이 걸린다.[13] 피츠버그대학의 로널드 달Ronald Dahl은 이런 상황을 "미숙한 운전자가 시동을 거는 일"과 비슷하다고 말한다.[14] 심지어 다른 연구자들은 발달 과정이 다른 두 기능 체계가 충돌을 일으켜 감정과 이성이 서로 반대 방향으로 밀고 당기는 현상이 일어난다고 주장했다.[15]

이런 설명은 보상에 예민하고 감정은 격렬해졌지만 이를 다스릴 능력이 아직 충분히 발달하지 못했다는 점이 10대의 지루함을 증가시키는 핵심 원인임을 암시한다. 또 이 모든 것은 자극 추구 성향을 강화할지 모른다. 인지 기능이 발달하면 그 능력을 발휘하고 싶어지는데 이 욕구가 호기심을 만족시키고 정보를 탐색하도록 10대를 부추길 뿐 아니라 스릴 넘치는 새로운 경험을 추구하게 한다.

이것이 바로 10대가 풀어야 할 미로처럼 복잡한 상황이다. 10대는 자신을 표현하고 세상을 탐험하고 싶은 강한 욕구를 갖지만 그 격렬한 감정을 이성적으로 통제할 능력이 부족하므로 나름의 규칙과 제한이 있는 완고한 어른들과 끊임없이 부딪친다. 10대는 정해진 수업 일정에 맞춰 학교에 가야 한다. 부모는 자녀의 과외활동 대부분을 마음대로 정하고 친구와 노는 시간이나 텔레비전 시청 시간 등을 제한한다. 이런 제약은 10대에게 생긴 강한 욕구(자주성 혹은 자기결정 욕구)를 방해한다.[16] 대학생을 대상으로 한 어느 연구에서 실험 참가자들이 지루했던 경험을 설명할 때 가장 많이 사용한 용어는 "초

조함"이었는데 아마도 이는 학습 환경의 제약에서 벗어나고 싶은 욕구에서 비롯됐을 것이다.[17]

제약이 있는 환경의 이면에는 할 일은 없고 시간만 많은 사정이 있으며 이것 역시 지루함에 빠질 조건이 된다. 한 통계에 따르면 청소년의 가용시간 중 약 40퍼센트가 자유 시간이다.[18] 그리고 많은 청소년이 이 남는 시간을 무료하게 보낸다.[19] 시간은 많은데 커진 감각 추구 욕구를 충족할 수단은 거의 없는 탓에 10대는 자신의 기술을 활용하지 못한 채 쉽게 지루함에 빠진다.[20]

남아프리카 젊은이에 대한 한 최근 연구가 적절한 사례다. 자유 시간이 많은 젊은이일수록 성생활이 왕성했다.[21] 여기에는 지루함이 중요한 역할을 했다. 같은 연구에 따르면 대체로 고용 안정성과 사회경제적 지위가 낮고 자유 시간이 많은 젊은이일수록 지루함과 초조함을 자주 느꼈다. 이 연구는 드물게도 종적으로 진행됐으며 고등학생들을 2년 넘게 추적 관찰했다. 9학년(우리나라 중학교 3학년_옮긴이) 때 지루함을 자주 느낀다고 답했던 학생들은 10학년이 됐을 때 성적으로 왕성했고 성적 공격성도 높았다. 또 그중 남학생들은 콘돔을 사용하지 않거나 함부로 성관계를 맺는 등 **위험한** 성행위를 저지를 확률이 높았다. 비슷한 맥락에서 뉴멕시코주의 어느 시골 청년들을 대상으로 한 연구는 지루함의 증가가 의미 있는 활동에 체계적으로 참여할 기회가 부족한 환경과 연관된다는 사실을 발견했다.[22] 이런 10대는 나중에 약물을 남용하고 "사고"에 연루될 확률이 높았다. 지루함과 남아도는 시간은 확실히 그릇된 결과를 낳는다.

즉, 위험한 성관계를 맺고 마약 사건에 연루되며 각종 사고를 일으킨다. 독립 주장, 새로운 경험 추구, 갓 발달된 기술 활용 등 이 모든 것이 10대에게 생긴 욕망 덩어리를 드러내는지도 모르겠다. 10대는 부모의 통제, 제도적 한계, 기회 부족 등으로 자신을 구속하는 환경에 저항할 때 지루함에 빠져든다.[23] 그리고 정서 불안이 절정에 달하는 17세 이후에는 지루함을 덜 느끼기 시작한다(〈그림4.1〉).[24] 이런 감소 현상은 정확히 자주적으로 행동하고 자기를 표현할 기회가 열릴 때 그리고 자기통제력을 갖추기 시작할 때 시작된다.

이제 나는 어른이다

학제상 17~18세는 취업을 하거나 (대학처럼) 선택권이 많은 환경에 들어가기 위해 학교를 떠나는 나이다. 이 나이에 이르면 투표와 운전을 할 수 있을 뿐 아니라 법적으로 술을 마실 수 있게 되는(일부 나라에 해당) 등 전에 없던 권리와 책임을 부여받는다.

이렇게 10대가 끝날 무렵 주어지는 수많은 자유와 기회는 지루함이 감소하는 이유의 일부일 뿐이다. 앞에서 언급했듯이 사춘기의 시작은 지루함이 증가한다는 신호를 줄 것이고 이는 생활연령과는 무관하다. 10대 후반에도 생활연령은 은밀히 진행 중인 생물학적 과정보다 지루함에 미치는 영향력이 적다. 18세쯤이면 10대는 인간으로서 실존적 고민에 빠지고 복잡한 감정에 휩싸이기 시작하며 욕구를 충족하고 목표를 달성하기 위해 필요한 인지 기술들을 연마하기 시작한다. 그래도 아직 갈 길이 멀다. 뇌는 20대 초중반까지 계속 발달하기 때문이다. 하지만 뇌의 전두엽 피질이라는 부위는 실제로 10대 후반까지 발달한다.[25]

전두엽 피질은 일종의 CEO 역할을 하는데 기초 감각과 운동 처리 과정을 담당하는 뇌의 다른 부분에서 받은 각종 정보를 토대로 복잡한 행동을 통제한다.[26] 아름답거나 용감한 생각을 할 수 있는 추상화 추론abstract reasoning 기능, 미래 지향적 경력 경로 설계 같은 사전 계획 기능, 장례식에서 웃음 참기 같은 억제하고 통제하는 기능 등이 집행 기능에 속한다. 이들을 집행 기능으로 분류하는 이유는 이 기능들이 복잡하고 다면적이며 자발적이고 의지적으로 작동하기 때문이다. 요약하면 전두엽 피질의 발달은 자기통제력과 자주성을 높인다.[27]

나이와 상관없이 이 중요한 뇌 부위에 손상을 입은 사람이 겪는 일은 성인기 초기에 나타나는 지루함 감소 현상이 전두엽 피질 발달과 연관된다는 우리 주장을 뒷받침한다. 흔하게 일어나는 자동차 사고, 운동 중 일으킨 뇌진탕, 술집에서의 싸움 등은 외상성 뇌 손상traumatic brain injury, TBI으로 이어질 수 있다. 해마다 미국에서만 약 280만 명이 외상성 뇌 손상 진단을 받는다.[28] 이때 가장 크게 손상되는 뇌 부위가 전두엽 피질[29]이며 외상성 뇌 손상은 전문가들이 집행 기능 장애 증후군dysexecutive syndrome이라고 부르는 증상의 주원인이 된다.[30]

한동안 뇌 손상 환자를 치료한 임상의들은 환자들이 자주 지루함을 호소한다고 말했다.[31] 우리가 수집한 자료에 따르면 외상성 뇌 손상 환자들은 건강한 사람보다 더 많이 지루하다고 답했는데 이는 지금까지 우리가 입증되지 않은 사례와 임상 경험을 통해 의심만 해오던 사실이었다.[32] 우리가 연구한 환자들은 오래전에 퇴원했으니 이들의 지루함은 단조로운 병원 생활에서 비롯된 것이 아니었다. 그보다는 만족스럽고 의미 있는 활동에 참여하지 못하게 방해하는 외상성 뇌 손상 때문에 이들 내부에 어떤 변화가 생긴 것 같다.

자기조절 및 통제 능력 손상은 외상성 뇌 손상을 입고 생존한 사람들의 지루함을 증가시키는 핵심 요인일 가능성이 높다. 이를 역으로 생각하면 10대 후반 자기조절 및 통제 기능이 잘 발달하면 성인기에 접어드는 순간 지루함을 느끼는 정도가 급감할 것이다. 또 우리의 연구 결과를 통해 분명히 알 수 있는 사실은 뇌 발달이 완결되고 한참 후까지도 지루함은 꾸준히 줄어든다는 점이다.

중년기에는 지루함도 중간 수준일까?

특별히 불만이 많고 일탈 행위(흔한 사례로 실용적이지 않은 스포츠카를 구입하는 남성들이 있다)를 저지르는 시기로 악명 높은 중년기에 사람들은 지루함을 **덜 느끼는 듯** 보인다. 지엄브라의 연구(〈그림 4.1〉)로 돌아가면 지루함을 느끼는 정도는 20대부터 줄어들기 시작해 50대에 최저치를 기록했다가 60대부터 다시 조금씩 상승한다. 이렇게 중년기에 지루함이 감소하는 현상은 최근 알리샤 친Alycia Chin과 그의 동료들의 연구에서 입증됐는데[33] 이들은 평균 나이가 44세인 미국인 약 4,000명을 대상으로 방대한 자료를 수집했다. 지엄브라와 마찬가지로 친은 성인의 경우 나이가 들어갈수록 덜 지루해한다는 사실을 발견했다. 지루함의 감소 추세가 선형이 아니라는 점에 주목해야 한다. 즉, 25세는 45세보다 4배나 많이 지루함을 느끼지만 45세나 60세는 지루함을 느끼는 정도가 서로 비슷했다.

친의 연구 덕분에 우리는 연령대별로 나타나는 지루함의 변화를 파악하는 연구에 중년기도 포함할 수 있게 됐다. 우선 이들의 연구 결과에 따르면 응답자의 63퍼센트가 7~10일에 적어도 한 번은 지루함을 느꼈다. 응답자들이 느낀다고 표시한 17개 감정 가운데 지루함은 7위를 차지했다. 응답자들이 **부정적**으로 생각한 감정 중 지루함은 극도의 피로감, 좌절감, 무관심 등에 이어 4위를 차지했다. 지루함은 느끼는 순간은 종종 외로움(8장에서 다룰 예정)과 분노, 슬픔(5장에서 다룰 예정)과 같은 다른 부정적인 감정으로 이어졌다. 따라서 지루함은 중년기에는 지속적으로 감소하지만 완전히 사라지지는 못하는 것 같다. 지루함은 일상에 존재한다.

친의 연구는 청년 초기부터 중년기까지 지루함이 감소하는 이유에 대한 단서도 일부 제공한다. 그중 핵심은 사람들이 시간을 사용하는 방식일 것이다. 친의 연구 결과에 따르면 사람들은 공부할 때,

학교에 다닐 때 그리고 낯선 사람들과 어울릴 때 가장 많이 지루해한다. 논리적으로 나이 어린 사람이 나이 많은 사람보다 그런 환경에 노출될 확률이 높다. 나이 많은 사람들이 시간을 사용하는 방식 덕분에 지루함을 덜 느낀다는 주장은 적어도 부분적으로 친의 통계 분석으로 확인됐다. 실제로 그들은 전반적으로 지루함을 느끼는 정도가 나이보다는 상황에 의해 결정된다는 좀 더 일반적인 결론을 도출했다.

솔직히 우리는 중년기의 지루함을 거의 알지 못하는데 오히려 이런 연구 부족은 중년의 생활환경이 지루함에 영향을 미친다는 사실을 간접적으로 드러내는지도 모른다. 어쩌면 중년은 경력을 쌓고 가족을 이루고 집을 마련하느라 너무 바빠서 실험에 참여할 수 없었을 것이다. 바로 이렇게 중년기를 연구에서 누락한 요인들은 중년기에 느끼는 지루함이 줄어드는 원인으로 작용하기도 한다.[34]

청년기와 중년기의 상반된 결과에서 중요한 점은 환경이 지루함을 느끼는 정도에 영향을 미친다는 사실이다. 환경적 요인에는 직장 문제와 주택 마련 부담 외에도 여러 가지가 있다. 환경의 영향은 노년기에도 분명하게 나타나는데 이는 말년에 지루함을 급증시키는 인지 기능의 변화로 수렴된다.

노년기의 지루함

지금까지 우리는 지루함이 세상과 관계를 맺고 싶은 욕구가 충족되지 못할 때 그리고 정신이 쓰이지 않을 때 발생한다고 주장해 왔다. 노년기에 지루함이 증가하는 주된 원인은 두 가지다. 첫째, 노화에 따른 인지 기능 감소로 지루함을 증가시킨다고 알려진 자기통제력과 집중력이 더욱 부족해지기 때문이다. 둘째, 나이가 들수록 사교활동이 줄어들어 만족스러운 활동에 참여할 기회도 줄어들기 때문이다. 그리고 이 두 주범은 서로 공모해 각자의 영향력을 증폭하기도 한다.

아일랜드 왕립외과대학의 로난 콘로이Ronán Conroy와 그의 동료들은 65세 이상을 대상으로 노년기 인지능력 감소 원인을 분석했다.[35] 이들이 발견한 세 가지 주된 요인은 **사회적 지원 부족**(외부에서 사회적 지원을 받기 어려운 독거노인의 경우), **개인의 인지 예비 능력**personal cognitive reserve **감소**(사회 활동과 여가 생활이 줄고 외로움과 지루함은 증가하는 상태), **사회인구학적 인지 예비 능력**sociodemographic cognitive reserve **감소**(시골에 살거나 교육 수준이 낮은 사람들) 등이다.[36] 쉽게 설명하면 인지 기능 감소는 외로움 그리고 지루함과 연관된다. 노년기의 외로움과 지루함은 좀 더 흔하게 세상과 적절한 관계를 맺지 못하는 모습으로 나타난다. 이는 부분적으로 인지 기능이 감소한 탓이기도 하다. 연구 결과에 따르면 노년기의 인지 기능 감소는 대개 계획하고 스스로 통제하는 집행 기능에서 뚜렷한데 보통 이 기능들은 10대 후반과 20대 초반에 지루함을 덜 느끼게 해준다고 알려진 전두엽 피질의 도움을 받는다.[37]

슬프게도 인간의 인지 기능이 세월을 피할 수 없듯이 시간은 세상에 만족스럽게 참여할 기회도 앗아간다. 친구들은 사라지고 육체 질병 때문에 전처럼 세상일에 참여할 수 없다 보니 주변 환경은 점점 좁아진다. 이 모든 것이 지루함을 유발한다. 말년의 변화가 인간을 도전과 각성이 부족한 상태로 살아가게 한다.

오하이오대학의 질리언 아이스Gillian Ice는 요양원 거주자들이 거의 하루의 반을 아무 일도 하지 않은 채 잠을 자거나 텔레비전을 보는 등 수동적으로 생활한다고 지적한다.[38] 확실히 이런 활동들은 흥미롭지도 않고 삶의 에너지를 높이지도 못한다. 실제로 노인들은 극심한 지루함을 호소하는데 이는 할 일이 거의 없어서 느끼는 감정이다. 중요한 점은 노인들이 초조함과 조바심도 느낀다는 사실이다.[39] 낮은 생리적 자극과 초조함의 결합은 일생에 걸쳐 지루함을 느끼는 순간에 흔히 보이는 현상이라 노년기에 나타났다고 해서 놀랄 일은 아니다. 매일 대낮에 텔레비전만 보면서 심박 수가 높아지리라 기대하기는 어렵지 않겠는가! 10대에 관한 연구들은 일관되게 따분한 생활로 인한 무기력과 초조함의 결합을 강조하는데 이는 할 일이 없다는 생각과 직결된다. 그러므로 인생의 양끝에서 지루함을 유발하는 메커니즘은 같을지 모른다. 즉, 청소년과 노인 모두 자신의 기술과 재능을 활용하고 있지 못하다는 생각에서 지루함을 느낀다.

한가한 것이 아니라 무의미한 활동을 하고 있다는 느낌은 대개 삶의 의미sense of life meaning와 밀접하다. 의미 만들기와 지루함의 관계는 나중에 7장에서 다룰 예정이다. 그러므로 여기서는 요양원 생활이 지루함을 몰아낼 만큼 충분한 의미를 거주 노인들에게 제공하지 못한다고만 말해두겠다.

일생에 걸쳐 다양하게 나타나는 지루함 연구는 전 연령대를 조사할 수 없고 종적 자료를 수집할 수 없다는 어려움이 있지만 중요한 화두는 얻을 수 있다. 우선 생물학적 변화 단계가 매우 중요하다. 아동기에서 청소년기로 이행하면서 격렬해지는 감정과 불완전하게 발달한 인지 기능은 충돌을 일으킨다. 10대 후반부터 성인 초기에는 뇌가 좀 더 성숙해져 생각과 감정을 능숙하게 통제한다. 말년에는 인지 기능이 감퇴하면서 다시 지루함이 증가하기 시작한다. 환경도 중요하다. 자유 시간은 많은데 활용 수단이 부족한 10대는 요양원 같은 시설에서 참여 활동이 거의 없이 지내는 노인들과 비슷한 상황에 처한다. 이 모든 현상의 공통점은 무엇일까? 네 살이든 마흔 살이든 여든 살이든 사람은 자신의 기술과 재능을 제대로 발휘하지 못할 때 지루해진다. 우리는 자신이 더 많은 일을 할 수 있다는 사실을 알고 있고 그렇게 **하고 싶지만** 혼자서는 가려운 곳을 긁지 못하는 것 같다. 그럴 때마다 지루함이 보내는 위험신호를 사소한 문제로 치부해서는 안 된다.

5장

필연적 경험

A CONSEQUENTIAL EXPERIENCE

그 비행은 평범했어야 했다. 샌디에이고발 미니애폴리스행 노스웨스트 188편은 하절기 중부 표준시 기준으로 오후 5시 1분에 출발지를 떠났다. 이 항공기는 이륙 후 약 두 시간이 지난 저녁 6시 56분 덴버 상공에서 항공관제탑과 교신이 끊겼다.[1]

항공기가 왜 응답하지 않지? 혹시 사고가 났나? 업계 관계자들의 머릿속에는 돌연 최악의 시나리오가 떠올랐는데 바로 결코 잊을 수 없는 9·11 사태였다. 곧 북미방공사령부NORAD에 연락이 왔고 전투기들은 이륙할 준비를 했다.

항공기 조종실을 제외한 모든 곳에서 긴장이 고조되고 있었다. 정작 조종사들은 힘든 일을 끝낸 참이었다. 순항 고도에 도달해 항공기를 자동 비행으로 전환했다. 끝없이 단조롭게 이어질 수평선을 떠올리니 지루함이 밀려왔다. 조종사들은 집중력이 떨어졌다. 마음이 어수선해진 기장은 화장실을 찾았다. 이례적인 상황은 아니었다. 그런데 기장이 자리를 비운 사이 항공관제탑에서 부기장에게 라디오 주파수를 전환하라고 요청했다. 그는 요청대로 했지만 숫자를 잘못 듣는 바람에 덴버로 맞춘다는 것이 위니펙으로 맞추고 말았다. 그리고 위니펙 지역 라디오에서 나오는 사람들의 대화 때문에 부기장은 올바른 채널을 찾았다고 착각했다. 잠시 후 기장이 자리로 돌아왔고 두 사람은 시간을 때울 겸 새 일정에 관해 대화를 나눴다. 둘은 지루함을 덜고자 노트북을 들여다보고 있었다. 덴버에서 정신없이 연락을 취하는 동안 위니펙에서는 계속 수다 중이었다.

노스웨스트 본부도 기내 데이터 링크 시스템을 통해 조치를 취했다. 대부분의 항공기는 이때 경보기가 울리지만 에어버스 A320은 아주 작은 불빛이 30초 동안 반짝일 뿐이어서 무기력한 상태인 조종사들의 주의를 끌지 못했다.

마침내 조종사들은 실수를 발견했다. 그들은 정상 항로에서 150킬로미터나 벗어나 있었다. 항공관제탑은 테러리스트가 아닌 조종사들이 항공기를 정상적으로 통제하고 있는지 확인하기 위해 이들에게 방향을 돌리라는 신호를 보냈다. 전투기 출동이 취소됐고 항공기는 안전하게 목적지에 착륙했으니 아마도 승객들은 전혀 눈치채지 못했을 것이다.

* * *

지루함은 만병의 근원이다. 공격적 행동, 약물 남용, 스마트폰 중독 등은 모두 지루함 때문에 생긴다. 그러나 주범은 지루함 자체가 아니라 지루함에 수반되는 무엇일 것이다. 가령 첫 설문 조사에서 극심한 지루함을 호소했던 영국 공무원들은 전혀 지루하지 않다고 답한 사람들에 비해 그로부터 3년 후 심장병에 걸려 사망할 확률이 더 높았다. 이 결과는 말 그대로 지루함이 사망 확률을 높인다는 점을 시사한다. 그러나 같은 연구에서 직장 환경, 건강, 신체 활동량 등의 변수를 통제했더니 지루함과 사망률 사이의 관련성이 사라졌다.

지루함의 결과를 분석하는 연구는 제약이 많기 때문에 기존 연구 대부분이 명확한 결론을 도출하지 못했다. 한 가지 문제는 순간적으로 느끼는 지루한 감정(지루한 상태)과 남보다 더 자주 더 심하게 지루함을 느끼는 성향(지루함에 취약한 성격)을 구분하는 일이다. 지루함에 취약한 사람은 사회심리적 문제를 겪기 쉽다는 말과 지루한 상태가 어떤 문제를 일으킨다는 말은 서로 다르다. 대부분의 기존 연구는 이런 구분에 관심을 두지 않았다. 그러나 이 책에서는 감정 상태를 표현할 때는 "지루함"을, 개인의 기질을 가리킬 때는 "지루해하는 성향"이나 "권태 성향"이라는 용어를 사용하기로 한다.

이번 장에서는 지루한 상태 조작 실험을 통해 지루함의 정도 변화가 알려진 결과 변화에 **선행한다**고 증명한 종적 연구에 집중한다. 이 중 어떤 것은 지루함이라는 감정 상태를, 어떤 것은 시간에 따라 지루함을 느끼는 정도의 변화를 측정했다. 예컨대 영국 공무원을 대상으로 한 연구는 지루함을 느끼는 정도의 변화를 4주에 걸쳐 조사했다.[3]

지루함과 권태 성향이 비난받을 행동의 **직접** 원인은 아니더라도 지루함이라는 불편한 감정에 어떻게 반응하느냐는 대단히 중요하다. 지루할 때 사람들은 부적응적이거나 건전한 생활에 직접적인 영향을 미치는 행동을 저지르기도 한다. 혹은 몇 달 전 구입한 탐정소설을 꺼내 보거나 과자 한 봉지를 들고 소파에 누워 아무 생각 없이 오후 내내 텔레비전만 볼 수도 있다. 당연히 한 방법이 다른 방법보다 건전하다. 그런데 지루함이 문제를 일으키는 방식은 간접적이다. 문제의 직접 원인은 지루하다는 신호에 대응하는 방식이다. 지루하다는 신호에 적절히 대응하지 못하면 어떤 결과가 생길까?

미니애폴리스행 항공기 사례에서 봤듯이 단순 반복적이거나 익숙하고 예측 가능한 업무를 할 때는 집중하기가 어렵다.[4] 많은 경우에 집중력 부족은 별문제가 되지 않는다. 잔디 깎는 일은 단순 반복적이고 익숙한 작업이지만 작업 중 빠진 부분은 그다음 일요일에 처리하면 된다. 그러나 수백 명의 승객을 태운 대형 항공기 조종처럼 중요한 일을 할 때 집중력을 잃으면 끔찍한 결과로 이어질 수 있다.

단순 반복적이고 따분한 업무를 할 때는 지루함을 느끼면 느낄수록 결과물이 형편없어진다.[5] 집중해야 하지만 자신의 정신 능력을 활용할 수 없는 상황은 지루함을 유발한다. 지루해지지 않으려면 뭔가에 몰두해야 한다. 그런데 문제는 정의상 지루한 업무란 몰두하고 싶은 욕구를 채우지 못하는 일이라는 것이다. 만약 몰두할 대상을 찾고 싶다면 지루한 일에서는 찾을 수 없을 것이다. 찾더라도 최상의 결과를 끌어내지 못할 것이다. 오늘날 공장의 조립 라인이 대부분 자동화된 것은 바로 이런 이유 때문이다. 각종 부품의 품질을 검사하는 작업은 단조롭고 따분하기 때문에 긴장감을 유지하며 지루함을 느끼지 않기가 어렵다. 작업자가 지루함에 빠지는 순간 불량 부품은 무사통과된다. 또 쉽게 지루해하는 사람은 집중력을 유지해야 할 작업을 제대로 해내지 못한다. 이런 작업을 할 때 쉽게 지루해하는 사람은 그렇지 않은 사람보다 순간적으로 느끼는 지루함의 정도가 더 컸다.[6] 쉽게 지루해하는 사람에게 집중하기 어려운 상황은 잡념 속으로 도피할 이유를 제공한다. 더구나 이들은 따분한 일에 집중하라는 요구를 받으면 뒤로 물러나 아예 손을 뗄 가능성이 높았다.[7] 어떤 사람은 지루한 일이라도 집중해서 깊이 파고들지만 어떤 사람은 그냥 포기해 버린다.

우리는 따분한 업무나 상황에 갇히면 이내 안절부절못한다. 업무 회의에서 여섯 살짜리도 이해하는 이메일 전송 방법에 관한 새 규정을 듣고 있다면 대부분의 사람들은 꼼지락거리면서 의자 뒤로 몸을 기댔다가 앞으로 당겨 앉고 머리 뒤로 팔을 뻗었다가 접으며 탁자를 두드리거나 발을 구르는 등 불편한 감정을 드러낼 것이다. 더는 참을 수 없다고 느끼는 사람도 있을 것이다. 무기력함을 떨쳐내려면 다시 시작 버튼을 힘껏 눌러야 한다. 이런 순간에는 지루함이 목을 조이는 듯해 살아 있음을 확인해 주는 **어떤** 감정도 느끼지 못한다.

이 같은 절망감은 우리를 위험하고 불건전한 길로 이끌기도 한다.

이와 관련한 강력한 사례 하나를 최근 연구에서 찾을 수 있는데 실험 참가자들에게 빈 방에 앉아 자신만의 생각에 몰두해 보라고 요구했다.[8] 몇몇은 실험 환경에 적응하지 못했다. 일부는 집중하기 어렵고 마음이 싱숭생숭하며 기분이 별로 좋지 않다고 말했다.[9] 연구자가 참가자들에게 가만히 앉아 있는 대신 스스로 전기 충격을 줄 수 있는 기회를 주자 많은 사람이 적어도 한 번씩 전기 충격기를 사용했는데 아마도 따분함을 줄이기 위해서였을 것이다. 이들은 사전에 실험 내용을 알고 있었다. 실험 전에 이미 전기 충격을 체험했고 그때는 이 경험을 다시 하지 않기 위해 돈이라도 지불하겠다고 말했었다. 그러나 지루해지는 순간 실험 전에 했던 생각과 말을 전부 잊은 채 자진해서 충격기 버튼을 눌렀다. 어쩌면 실험 참가자들이 지루함을 떨쳐버리기 위해서가 아니라 단순한 호기심에 충격기 버튼을 눌렀을 가능성도 있다. 그러나 따분해지기 전에는 모두 전기 충격을 피하고 싶다고 말했다. 그럼에도 남성 3분의 2와 여성 4분의 1은 최소 1회 이상 스스로에게 전기 충격을 가했다. 어떤 남자는 15분간 무려 190회나 버튼을 눌렀다! 지루함을 덜기보다 호기심을 채우기가 더 쉬운 법이다.

후속 연구에서는 참가자들에게 한 번은 한 시간 동안 따분한 영화를 여러 번 반복해서 보여주고 한 번은 한 시간 동안 덜 지루한 영화를 보여줬다.[10] 이들은 재밌는 영화를 볼 때보다 지루한 영화를 볼 때 더 자주 전기 충격기를 사용했다. 이 대조군 연구는 지루함에 대한 중요한 사실을 알려준다. 즉, 지루함은 특히 강력한 자극제가 될 수 있다.

네덜란드 마스트리히트대학의 샹탈 네더르쿤Chantal Nederkoorn과 그의 동료들은 슬플 때보다 지루할 때 스스로에게 전기 충격을 더 많이 가한다는 사실을 발견했다.[11] 1장에서 지루함을 느낀 밍크가 위험을 무릅쓰고 회피적 자극을 추구했던 것처럼 사람도 지루한 느낌이 너무 싫은 나머지 이를 피하기 위해 고통스러운 신체적 자극도 마다하지 않는 것 같다. 속담에서처럼 자신을 바보로 만드는 따분함을 피하기 위해서라면 제 눈이라도 찌르고 싶은 모양이다!

물론 이런 실험에서 설정된 부조리한 상황은 현실의 모습이 아니다. 여기서 중요한 점은 어떤 연구도 전기 충격기 외에는 지루함을 덜 수단을 제공하지 않았다는 사실이다. 따라서 사람들이 지루함을 덜 수단을 자유롭게 선택할 수 있을 때 어떻게 행동할지는 우리도 알지 못한다. 그러나 어떤 사람들은 일상에서 지루할 때 전기 충격과 비슷한 방식으로 자기 몸을 할퀴고 베고 태우고 때린다. 이런 행동을 '비자살적 자해non-suicidal self-injury, NSSI'라고 부른다. 비자살적 자해 행위를 하는 사람은 죽고 싶지는 않지만 신체적 고통을 느끼며 기분을 나아지게 하거나 괴로운 마음을 위로하려 한다.[12] 자해로 인한 통증은 정신적 고통을 잊게 하고 힘든 상황을 모면하게 해주며 주변의 도움을 얻어내기도 한다. 이렇게 지루함은 자해 충동을 일으킬 정도로 불편한 감정이다.[13]

자해 외에도 지루함을 덜기 위해 다양한 방법이 동원된다. 예를 들어 향정신성 의약품은 현실에서 벗어나 기분을 좋아지게 한다. 지루함은 지금 이 순간에 대한 거부감이며 스스로 상황을 바꿀 힘이 없다고 느낄 때 증폭된다. 향정신성 의약품이 지금 이 순간에서 벗어나게 해줄 수는 있겠지만 잠시 내가 사라져도 어차피 시간은 계속 흐른다.

술이나 담배, 약물 같은 유해 물질에 의존하는 사람에게 그 이유를 물으면 대부분 지루함에서 벗어나고 싶어서라고 말한다. 또 이들은 유해 물질을 이용하지 않는 사람들보다 더 자주 지루함을 느낀다고 말한다.[14] 2003년 수행한 한 조사에 따르면 10대 17퍼센트가 자주 지루함을 느낀다고 응답했으며 이들의 반 정도는 지루함을 자주 느끼지 않는 청소년에 비해 흡연과 폭음, 약물 남용을 할 확률이 더 높았다.[15] 몇몇 연구는 10대를 대상으로 지루함을 느끼는 정도와 유해 물질 이용도를 추적 관찰한 결과 술이나 담배, 약물을 이용하기 전에 **먼저** 지루함을 느낀다는 사실을 확인했다.[16]

에린 샤프Erin Sharpe와 그의 동료들이 미국과 남아프리카 청소년을 대상으로 조사한 연구에 따르면 소폭이지만 지루함을 호소한 응답자 증가는 이들의 음주 가능성이 14퍼센트 증가한 것과 무관하지 않았다. 지루함은 흡연 가능성을 23퍼센트, 마리화나 흡연 가능성을 36퍼센트 증가시켰다.[17] 이와 비슷하게 성인을 대상으로 한 어느 조사에서는 최근 2주 동안 지루함을 느낀 응답자의 음주 가능성이 매우 높게 나타났다.[18] 이 모든 연구는 지루함이 약물 남용과 음주의 전조 현상임을 암시한다. 자주 지루해하는 사람일수록 약물이나 알코올의존도가 커진다는 연구 결과들이 있으며 이는 지루함에 취약한 성격이 지루함에서 벗어나기 위해 유해 물질을 이용할 위험이 크다는 사실을 시사한다.[19] 지루함 자체가 음주나 약물 남용을 유발하는 것은 아니다. 지루한 상태에 적응적으로 반응하지 못할 때 그 틈을 약물과 술이 파고들어 정신 상태를 바꾸고 궁극적으로 피하고 싶었던 불쾌한 지루함을 잊게 한다.

유해 물질 남용처럼 도박 역시 지루함에서 비롯된 것으로 여겨진다. 표면적으로는 도박도 앞에서 언급한 유해 물질 남용과 비슷한 상황으로 보인다. 우리는 지루해지면 불쾌감을 느끼며 이런 기분을 떨쳐내 줄 수단을 찾게 된다. 특히 슬롯머신 같은 쾌감을 주는 도박에 마음이 끌린다. 흔히 도박자는 무료해서 도박을 한다고 말하며 지루함을 많이 느끼는 사람일수록 도박에 중독될 가능성이 높아진다는 연구 결과도 더러 있다.[20] 대부분 지루함이 도박으로 이어진다고 믿고 있지만 이를 뒷받침하는 연구는 별로 없다. 그래서 다른 비행들처럼 도박도 지루함을 덜어줄 가능성은 있지만 확실히 그렇다고는 말할 수 없다.[21]

유해 물질 남용과 도박처럼 섭식 행동도 지루함의 병폐 중 하나다. 설문 조사에서 지루할 때 음식을 더 많이 먹느냐는 질문에 사람들은 하나같이 "그렇다!"고 답했다.[22] 또 감정별로 자주 하는 행동을 네 가지만 열거해 보라고 했을 때 "먹기"는 슬픔이나 불안감보다 지루함과 훨씬 연관성이 높았다. 이런 자기보고self-report(실험 참가자가 스스로를 관찰하고 그 내용을 질문지 등을 통해 보고하는 방식_옮긴이) 결과를 보

면 지루함은 확실히 먹는 행동을 자극하는 것 같다.[23]

앤드루 모이니핸Andrew Moynihan과 그의 동료들은 아일랜드와 영국에서 실험 참가자들에게 일주일 동안 날마다 지루함을 느낀 정도와 먹은 음식을 기록하게 했다. 그 결과 참가자들은 지루함을 심하게 느낀 날 지방, 탄수화물, 단백질 등 전반적으로 칼로리가 높은 음식을 먹었다. 지루함을 느끼는 정도와 음식은 스트레스 같은 다른 부정적인 감정은 물론 BMI 지수나 권태 성향과 상관없이 연관성을 보였다. 자주 지루해하는 사람이 건강에 나쁜 음식을 먹는다는 결과는 다른 연구에서도 확인됐지만 특히 모이니핸의 연구는 지루할 때 음식을 더 많이 먹는다는 사실도 밝혀냈다.[24] 모이니핸은 실험 참가자들에게 따분한 퍼즐을 맞추게 해서 지루한 기분을 유도한 다음 이들에게 간식을 먹고 싶은지 건강에 좋은 음식을 먹고 싶은지 물었다.[25] 자신의 생각과 감정에 충실한 사람은 지루할 때 간식을 먹고 싶은 욕구가 강해졌다고 말했다.

즉, 사람들은 지루할 때 거기에서 벗어나기 위해 먹는 일에 몰두하는 것 같다. 그리고 이때 건강에 좋지 않은 음식을 선택한다. 어떤 실험에서는 참가자들이 단조롭고 지루한 영화를 한 시간 동안 보면서 100칼로리에 달하는 M&M 초콜릿을 먹었다.[26] 반면 재밌는 영화를 보는 동안에는 그 반만 먹었다. 주목할 점은 지루할 때 보인 섭식 행동이 다른 부정적인 감정에서는 나타나지 않았다는 사실이다. 지루할 때의 섭식 행동은 (슬픈 영화를 보면서) 슬픔을 느끼는 순간과도 달랐다. 건강에 나쁜 간식거리를 먹는 경우는 지루할 때뿐이었다.[27]

지루함은 건강에 나쁜 음식을 선택하게 할 뿐만 아니라 이미 충분히 먹어서 더 먹지 않아도 된다는 생리적 신호도 무시하게 한다. 지금은 고전이 된 한 연구에서 캘리포니아주립대학 치코의 에드워드 에이브람슨Edward Abramson과 션 스틴슨Shawn Stinson은 실험 참가자들에게 배부를 때까지 마음껏 로스트비프 샌드위치를 먹게 했다.[28] 그런 다음 지루함을 유발하기 위해 참가자 중 반에게 'cd'라는 글자를 반복해서 쓰게 했다. 나머지 반에게는 흥미로운 그림을 보여주면서 짧은 이야기를 써보라고 했다. 과제를 수행하는 동안 참가자들 모두 원하는 만큼 과자를 먹을 수 있었다. 샌드위치를 실컷 먹은 후에도 지루함을 느낀 사람은 그렇지 않은 사람보다 더 많은 과자를 먹었다. 이 이야기가 익숙하지 않은가? 1장에서 자극이 전혀 없는 우리에 갇힌 밍크가 자극이 풍부한 우리 속 밍크보다 먹이를 더 많이 먹었던 실험 결과가 떠오를 것이다. 두 밍크 모두 우리에 갇히기 전에 이미 먹이를 충분히 먹은 상태였다.[29]

심지어 지루함은 비만과 연결되기도 한다. 한동안 비만은 유전적 요인의 영향을 받는다고 알려졌다. 과연 비만의 메커니즘은 무엇일까? 이건 확실히 복잡한 문제인데 흥미롭게도 최근 한 연구는 지루함이 비만을 일으킬 수 있다고 주장했다. 컬럼비아대학의 리처드 길Richard Gill과 그의 동료들은 지루함에서 벗어나기 위한 섭식 행동과 유혹에 약한 성격이 부분적으로 유전자와 비만의 관계를 설명해준다는 사실을 발견했다.[30] 그러나 불안감과 같은 다른 부정적인 감정은 비만과 무관했다.

지루할 때 음식에 기대는 이유는 여러 가지일 것이다. 어쩌면 지루해서 죽을 것 같을 때 에너지가 부족하다는 기분이 들지 모른다. 지루할 때 건강한 간식 대신 단것을 먹는 행동이 그런 생각을 뒷받침한다. 혹은 그저 기분 전환을 위해 음식을 먹을 수도 있다. 입에 뭔가를 넣는 행동이 뭔가를 하고 있다는 착각을 일으킨다. 결국 지루함은 사람을 더욱 충동적으로 만든다. 즉, 끌리는 음식을 발견하면 아무 생각 없이 입에 넣는다. 일종의 자동 조종이 일어나는 것이다. 소비 행동처럼 먹는 행동도 지루함에 대한 부적응적 반응이자 어쩌면 충동적인 반응일 것이다.

수많은 연구가 지루함과 충동적 행위의 관계를 확인했다. 앞에서 우리는 지루함에 취약한 성격이 감각 추구 성향과 밀접하다고 주장했다. 여기서 감각 추구는 정보를 수집하기 위해서가 아니라 지루함으로 인한 괴로움을 잊고자 새로운 감정을 느끼려는 행위다. 이런 점에서 과식이나 과음, 약물 남용이나 도박은 지루함을 덜기 위한 충동적 시도라 할 수 있다.[31]

이런 식의 임시방편은 자신의 이익과 상충하는 행동을 유발하기도 한다. 한 연구는 실험 참가자들에게 짧은 시간 대기하거나 콘크리트에 관한 기술 참조 설명서를 옮겨 적게 했다. 두 상황 모두 지루함을 유발했는데 모든 참가자가 지루한 일을 추가로 할 때 대가로 주어지는 보너스를 포기했다. 즉, 지루할수록 사람들은 금전적 손해를 감수하고서라도 간편하고 신속한 보상(과 지루함에서 탈피하는 쪽)을 선택하려 했다.[32] 다른 연구에서는 주사위 던지기 놀이를 시작하기 전에 참가자들을 5분간 기다리게 했다. 이런 기다림은 지루함을 유발했으며 주사위 놀이를 하는 동안 위험한 의사 결정을 하도록 유도했다.[33]

지루함을 느낀 사람이 위험한 선택을 하는 이유가 지루함의 고통을 덜기 위함인지 아니면 단순히 자신의 행동을 제어할 수 없기 때문인지는 불명확하다. 지루함에 취약한 성향이 한결같이 자기통제력 부족과 연관된다는 사실은 지루해졌을 때 사람들이 자신의 충동을 적절히 다스리지 못함을 암시한다. 그리고 이들은 지루함을 덜기 위해 스릴과 흥분을 추구하기도 한다. 한 연구에 따르면 지루함에 취약한 운전자는 달리는 기차를 "이기려고" 그 기차보다 먼저 건널목을 건너려는 위험한 시도를 할 가능성이 높다고 한다.

유명한 한 실험에서는 컴퓨터 모니터의 반짝거림을 자동 반사적으로 쳐다보는 행동을 억제하기 위해 참가자들에게 화면의 반대 방향을 바라보게 했다. 이와 같이 한쪽에 반짝이는 물건을 놓고 참가자들에게 최선을 다해 그것을 무시해 보라고 요구하는 실험은 오래된 인지심리학 실험으로 충동 조절 능력을 측정하는 한 방법이다. 이 연구는 특별히 금연 시도자를 대상으로 진행했는데 당연하지만 금연에 성공하려면 흡연 충동을 억제해야 한다. 실험 결과 담배를 끊은 지 불과 몇 시간 후 실험에 참가한 흡연자들은 반짝이는 물건을 쳐다보지 않기가 어려웠다. 주변의 유혹(반짝이는 물건)은 금연을 어렵게 하는 요인 중 하나다. 유혹에 빠지는 행동은 지루함과 관련되므로 일상에서 지루함을 자주 느낀다고 밝힌 흡연자들이 반짝이

는 물건을 무시하지 못한다는 연구 결과는 의미가 있다.[34]

충동적이고 부적응적인 반응은 지루해서 불쾌하다는 표현으로도 볼 수 있다. 좀 더 깊이 들여다보면 지루함이 마비나 무력감 같은 고통을 유발할 수 있다는 사실도 발견한다. 지루해지면 행동 경로를 설계하지도, 그것을 따르지도 못한다. 그리고 무기력해진다. 간단히 말해 자기 자신이 하찮고 불필요한 존재처럼 느껴진다.

지루할 때는 자기 인생의 주인이 될 수 없다. 이런 의미에서 지루함은 인간성을 훼손한다. 어떤 사람은 심한 모욕감을 느껴 행동으로 표출하기도 한다. 사실 지루함은 그렇게 된 원인을 명확히 밝히지 않은 채 우리의 자기결정 능력을 약화하기 때문에 특히 위협적인지도 모른다. 이런 식으로 생각하면 지루함은 "분노를 분산"한다.[35] 절망에 빠지지 않기 위한 한 가지 방법은 세상을 비난하는 것이다. 한 연구에서 12~13세 아이들에게 딱 7분간 말을 하지 못하게 했더니 이 아이들은 지루하지 않았던 아이들보다 더 자기도취적이고 공격적인 충동을 느꼈다고 말했다.[36]

우리도 자주 지루해하는 사람에게 자기도취적 경향이 있다는 사실을 안다.[37] 자세히 들여다보면 이들은 열등감이나 무력감을 유발하는 상황에 예민하다. 또 그런 상황이 닥쳤을 때 다른 사람들보다 화를 많이 내고 공격적이며 적대적이다.[38] 아마도 쉽게 지루해하는 사람은 지루함뿐 아니라 그로 인해 훼손된 자아를 위해서도 싸워야 하므로 분노, 공격성, 적대감이 커지는 것 같다. 이들은 자기감을 높이기 위해 공격성에 기대는지도 모른다. 근본 원인은 다르겠지만 반사회적 성격 장애도 이와 비슷하다. 오랫동안 반사회적 성격 장애자는 특별히 지루함에 취약하다[39]고 알려졌는데 아마도 그들이 기질적으로 흥분과 스릴을 원하기 때문일 것이다. 또 반사회적 성격 장애자는 자기도취적 성향도 있어서 무슨 일이 있어도 과장된 자기 모습을 지키고 싶어 하므로 이를 위협하는 지루한 상황에 쉽게 분노한다.

극단적으로 지루할 때는 무엇보다 주체성을 확인하고 싶은 욕구가 강해진다. 이때 사람들은 그저 자신의 능력을 입증하기 위해서 행동한다. 이런 의미에서 반달리즘vandalism(문화나 예술, 공공시설 등을 훼손하고 파괴하려는 경향과 행위_옮긴이)은 무의미한 파괴일 뿐 아니라 적어도 가끔은 지루함이 유발한 병적 반응이라 할 수 있다.[40] 여기서 핵심은 주체성을 위협받을 때 반응하는 방식이 지루함의 결과를 좌우한다는 점이다. 누구나 파괴하거나 창조할 수 있는 능력과 기회가 있다. 파괴든 창조든 우리가 나름의 방식으로 세상에 영향력을 행사할 수 있다는 사실을 증명할 것이다. 당연히 어떤 선택을 하느냐에 따라 자기 자신과 주변 사람에게 다른 결과를 가져올 것이다.

10세 아동을 5년 동안 추적 관찰한 연구는 현재의 권태 성향이 가까운 미래에 비행을 저지를 가능성을 높인다는 사실을 발견했다. 이런 결과는 표본 전체에서 한 방향으로만 나타났다. 즉, 지금 지루함에 취약한 아동은 나중에 비행을 저지를 확률이 높았지만 그 반대의 경우는 확인되지 않았다. 그러나 자기통제력이 부족하고 흥분을 추구하는 아이들은 과거의 비행이 실제로 미래의 권태 성향을 **낮춘**

다고 예측됐다. 감각을 추구하는 아동에게 비행은 미래에 지루함을 줄이는 수단 혹은 지루함에 대한 완충제로 작용하는 모양이다.[41]

한 실험에서는 대학생 참가자들에게 지루함을 유발한 후 자기 문화 집단의 구성원이 다른 집단에게 공격받는 내용(혹은 그 반대 상황)의 시나리오를 읽혔다.[42] 그 결과 참가자들은 지루할 때 자기 집단의 범죄는 관대하게 다루고 다른 집단의 범죄는 가혹하게 비난했다.

극단적인 예로 공감 능력이 심각하게 부족한 사람이 지루해지면 대단히 위험한 상황이 발생할 수 있다. "지루한데 할 일이 없어서 우리는 사람을 죽이기로 했다."[43] 이것은 조깅하던 젊은 남자를 아무 생각 없이 살해한 10대 세 명 중 한 명이 밝힌 범행 이유였다. 사람을 죽인 이유가 너무나 지루했기 때문이라고 주장하는 살인자는 무수히 많다. 그러나 분명히 지루함은 세 명의 10대가 살인을 저지른 직접적인 이유는 아니었다. 추정이지만 이들에게는 지루함이 밀려올 때 흥밋거리를 찾고 자기통제력을 회복할 다른 방법이 있었을 것이다.

좀 더 최근에는 한 독일인 간호사가 최소 97명을 살해했다는 혐의를 받은 사건이 있었다.[44] 그는 지루함을 덜고자 사람을 죽였다고 주장했다. 환자를 소생시키는 과정에 동반하는 분주한 상황과 환자가 회복됐을 때 받는 찬사를 과도하게 추구한 나머지 고의적으로 환자들에게 위험한 약물을 주사했다. 그는 자신의 기술을 과시하고 지루함에서도 벗어나고 싶었다. 죽기 직전의 환자를 구했을 때 과도하게 희열을 느끼거나 실패했을 때 과도하게 낙담하는 행동 모두

통제력 상실을 보여준다. 당연하지만 평범한 사람은 지루하다는 이유로 그런 끔찍한 행동을 저지르지 않는다. 지루함은 우리가 지금 몰두하지 못하고 있으며 자기 인생의 주인이 되지 못함을 보여준다. 어떤 사람은 이런 기분을 느낄 때 세상을 비난하고 극단적인 힘을 추구한다.

지루함에 대한 반응으로 비행, 분노, 적대감, 폭력 등은 두 가지 혹은 심지어 세 가지 기능을 한다. 이 행위는 지루할 때 위협받는 자긍심을 북돋기도 한다. 세상을 공격할 때 일반적인 의미에서 그것은 "통제 가능"한 상태가 아니며 그 행동이 초래할 결과는 명확하다. 바로 파괴다. 또 분노와 폭력은 지루함과 자주 결합하는 극심한 무기력에서 우리를 벗어나게 해주고 자극을 제공한다. 지루함과 단조로움은 종종 낮은 각성 상태에서 느껴지는 기분이다. 무기력증을 치유하고 싶은 사람에게 공격적 행동은 확실히 흥분을 일으킨다. 마지막으로 적대감은 세상에 의미를 부여해 단기적으로 지루함을 줄이기도 한다.

때로 지루함에서 비롯된 공격성과 적대감이 표적이 되기도 한다. 앞에서 언급했듯이 지루함을 느낀 사람들은 자기 집단에는 관대하고 다른 집단에는 가혹하다. 이방인에게 공격적인 태도를 취하는 극단적 애국주의인 징고이즘jingoism은 삶의 의미와 목표가 위협받을 때 나타난다.[45] 자기 집단을 우대하고 다른 집단을 배척하면 세상을 쉽고 편리하게 이해할 수 있다. 외부인에 대한 공격 행위는 자신감을 높이고 권력을 가진 느낌을 주며 불안감을 완화한다. 또 세상이 단순하고 이해하기 쉬우며 안전하다는 착각을 불러일으킨다. 심지어 세계 질서가 도덕적으로 비난받을 때도 그렇게 착각한다! 삶의 의미와 지루함의 관계는 7장에서 좀 더 자세히 다룰 예정이다. 일단 여기서는 적어도 일부 공격 행위가 지루함 때문에 잃어버린 삶의 의미를 회복하려는 노력으로 여겨지기도 한다는 점만 밝히고 넘어가겠다.

우리가 궁극적으로 원하고 필요로 하는 것은 세상과 의미 있는 관계를 맺고 있다는 느낌이다. 우리는 세상과 적극적으로 관계를 맺을 때 최선을 다한다. 즉, 인지능력을 발휘하고 생각을 표현하며 주변을 통제할 수 있어야 활력을 유지할 수 있다. 그와 반대로 지루함은 세상과 단절된 상태이므로 지루함을 느낀 사람은 의미 있는 참여를 통해 막을 수 있는 문제들에 취약해진다.[46] 가령 우울증과 권태 성향의 밀접한 관계는 세상과의 단절이 우리 내면에 어떤 영향을 미치는지 보여준다.

자주 지루함을 느끼는 사람은 우울증을 앓을 가능성도 높다.[47] 얼핏 보면 우울감과 지루함은 구별하기 어려울 정도로 공통점이 많은 듯하다. 그러나 이 둘은 다르다. 우울감은 즐겁지 않고 슬픈 감정이다. 우울한 사람은 자기 자신을 낮게 평가하고 부정적인 사건에 집중하는 경향이 있다. 반대로 지루함은 참여 욕구를 채우지 못한 상태며 시간은 더디게 가는데 좀처럼 몰두할 수 없는 기분이다. 그러므로 우울한 사람과 달리 지루해하는 사람은 세상을 부정적으로 평가하고 정서적 자각 능력도 부족하며 초조함과 무기력을 함께 경

험한다. 지루함과 우울함은 혐오하는 대상이 분명 다르다.[48]

그럼 우울감과 권태 성향은 무슨 관계일까? 몇몇 연구에 따르면 이 둘은 시간이 갈수록 악순환을 거듭하는 관계다. 마이클 스패스 Michael Spaeth와 그의 동료들[49]은 5년에 걸쳐 700명 이상의 청소년을 추적 관찰하면서 매년 이들에게 우울감과 지루함을 느끼는 정도를 물었다. 연구 결과에 따르면 우울감과 권태 성향은 선후 관계는 명확하지 않으나 해마다 서로를 악화했다. 그러나 8주에 걸친 우리 실험에서는 우울감 정도로 권태 성향 수준을 예측할 수 있다는 증거는 나오지 않았다. 또 사람들이 행복하거나 슬픈 추억을 떠올려 기분을 전환할 때도 지루함을 느끼는 정도가 달라지지 않았다.[50] 우리 연구진 중 한 명은 만성 우울증으로 병원에 입원한 환자들에게 지루했던 경험에 관해 물었다. 이 환자들의 경험담에는 분명한 공통점이 있었다. 이들은 지루해지는 느낌이 **두렵다**고 말했다. 이들에게 지루함이란 곧 우울증이 찾아온다는 신호였다. 이들은 지루해지는 순간 세상과 단절됐다. 사회 참여나 교류 의욕을 잃고 자기 자신 속으로 침잠해 들어갔다. 또 자기 자신을 부정적으로 바라보면서 이내 본격적으로 우울감에 휩싸였다. 즉, 전반적으로 우울증은 지루함의 원인이 아니라 결과라는 강력한 증거가 나온 셈이다. 아마도 사람들은 세상에 참여하려고 고군분투하는 동안 지루함 때문에 자신만의 생각에 잠겨 자아의 부정적인 면에 집중하게 됨으로써 결국 세상에 참여하지 못해 절망에 빠지고 마는 것 같다.

우울감과 권태 성향에 대한 또 다른 설명으로 이 둘의 원인이 같기 때문에 서로 밀접하다는 견해가 있다. 이는 스패스 등의 다른 연구 결과와 일치한다. 이들은 우울감과 지루함이 장기적으로 유사한 궤적을 보인다는 사실을 발견했는데 이 둘의 발달 요인이 같고 시간이 흐르면 둘 다 더 큰 증후군의 일부가 된다는 점을 암시한다. 아마도 둘의 공통된 발달 요인은 삶의 의미와 목표를 잃은 느낌일 것이다. 삶의 의미를 찾고 그것을 목표 삼아 살지 못하는 무력감이 우울감과 권태 성향을 유발할 가능성이 있다.[51] 이는 우리가 수행한 연구 결과와 일치한다. 삶의 의미를 잃으면 자주 지루해진다.[52] 그러나 우울감과 권태 성향이 삶의 의미를 상실했다는 느낌에서 발생할 가능성이 있다 하더라도 이를 입증하려면 더 많은 연구가 필요하다.

권태 성향과 우울감이 밀접한 이유와 방식은 알 수 없지만 안타깝게도 정신 건강을 진단하고 치료할 때 대개 지루함을 간과한다는 점은 분명한 사실이다. 그러나 지루함은 수많은 정신 질환에서 중요한 역할을 한다.[53] 한 연구에 따르면 권태 성향은 암 환자에게서 우울감보다 더욱 심각하게 삶의 질을 떨어뜨렸다. 또 암 환자가 항우울제를 복용하면 기분은 나아졌지만 권태 성향은 전혀 그렇지 않았다.[54] 이런 충격적인 결과는 권태 성향과 우울감이 실은 서로 다른 문제며 지루함은 다른 방식으로 치료해야 한다는 생각에 무게를 실어준다. 지루하다는 불평을 우울감과 "연관된" 감정으로만 다루기에는 무리가 있다.

비록 지루함 자체가 어떤 문제의 직접적인 원인은 아니더라도 지루함이 해롭다는 증거는 많아 보인다. 이따금 지루함은 자기 자신과 주변 모두에 해를 입히며 충동을 부추기거나 외부 자극에 예민하게 하고 단절로 인한 압박감을 견디지 못하게 한다. 물론 지루함에 적응하기란 쉽지 않다. 그럼에도 불구하고 연구자들은 지루함에 유익한 면이 적어도 하나는 있다고 말한다. 바로 창의력을 자극한다는 점이다.[55]

로큰롤 명예의 전당에 최종 이름을 올린 '더 폴 버터필드 블루스 밴드The Paul Butterfield Blues Band'의 마이크 블룸필드Mike Bloomfield는 오른손잡이인 지미 헨드릭스Jimi Hendrix가 왼손 펜더 기타를 뒤집어서(왼손잡이용 기타였으므로) 멋지게 연주하는 모습에 충격을 받았다. 공연이 끝난 후 블룸필드는 헨드릭스에게 다가가 "당신 그동안 어디 숨어 있었소?"라고 물었다. 헨드릭스는 이렇게 답했다. "치틀린 서킷chitlin' circuit[56]에서 연주하는데 아주 지루해 죽을 지경이오. 새롭게 연주하는 기타리스트가 아무도 없더군요." 헨드릭스의 이 말은 지루함이 긍정적인 것, 즉 창조적인 활동으로 이어질 수도 있다는 사실을 암시한다.

그런데 이를 입증하는 자료가 있을까? 지루함이 창의성을 꽃피운다는 실질적 증거는 거의 없다. 한 연구는 지루할 때 오히려 창조적 글쓰기 능력이 저하된다고 말한다. 안타깝지만 이 연구에는 대조군이 없었다. 그래서 실험 참가자들에게 지루함의 강도를 조절하는 실험을 하지 못했다.[57] 다른 연구에서는 지루함을 포함해 다양한 상황을 설정했다. 지루함은 특히 고양된 기분과 결합됐을 때 창의성 증대와 관련성을 보였다.[58] 그러나 이 연구는 지루함과 고양됨이라는 두 가지 전혀 다른 심리 상태를 분리해 실험하지는 않았다. 마지막으로 센트럴랭커셔대학의 샌디 만Sandi Mann과 레베카 캐드먼Rebekah Cadman은 실험 참가자들에게 전화번호부 숫자를 베껴 쓰거나 읽게 해 지루함을 유발했다. 그런 다음 폴리스티렌 컵의 용도를 가능한 한 많이 생각해 보라고 했다. 창의력을 측정하는 전형적인 방법이었다.[59] 지루**해서** 몽상에 빠졌다고 답한 참가자들은 전화번호부에 머리를 맞지 않은 사람들(비유하자면 그렇다)보다 컵의 용도를 더 많이 창의적으로 생각해 냈다. 지루함과 고양됨을 구분하는 문제처럼 이 연구에서 창의성을 높인 것이 몽상과 지루함 중 어느 것인지는 확인할 길이 없다. 일반적으로 몽상에 빠지면 지루하지 않다. 상상 활동에 참여하고 있기 때문이다.

그러므로 지루함이 창의성을 높인다는 명확한 증거는 없다. 지루함이 당신을 살인자로 만들지 않는 것처럼 창조적인 천재로 만들지도 않는다. 그리고 여기에 핵심이 있다. 지루함은 제거하고 싶은 부정적인 감정이다. 그러나 그 자체로는 선행이나 악행을 유발하지 않는다. 오히려 지루해하는 **능력**이 창의성을 높이고 혁신을 일으킬 수 있다는 표현이 더 그럴 듯하다. 헨드릭스는 현재에 만족하지 못했기에 기타 주법의 세계를 완전히 바꿀 수 있었다. 그러나 그가 〈폭시 레이디Foxy Lady〉를 작곡하는 동안 지루한 상태였으리라고는 생각하지 않는다.

지루함은 몰두하고 싶은 욕구를 채우지 못한 상태다. 불쾌한 감정이고 행동을 자극한다. 이때 어떤 행동을 하느냐는 우리 몫이다.

약물이나 술에 의존할 수도 있고 세상을 공격할 수도 있다. 아니면 헨드릭스처럼 기타를 잡고 놀라운 시도를 해봄으로써 지루함에서 벗어날 수도 있다. 명곡을 만드는 동안 헨드릭스는 전혀 지루하지 않았다. 그는 기타와 음악에 깊이 몰두하고 그것들과 관계를 맺었다. 실제로 이런 교류는 지루함의 반대가 된다. 지루할 때는 세상과 단절된 기분이 들거나 고립감을 느낀다. 사회학자 피터 콘래드Peter Conrad가 말했듯이 "지루함은 저 멀리 있지 않다. 그것은 저기와 우리 사이에 있다… (지루함은) 지금 이 순간에 느끼는 소외감이다".[60]

6장

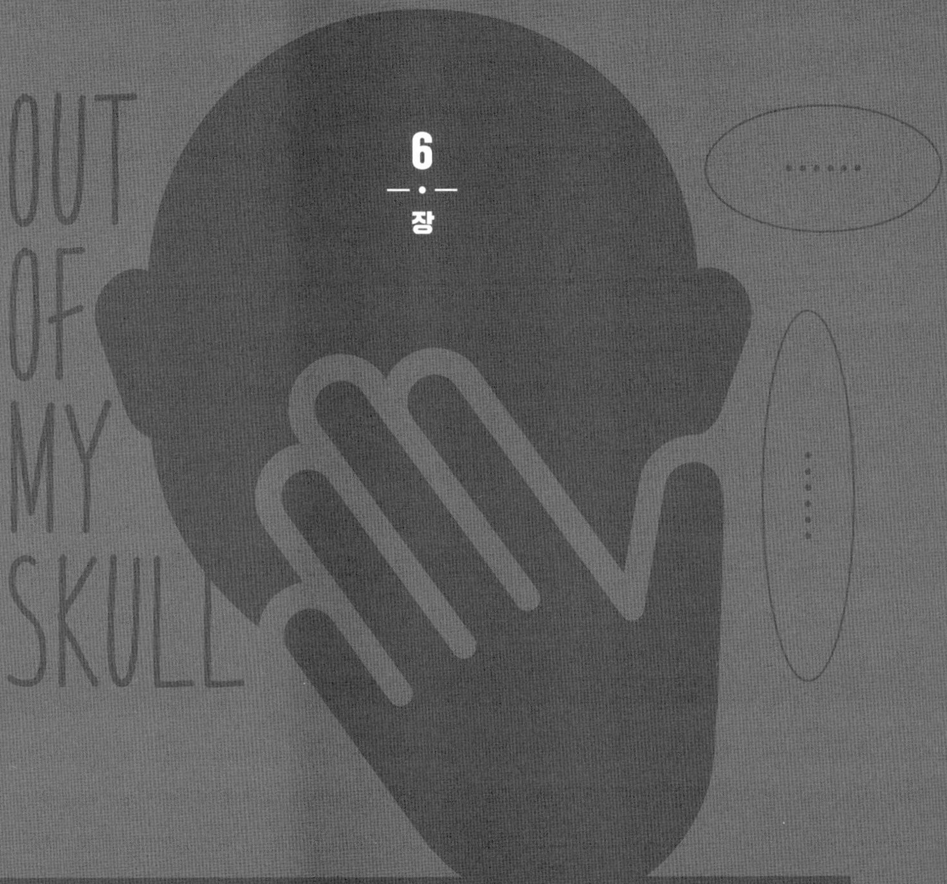

극한 상황에서의 지루함

벽들은 밋밋하고 건물은 미로처럼 복잡하다. 그러니 이곳에 오는 것 자체가 시험 아닐까 의심할 만했다.

마침내 당신은 P4040호 방을 찾았고 꽤 긴장한 채로 노크를 한다. 룸메이트는 3일을 버텼다는데 당신은 그렇게까지 머물 수 있을지 확신이 서지 않는다. 실험실 기사가 문을 열어줬고 당신에게 자리를 권한 후 설명을 시작한다.

당신은 작은 방에 머물게 된다. 식사를 하러 가거나 화장실에 갈 때만 방을 비울 수 있다. 방은 균일한 백색광 덕분에 밝았다. 끊임없이 돌아가는 에어컨이 시종일관 웅웅거리는 소리가 작은 방을 채우고 있었다. 방에는 간이침대 말고는 아무것도 없었다. 당신은 불투명한 안경을 써야 한다. 눈은 뜰 수 있지만 보이는 것은 획일적이고 공허하며 무한한 백색광밖에 없을 것이다. 게다가 움직임을 제한하고 촉감을 느끼지 못하게 하는 이상한 장갑도 착용해야 한다. 이제 당신은 자신의 몸도 긁지 못할 것이다.

"우리는 사람들이 단조로운 환경에 어떻게 대처하는지 파악하고자 합니다. 질문 있으신가요?"

당신은 초조하게 고개를 젓고는 화장실에서 간단히 일을 본 후 실험실로 돌아가기 전에 그냥 도망갈까 생각해 본다.

일단 마음을 정하니 생각이 정리되기 시작한다. '그렇게 나쁘진 않잖아' 하고 생각한다. 그러나 이내 강의며 주말에 가고 싶은 파티 같은 딴생각을 하기 시작한다. 마침내 당신은 향수 어린 몽상에 빠지고 형에게 자전거 타는 법을 배웠던 추억 따위를 떠올린다. 그 추억들을 자세하게 기억해 보려고 노력한다. 간이침대 위에서 자리를 잡지 못하고 초조하게 몸을 이리저리 뒤척인다. 어느 순간 궁금해진다. '시간이 얼마나 지났을까?' 여전히 한 가지 생각에 집중하기가 어려웠다. 생각들이 서로 연결되지 않았다. 한 생각이 끝나기도 전에 다른 생각이 밀고 들어왔다.

바로 그때 그것을 봤다. 처음에는 그림자였는데 순식간에 어떤 남자의 모습으로 바뀌었다. 키가 큰 그 남자는 아마도 긴 외투를 입은 것 같은데 이목구비는 전혀 알아볼 수 없지만 은근히 위협적이었다. '이거 진짜가? 실험의 일부인가?' 당신의 숨이 가빠진다. 이제 그만하고 싶다고 말해야겠다.

* * *

1950년대 맥길대학의 도널드 O. 헵Donald O. Hebb과 우드번 헤론 Woodburn Heron 등이 최초로 수행한 감각 박탈 실험의 공식 목표는 단조로운 환경에서 사람들의 행동 반응을 분석하는 것이었다. 그러나 이 실험은 단순히 참가자들에게 따분함만 유도한 것은 아니었다. 참가자들에게서 모든 감각을 박탈했기 때문이다. 따분함 외에 (환경적·심리적) 고립감도 지루함의 구성 요소가 된다.[1]

2장에서 설명했듯이 단조로운 환경은 사실상 지루함의 주된 원인이다. 그러나 헵과 헤론이 보기에 단조로운 환경을 설정해 따분함을 연구한다는 생각은 일종의 연막작전이었다. 이 기묘한 실험 뒤에 가려진 진실은 완전히 달랐다. 캐나다, 영국, 미국의 정보기관들은 한국전쟁에서 포로로 잡혔다가 본국으로 송환된 사람들이 왜 공산주의 사상을 옹호하게 됐는지 그 이유를 알고 싶었다. 그들은 어떻게 세뇌를 당했을까? 헵은 우연히 초대받은 학회에서 지각적 고립 perceptual isolation으로 세뇌가 가능할지 모른다고 말했고 이 생각을 확인해 줄 실험들을 제안했다.[2] 그들의 실험 결과는 인간이 감각을 거의 느끼지 못하는 환경에 어떻게 대처하는지에 관한 광범위한 시사점을 제공했다.

헵과 헤론의 실험은 우리 내면에 자율적이고 자주적으로 환경과 상호작용하고 싶은 욕구가 깊이 자리해 있음을 확실하게 증명했다. 지루함을 피하려는 태도는 단순히 단조로운 환경에 대한 거부가 아니다. 또 다음 장에서 자세히 다룰 의미 찾기와 관련된 문제도 아니다. 그것은 세상 그리고 그 안의 다른 사람들과 교류할 방법을 찾는 문제다. 헵과 헤론의 실험에 참가한 사람들은 특별 제작된 방에서 수일을 지냈는데 아마도 참가비를 받았기 때문에 그렇게 할 수 있었을 것이다. 체류 기간과 상관없이 대부분의 참가자들이 일찍 잠자리에 들었다. 자는 것 외에는 다른 할 일이 없었기 때문이다. 잠에서 깨어 주변 환경이 그대로라는 사실을 발견했을 때 참가자들이 공통적으로 느낀 감정은 초조함이었다.

또 그들은 일련의 생각이 명료하고 간결하게 이어지지 못했다고 말했다. 방향을 안내해 줄 감각 자극이 사라지자 생각들은 목적 없이 떠돌고 서로 연결되지 못했다. 논리적이고 의미 있는 하나의 생각으로 종합하기 위해 주의를 집중하기가 쉽지 않았다. 인간은 세상과 연결됐다는 기분을 느끼고 감각들을 동원해 사물과 교류해야 한다. 그런 연결이 없으면 인간의 인지 체계는 제대로 작동하지 못한다. 시간이 지나면서 각종 환각증을 경험하기도 한다. 예컨대 장시간 단조로운 비행을 하는 조종사들은 앞 유리에 대형 거미들이 붙어 있는 환시를 경험한다고 말했다! 처음에 헵과 헤론은 감각 박탈이 초자연 현상에 대한 '프로파간다propaganda'와 결합했을 때 사람들의 신념을 바꾸는지 알아보는 실험을 했다. 이 결과가 공산주의에 세뇌당한 전쟁 포로들의 모습을 설명해 줄 수 있을까? 실제로 실험이 끝났을 때 참가자들은 초자연 현상을 더 많이 믿었다. 그러나 변화가 계속 유지될지 아니면 이념에만 주효한지는 명확하지 않다.

감각 박탈은 세상과 극단적으로 단절되는 상황이다. 고립된 사람은 인지 체계가 흔들리므로 초점이 분명하고 조리에 닿는 몽상으로 도피할 수도 없다. 몰두할 수 없을 때 감각을 박탈당하면 끔찍한 지루함에 빠진다. 이 같은 연구 외에도 고립과 지루함이 결합해 불행을 가져오는 극단적인 상황은 다른 곳에서도 발견된다. 여기서 중요한 사실은 지루함이 행동에 대한 요구라는 점과 타인과 연결되고 싶고 자기 인생의 주인이 되고 싶은 마음은 인간의 기본욕구라는 점이다. 이런 욕구를 충족하지 못하면 자기 자신이 불필요하게 느껴지고 궁극적으로 지루함에 빠진다.

극한 환경

인간은 타고난 탐험가다. 웅대한 로키산맥을 보면서 오르고 싶지 않은 사람이 있을까? 또는 광대한 호수나 바다를 바라보면서 저 반대편에 뭐가 있을지 궁금하지 않은 사람이 있을까? 이런 충동이 새로운 개척지를 발견하고 싶은 본능 때문인지, 산맥이나 수평선 너머에 뭐가 있을지 끊임없이 궁금해하는 호기심 때문인지, 그저 명예와 운을 좇은 결과인지는 알 수 없지만 어쨌든 인간은 지구 끝과 그 너머까지 탐험하라고 스스로를 쉬지 않고 밀어붙인다. 산 너머와 바다 아래 세계 그리고 우리 은하계의 경계 지역들이 우리를 오라고 부른다.[3] 여기에 응해 이따금 우리는 남극대륙과 북극권 같은 지구에서 가장 척박하고 살기 힘든 곳을 탐험했다. 이런 극한 환경에서는 어마어마한 육체적 고통은 물론 고립된 생활, 단조로운 감각 정보, 생존을 위해 엄격히 통제되는 일상 등도 견뎌야 한다. 고대 지도 제작자들은 지도의 빈 공간에 괴물이 살고 있다는 상상은 했을망정 그 지역을 탐험한 사람들을 괴롭혔을 외로움과 지루함이라는 악마는 생각조차 하지 못했을 것이다.

극한 환경은 간혹 고립된 밀폐 환경Isolated Confined Environments, ICE으로도 불리는데 이런 곳을 탐험하고 거기에 거주하는 사람들의 심리 상태를 연구하기란 어렵다.[4] 탐험에 나서는 사람도 별로 없지만 있다 하더라도 심리 연구를 탐험 목적으로 삼지는 않기 때문이다. 또 탐험대의 인적 구성이 매우 다양하고 그 수도 적기 때문에 이들을 대상으로 한 연구 결과를 일반인에게까지 확대해 추정하기는 어렵다. 기본적으로 탐험은 몹시 위험하고 그 위험의 종류도 제각각이어서 임무에 따라 대원들에게 미치는 심리적 영향도 달라진다. 그러므로 탐험대를 대상으로 한 연구 결과는 조심스럽게 다뤄야 한다.

고립되고 밀폐된 극한 환경이 지루함을 유발한다는 생각에 최초로 단서를 제공한 사건은 아마도 1898년 노르웨이에서 건조한 벨지카Belgica호를 타고 항해를 떠난 벨기에 탐험대였을 것이다. 이 탐험대는 최초로 남극대륙에서 겨울을 지냈는데 당시 프레더릭 쿡Frederick Cook이라는 미국인 의사에게 인상적이었던 경험은 부족한 장비와 의복, 일상화된 괴혈병에도 불구하고 시간이 더디게 간다는 느낌과 따분함이었다. "우리는 끝없는 얼음 바다에 갇혀 있으면서 수평선이 단조롭다는 사실을 깨달았어요. 실화든 꾸며낸 이야기든 우리가 하는 이야기는 늘 같았어요. 어둠이 서서히 깔리면 시간이 우리를 무겁게 짓눌렀죠."[5]

고립 생활에 지친 대원 중 한 명은 얼음에 갇힌 배를 떠나 걸어서 벨기에 집으로 돌아가겠다고 고집을 피우기도 했다! 이 이야기에서 우리는 지루함을 유발하는 요인을 몇 가지 발견했다. 첫째는 고립 생활의 단조로움이다. 이는 "끝없는 얼음 바다"와 같은 외부 환경 때문에도 발생하지만 할 수 있는 활동이 없어 늘 같은 이야기를 반복할 수밖에 없는 상황 때문에도 발생한다. 둘째는 주변 환경에 눈에 띄는 변화가 없을 때 느껴지는 시간의 더딘 흐름이다. 쿡이 직접 한 말은 아니지만 이 탐험대는 자율성도 부족했다. 대원들은 환경의 지배를 받고 있었으므로 개인적 행동을 통해 결과물에 미칠 수 있는 영향은 거의 없었다. 이런 요인들은 좀 더 현대화된 탐험대가 우주부터 극지방까지 극한의 환경을 탐사하면서 겪은 심리적 고통을 분석하면서 확인됐다. 환경은 크게 달랐지만 모든 탐험대가 공통적으로 겪은 어려움은 자율성과 상황 통제력 저하, 대인 갈등, 지루함으로 인한 초조함 등이었다.[6]

혹자는 고립된 밀폐 환경에서 임무를 수행하는 탐험대원들이 시간의 흐름에 따라 뚜렷하게 다른 심리 상태를 보인다고 말한다. 처음에는 불안감을, 중간에는 우울감과 지루함을 느끼다가 마지막에는 곧 끝이라는 생각에 행복해하며 유치한 행동을 보인다고 한다.[7]

관련 연구들은 공통적으로 초조함이 지루한 상태를 가장 잘 설명한다고 말한다. 초조함은 상황 때문에 좌절된 뭔가에 참여하고 싶은 욕구를 대변한다. 가족과 떨어져 정상적인 사교 생활도 하지 못하고 생존하기 힘든 혹독한 환경에 갇혀 있을 때 문제는 악화된다.

개인의 성격도 중요한 역할을 한다. 새로운 경험을 기꺼이 받아들이는 사람은 고립된 환경에서 잘 지낸다. 그러나 예민한 성격(지루함에 취약한 사람들의 공통 성향)을 가진 사람은 잘 지내지 못한다.[8] 또 흥미롭게도 자극 추구 욕구가 **낮을수록** 극한 환경에서 지루함을 덜 느낀다. 이는 탐험 환경에 적합한 대원을 찾아야 할 필요성도 암시한다. 가령 끊임없이 새로움과 변화를 추구하는 사람은 툰드라가 끝없이 펼쳐진 북극에 적합하지 않을 것이다.

그러나 고립된 극한 환경이 늘 나쁜 것은 아니라는 점에 주목해야 한다. 극한 경험을 기꺼이 받아들이고 광대한 세상에 경외심을 품고 그 안에 있는 자신의 위치에 겸손한 마음을 갖는다면 일종의 건강 증진salutogenic 효과를 얻을 수 있다. 여기서 성격 유형과 극한 환경(과 지루함)에 대처하는 능력의 밀접한 연관성이 드러난다. 새로운 경험을 거부하지 않고 외부 자극을 덜 추구하는 사람은 신경이 예민하고 끊임없이 변화를 갈구하는 사람보다 지루함을 훨씬 덜 느낀다. 경외감의 효과를 분석한 연구는 별로 없다.[9] 거대한 고딕 성당에 처음 들어갔을 때 혹은 그랜드캐니언의 가장자리에 섰을 때 어떤 기분이 들지 상상해 보라. 말로 표현하기 어렵지만 그 감정은 일종의 경외감이다. 광대하지만 궁극적으로 획일적인 환경에서 쉽게 경외감을 느끼는 사람에게 지루함은 별문제가 되지 않을 것이다. 어찌 보면 다행스러운 점인데 극한 환경에서의 지루함은 잠재적으로 심각한 문제를 일으키기 때문이다.

한 연구에 따르면 우주탐사 중 주의력과 정신운동 기능은 시간이 갈수록 조금씩 감퇴하는 반면 암산 기능과 기억력은 그렇지 않았다.[10] 지루함이 주의력 저하와 밀접하다는 사실을 잘 아는 우리로서는 이 결과가 별로 충격적이지 않다. 그러나 이는 극한 환경에서 지루함이 심각한 결과를 초래할 수 있다는 사실을 보여준다. 단순 반복적 과제인데 경계심은 늦출 수 없다면(단조롭고 지루한 상황의 특징) 지루함이 과제 수행을 방해할 것이다(5장 참조).

직관에 반하는 상황이지만 또 다른 극한 환경인 전쟁터에서도 지루함은 발생한다. 전쟁의 특징을 여러 지루한 날들 사이에 간간이 나타나는 극심한 공포의 순간이라고 표현한 격언은 지루함이 다양한 경험 단계에서 발생한다는 점을 암시한다(〈그림 6.1〉).[11] 평화 유지 임무도 마찬가지다.

1990년대 유고슬라비아에 주둔했던 미국 평화유지군의 심리 상태를 조사한 한 연구는 스트레스 유발 요인으로 고립감, 애매한 상황, 무력감, 위험 혹은 위협, 지루함 등 다섯 가지를 지목했다.[12] 전쟁은 극지방 탐사나 우주탐사와는 성격이 완전히 다르지만 탐사 지역에서처럼 전쟁터에도 가족과 떨어져야 하는 상황에서 오는 외로움, 자율성을 존중받지 못하는 느낌 그리고 지루함이 만연한다. 이런 모든 환경에서 지루함은 임무 수행 중 틈틈이 발생한다. 임무가 끝날 무렵의 지루함은 단조로운 일상과 관련 있었는데 군인들은 일상 업무를 무의미한 '잡일busy work'로 해석해 일을 위한 일로 여겼다.

침구 정리, 군복 접기, 군화 닦기 등은 전투 준비에 꼭 필요한 작업은 아니지만 좀 지루해도 시간을 보내기 좋은 방법이다. 환경에 맞는 행동은 필요하지만 낡은 행동을 반복하는 일은 만족스럽지 못할 것이다. 2장에서 잠깐 다뤘듯이 자기결정권은 중요하다. 지루함

| 그림 6.1 | 제1차세계대전 때 캐나다 군인으로 참전한 시드니 군터Sidney Gunter가 그린 이 그림은 폭탄이 빗발치는 순간에도 군인은 지루함을 느낄 수 있다는 사실을 암시한다.

을 피하기 위한 활동은 하고 싶은 마음에서 시작해 몰두할 수 있어야 한다. 강요받았거나 자신의 욕구와 무관한 활동은 무의미하게 느껴져 우리는 거기에 적극적으로 참여하지 않을 것이다. 가치 있는 활동을 찾지도 못하고 중요하지도 않은 무의미한 일에 참여해야 한다면 당연히 질식할 것 같은 지루함에 빠질 것이다.

교도소 생활

독방 수감은 또 다른 유형의 극단적 격리다. 19세기 미국의 최초 수감 제도(펜실베이니아 제도)는 모든 수감자를 격리하는 안을 지지했다. 이 제도는 그들을 사회뿐 아니라 다른 수감자들에게서도 격리하는 방식인데 이는 아마도 죄수의 참회penance를 유도하려는 목적이었던 것 같다[여기에서 교도소penitentiary(우리말로 풀면 잘못을 바로잡아 인도하는 곳이라는 의미_옮긴이)라는 용어가 나왔다].[13] 독방 수감 제도는 1890년 한 대법원 판결에서 그 유해성을 여러 번 강조했지만 오늘날에도 "보안구역", "행정적 격리", "격리실", "통신관리구역" 등 표현만 완곡하게 바뀌었을 뿐 여전히 유지되고 있다.[14]

독방 수감은 지루함을 유발할 뿐 아니라 헵과 헤론의 감각 박탈 실험처럼 생각과 행동을 스스로 조절할 수 없게 한다. 자기통제력과 자기조절력이 저하되면 지루함은 견디기가 더욱 힘들기 때문에 독방 수감은 지루한 상황을 악화한다. 매일 스물세 시간 동안 작은 방에 갇혀 있는 사람이 종합적 사고를 하고 삶의 의미를 발견하기란 극히 어렵다. 또 그에게는 스스로 결정해서 행동할 수 있는 수단도 거의 없다. 감각 박탈 정도와 수감 기간은 부정적인 심리 상태와 무관하지 않다.[15] 많은 부정적 현상(분노와 스트레스 증가, 집중력 저하 등)은 지루함의 흔한 결과로 수감자들에게서 두드러지게 나타난다.[16]

최근 캐나다에서 나온 판결들은 독방 수감으로 빚어진 최악의 결과를 보여준다. 애슐리 스미스Ashely Smith는 자기 목에 천을 감아 질식사했는데 수감자에게 숨이 붙어 있는 한 개입할 수 없다는 지시에 따르느라 교도관들은 방 밖에서 그를 보고만 있었다. 당시 스미스는 28개월 동안 독방에 수감 중이었다. 열아홉 살에 1급 살인으로 수감된 캐나다 원주민 애덤 카페이Adam Capay는 항상 불이 켜져 있는 작은 방에서 4년 넘게 매일 스물세 시간씩 혼자 지냈다. 그는 늘 정신이 오락가락했고 머리로 벽을 치는 모습이 자주 목격됐다. 당연하게도 독방이라는 환경은 수감자의 정신 건강에 해로웠다.[17]

2004년 자료에 따르면 이해 미국 내 독방 수감자는 2만 5,000명이었다. 현재 그 수는 8만~10만 명 사이로 추정된다.[18] 사교 활동이 엄격히 제한되고 읽을 책이나 필기구 같은 도구가 부족한 환경에서는 거의 모든 일상이 외부 조직에 의해 결정된다. 하루 중 시간의 흐름을 느끼는 순간은 식사가 배달될 때와 제한적이긴 하나 야외 활동을 할 수 있을 때였다. 격리 생활자는 자기 운명의 주인이 되지 못한다. 독방이라는 극한 환경에서는 **할 수 있는** 모든 행동이 나 자신이 아니라 외부에서 강제한 일상에 의해 결정된다. 이런 생활은 제2차세계대전 중 독방에서 500일 이상 갇혀 있었던 크리스토퍼 버니Christopher Burney라는 전쟁 포로의 이야기에 적나라하게 묘사돼 있다. 버니는 식사 배달 시간과 약간의 햇빛이 돌벽에 드리운 그림자로 날짜를 구분했다. 그는 부족한 아침 식사였지만 나중에 먹으려고 일부를 남겨두는 연습을 했다. 그런 식으로 자기통제력을 발휘하지 못할 때는 기분이 급격히 나빠졌다. 외부에서 강제한 생활이 엄격했으므로 자기통제력을 발휘하지 못할 때는 마음이 완전히 무너졌다. 버니의 이야기는 규칙적인 일상에서 다양성이 중요하다는 사실을 보여준다. 버니의 말처럼 "다양성은 삶에 묘미를 더하는 요소가 아니다. 그것은 삶의 핵심 요소다".[19]

그러나 사회적 교류가 거의 없는 독방 수감자 외에 다른 일반 수감자들이 느끼는 지루함은 무슨 문제가 될까? 어쨌든 수감 제도는 범죄자를 사회에서 격리하고 이들의 모든 인간관계를 끊고 자율성을 엄격히 제한해 정해진 생활을 하도록 강요한다. 덴마크에서 어린 수감자들을 대상으로 민족지학적 연구를 수행한 결과를 보면 지루함은 수감자들의 생활 전반에 스며들어 있었다.[20] 어린 수감자들은 일상과 일과가 무의미하며 자신에게 자율권이 전혀 없다고 느꼈고 하루 중 가장 많이 느끼는 감정이 지루함이라고 말했다. 이따금 이들은 교도소에서 시킨 작업을 거부하며 다양한 종류의 파업에 가담했다고 했다. 이런 식으로 구속이 심한 환경을 표면적으로나마 통제해 보려 한 시도는 지루함에 대한 직접적인 반응이다.

안타깝게도 수많은 수감자들에 따르면 이들을 가장 많이 괴롭힌 것은 지루함과 자극 추구 욕구였다. 앞에서 설명했듯이 쉽게 지루해하는 사람은 위험과 스릴을 추구하는 경향이 있다. 이런 성향은 간혹 범죄 행위로 연결된다.[21] 지루함이 수감 생활의 일부라는 말은 영국 성인 수감자들에게서도 확인할 수 있다. 물론 여기에도 외부에서 강제하는 엄격한 일과에 부분적인 책임이 있다.[22] 자신에게 일어나는 일을 통제할 수 없고 각종 규칙을 지키고 일정한 결과물을 만들어내야 하며 가능한 일과 불가능한 일을 지시받고 하는 일이 전반적으로 무의미하다고 느껴질 때는 모든 것이 그저 '시간 죽이기'로 여겨지기 마련이다. 이런 면에서 수감 생활의 구어인 '시간 때우기doing time'는 적절한 표현이다. 감옥에서 나갈 때까지 날짜를 세는 것 말고는 달리 할 일이 없다. 구체적인 목표 없이 일을 하거나 의미 있는 행동에 참여할 수 없을 때 시간은 더디게 가고 지루함이 밀려온다. 여기서 시간은 문제가 되지 않는다. 수감자들의 마음이 괴로운 이유는 격리 생활 중에 아무런 힘도 갖지 못하기 때문이다. 규칙적인 일상이라도 스스로 영향력을 발휘할 수 있다면 시간은 견딜 수 있다.

두 우주 비행사 이야기

이번 장에서 계속 설명했듯이 지루함은 극지방이나 우주탐사부터 수감 생활에 이르기까지 모든 고립된 환경에서 유발된다. 그러나 지루함이 이런 환경의 불가피한 결과는 아니다. 관건은 고립에 대한 개인의 반응이다. 잠깐의 지루함은 유익하지도 않고 유해하지도 않다. 결과를 좌우하는 것은 지루함이 보내는 신호에 우리가 어떻게 반응하는지다. 이번 장에서 계속 강조한 내용은 각종 고립 생활이 우리의 반응 수단을 제한한다는 점이다. 그리고 그럴 때 지루함은 대단히 골치 아픈 문제가 된다. 다음의 두 우주 비행사(한 명은 캐나다인이고 한 명은 러시아인이다) 이야기는 고립 생활과 그에 수반되는 지루함에 대응하는 방식의 중요성을 강조한다.

러시아 우주 비행사 발렌틴 레베데프Valentin Lebedev는 1980년대 초 우주에서 211일을 보내는 동안 일기를 썼다. 그의 일기는 일종의 체류기였다. 임무에 착수한 1982년 레베데프의 일기는 고립된 우주 생활에 대한 불안감과 어려움을 토로하는 글로 가득했다. 레베데프는 탐사대가 겪던 어려움을 매우 솔직하게 평가했고 자신의 걱정거리와 단점에 대해서도 자주 반성했다. 앞에서 이미 말했지만 이런 임무를 맡은 사람들이 가장 먼저 경험하는 감정은 주로 불안감인데 레베데프도 그와 같은 경험을 일기에 적었다. 그는 임무를 성공시키지 못할까 봐 두려워 늘 "신경이 곤두선 상태"였다고 말했다. 또 시간이 더디게 갔다고 했다. 임무를 시작한 지 불과 일주일밖에 되지 않았을 때 그는 "단조로운 일상이 시작됐다"고 썼다. 덴마크의 어린 수감자들과 유고슬라비아의 평화유지군처럼 레베데프도 '잡일'처럼 보이는 일을 했다면서 이렇게 기록했다. "지상 관제소에서 잡다한 일들을 아주 많이 줬는데 그런 일들이 중요한지는 모르겠지만 어쨌든 따분했다." 그리고 나중에는 "비행통제본부flight control center, FCC와 사소한 대화를 나눴다"고 썼다.[23]

그의 기록은 캐나다 우주 비행사 크리스 해드필드Chris Hadfield의 경험과 상반된다. 해드필드는 2013년 초 국제우주정거장International Space Station, ISS 사령관으로 일하면서 트위터 활동을 통해 유명해진 인물이다. 그는 레베데프와 비슷한 육체적 고통과 생활의 어려움을 겪었지만 불안감은 전혀 언급하지 않았다.[24] 국제우주정거장에서의 생활을 이야기하면서 사소한 활동이라도 거기에서 목표와 의미를 찾기가 별로 어렵지 않았다고 말했다. 그에게는 우주정거장 안에 있는 화장실 배관 수리조차 소중하고 가치 있는 일이었다. 해드필드는 사소한 일에서도 목표와 도전 과제를 찾는 능력이 있었으며 우주 비행사로서 시대를 앞서는 기술도 보유하고 있었다.

해드필드는 단 한 번도 지루했던 적이 없었다고 한다. 그는 온타리오주 남부에 있는 한 농장에서 어린 시절을 보냈는데 당시 쟁기질이 몹시 즐거웠다고 말했다. 쟁기질은 진척 과정이 눈에 보여서 만족스러웠다는 것이다. 반대로 써레질(흙을 부수고 바닥을 고르는 일)은 덜 만족스러웠다. 트랙터가 지나간 자리에는 앞에서 봤던 것과 똑같은 갈색의 드넓은 땅이 그대로 있었기 때문에 진전이 있다는 느낌과 성취감이 들지 않았다. 이는 행동에 열중한다고 해서 지루함에서 완전히 벗어나는 것은 아니라는 점을 강조한다. 우리는 행동의 결과를 눈으로 확인하고 그 가치를 평가하고 싶어 한다. 그러나 해드필드는 따분한 써레질을 하면서 괴로워하는 대신 재미없는 일을 하는 동안 얼마나 오랫동안 숨을 참을 수 있는지 직접 알아보기로 했다. "주 업무에는 뇌의 30퍼센트만 사용해도 되니까 나머지는 다른 일에 사용할 수 있어요."[25]

확실히 이 두 우주 비행사는 전혀 다른 방식으로 따분한 상황에 대응했다. 해드필드는 스스로 완전히 몰두할 수 있는 방법을 찾은 반면 레베데프는 지루한 일상에서 벗어날 방법을 찾지 못했다. 보급선을 통해 비디오카메라를 받기로 했을 때 레베데프는 이렇게 썼다. "곧 비디오 녹화기를 받을 텐데 그러면 이곳 생활이 그렇게 지루하지 않을 것이다." 레베데프에게 고립감(이번 장의 기본 주제)은 흔한 감정이었다. 그는 가족에게서 얼마나 멀리 그리고 얼마나 오랫동안 떨어져 있었는지 떠올리며 "모든 것이 저 아래 지구에 있구나"라고 안타까워했다.[26] 아마도 이런 생각은 의미 있는 사회적 교류가 단절된 기분을 드러내는 것 같다.[27] 그도 분명 해드필드처럼 뛰어난 우주 비행사였다. 어쩌면 좀 별나지만 솔직했던 그의 통찰은 오늘날 탐사대를 효율적으로 배치하는 일에 도움을 줬을지 모른다. 그리고 레베데프를 변호하는 차원에서 덧붙이자면 그도 주변 환경의 장엄함을 자주 언급했다. 그러나 그는 경외감과 함께 좌절감과 지루함 그리고 마지막에는 우울함도 토로했다.[28] 우주에서 5개월을 보낸 후 레베데프는 이렇게 한탄했다. "일에 대한 관심이 사라지고 있다. 심지어 이제는 둥근 창도 보기 싫다." 이와 반대로 해드필드는 우주정거장의 조용한 생활이 정확히 자신이 의도한 것이라고 말했다.

불안감과 고립감 그리고 반복되는 일상은 해로울지 모른다. 이에 더해 레베데프는 자신이 중요하지 않게 생각하는 일을 계속 요구하는 지상 관제소 때문에 좌절했다고 토로했다. 또 그는 육체적 건강 상태에 집착했고 전반적으로 자율성을 발휘할 수 없는 상황에 화가 났다. 심지어 그는 자신이 사용하는 도구에 관해서도 자율성 부족 문제를 지적했다. "우리는 장비 사용자가 아니라 장비 노예다."[29]

우주정거장 생활에 대한 레베데프와 해드필드의 상반된 묘사는 '개인 환경 적합성person-environment fit'이라는 것이 무엇인지 알려준다. 레베데프는 우주과학 및 우주여행 분야의 개척자지만 고립 생활이 힘들다는 사실을 발견했다. 해드필드는 그런 어려움을 이겨낼 능력이 있었다. 본질적으로 지루함이나 좌절감을 유발하는 요인은 환경이나 반복적인 일상, 고립 생활이 아니다. 관건은 지루함이나 좌절감에 반응하는 방식이다. 이 모든 것의 밑바탕에는 최대한 자기를 표현하고 싶은 욕구와 몰두할 방법을 찾고 싶은 욕구가 깔려 있다. 극한 환경에 고립된 사람은 그런 욕구들을 채우기 어렵다. 독방 수감자의 사례는 정상적인 참여 활동을 하지 못할 때 기술을 발휘할 수도, 욕구를 표현할 수도 없는 상황을 적나라하게 보여준다. 이런 극한 상황에서는 개인이 참여할 수 있는 일이 거의 없어서 고립 상태가 계속될수록 정신 건강은 심각하게 훼손된다. 이와 마찬가지로 위험한 임무를 수행하도록 훈련받는 군인들은 시간 때우기나 다름없는 따분한 '잡일'을 강요받으면 제대로 적응하지 못한다. 이 모든 사례에서 우리가 **하고 싶은** 것이나 **할 수 있다고 생각하는** 것은 환경이나 상황이 우리에게 **허용하는** 것과 일치하지 않는다. 지루함은 낮은 개인 환경 적합성의 중요한 결과물이다. 그리고 자신의 기술을 발휘할 수 없고 욕구를 표현할 수 없을 때, 하기 싫은 일을 강요받을 때, 요청받은 일에 몰두할 수 없을 때 견디기 힘든 무상감sense of meaningless이 서서히 그러나 위협적으로 우리 영혼을 파고들기 시작한다.

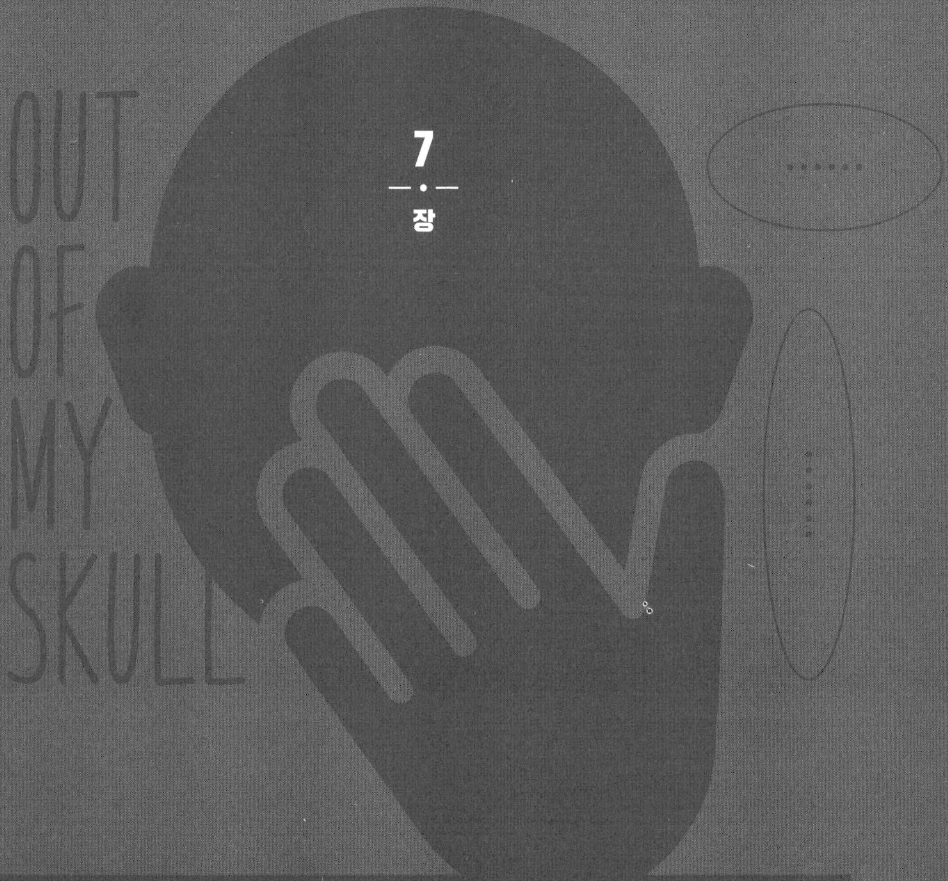

7장

의미를 찾아서

제목은 괜찮아 보였다. 그런데 강연이 시작되고 15분이 지났을 때는 제목이 뭐였는지 기억조차 나지 않았다. 템스강의 세균 생태학과 관련된 무슨 그런 제목이었던 것 같다. 당신의 전문 분야는 아니었지만 시간은 투자할 만했다. 아니 그렇다고 생각했다.

처음에는 나름 흥미롭고 의미심장한 도입부를 기대하며 정신을 바짝 차리고 있었다. 그런데 점점 강연의 논지가 흐려지기 시작했다. 어쩌면 강연자의 따분하고 느린 말투가 문제였거나 아니면 다소 난해한 내용이 문제였을 것이다. 이유가 무엇이든 지금 당신은 몸을 이리저리 움직이고 의자 뒤로 몸을 젖혔다가 다시 앞으로 당기더니 이제는 양손으로 목을 받친다. 주위의 다른 청중을 둘러본다. 당신으로서는 이해할 수 없지만 무의미해 보이는 이 강연에 몇몇은 완전히 매료된 것 같다. 그러나 일부는 점잖게 앉아 있지 못하고 안절부절못하고 있었다.

바로 그때 오른쪽 대각선 방향으로 한 줄 앞에 동료 골턴 박사가 앉아 있는 모습이 눈에 들어왔다. 그가 뭔가를 쓰고 있기에 이 길고 지루한 강연에서 무슨 정보를 얻을 수 있을지 궁금해진 당신은 조심스럽게 그의 어깨 너머로 메모를 살핀다. 골턴은 강연을 듣기보다는 청중을 관찰하는 데 열심인 듯 보였다. 대체 뭘 하는 걸까? 그가 뭘 보는지 알고 싶어서 당신도 청중을 훑어본다.

나중에 당신은 골턴에게 다가가 뭘 하고 있었느냐고 묻는다.

"청중이 강연에 얼마나 만족하는지 파악하고 있었다네. 내가 재미를 못 느낀다는 건 내 자세만 봐도 알 수 있지. 그런데 나만 그런 게 아니었어. 열심히 강연을 들으며 세부 정보에 귀 기울이는 동료들은 몸을 곧추세우고 미동도 하지 않았어. 그러나 템스강 진흙길의 구성 성분에 관한 재미없는 강연에 집중하지 못한 사람들은 몸을 꼼지락거리고 이리저리 움직이기 시작했지."

골턴은 남은 시간 동안 강연 대신 자신이 늘 즐거움을 얻는 인간 행동 측정이라는 주제에서 의미를 찾기로 했다.[1]

* * *

우리는 해석된 세상에 살고 있다. 우리가 보고 듣고 냄새 맡고 맛을 보고 접촉하는 모든 것에 의미를 부여한다. 일정한 양식을 파악하고 목적과 가치와 중요성을 알아본다. 우리가 느끼는 감각은 좋고 나쁨으로 판단된다. 우리는 의미 있는 일을 찾아서 거기에 자원을 쓰고 시간을 할애하며 그 일을 위해 삶을 포기하기도 한다. 소방관은 위험한 임무에 몸을 던지고 테러 단체는 수많은 잔혹 행위를 저지르며 백만장자는 재산의 상당 부분을 기부하기도 한다. 저마다 찾는 답은 다르겠지만 자기 경험에 의미를 부여하고 싶지 않은 사람은 거의 없을 것이다. 이런 핵심 욕구를 충족하는 데 지루함은 필수 요소다. 지루함은 의미를 잃었다는 사실을 알려주고 그 의미를 되찾으라고 동기를 부여하기 때문이다.[2]

베르겐대학의 라르스 스벤센Lars Svendsen은 우리가 사회적 의미의 상실이 좀 더 광범위하게 반영된 "지루함의 문화"에 살고 있다고 주장한다. 그는 이렇게 썼다. "은유적으로 지루함은 의미가 철수한 상태meaning withdrawal다. 지루함은 불안감의 일종으로 간주되기도 하는데 이는 의미 추구 욕구가 채워지지 않았음을 보여준다."[3]

아마도 이런 욕구를 가장 통렬하게 묘사한 사람은 나치 수용소의 끔찍한 생활을 책으로 쓴 빅터 프랭클Victor Frankl일 것이다. 그가 "의미를 찾으려는 의지will to meaning"라고 부른 것은 최악의 비인간적인 상황을 견디는 데 반드시 필요하다. 또 생존뿐 아니라 인간이 번영하기 위한 핵심 요소가 된다. 삶의 의미가 없을 때 우리는 프랭클이 "실존적 공허existential vacuum"라고 부른 내면의 공허함이나 허전함을 느낀다. 프랭클에 따르면 의미의 부재는 인간이 겪는 수많은 고통과 비참함의 근원이다. 그는 지루함을 핵심 요소로 여기고 이렇게 썼다. "실존적 공허는 주로 지루한 상태에서 모습을 드러낸다."

철학자와 신학자, 작가 들은 오랫동안 이 주제와 씨름해 왔다. 예를 들어 지금은 고전이 된 《정오의 악마The Demon of Noontide: Ennui in Western Literature》에서 라인하르트 쿤Reinhard Kuhn은 지루함의 역사를 통찰력 있게 추적하면서 지루함이 현실을 어떻게 반영하고 형성하는지 분석했다.[5] 이와 달리 과학자들은 이 주제를 비교적 늦게 다루기 시작했다. 그렇다면 삶의 의미를 찾고 싶은 욕구와 지루함의 관계를 다룬 최근 과학 연구에서 알 수 있는 사실은 무엇일까?

의미 상실

킹스칼리지런던의 사회심리학자 판틸뷔르흐와 그의 스승인 리머릭대학의 이구는 지루함과 의미의 관계를 다룬 실험 연구 분야의 선두주자다. 일련의 기초 연구에서 이들은 실험 참가자들에게 슬프고 화나고 좌절했던 순간뿐 아니라 지루했던 경험도 떠올려보라고 했다. 다른 연구에서는 참가자들에게 콘크리트에 관한 서지 목록을 베껴 쓰게 해 지루함을 유발했다. 모든 실험에서 참가자들은 특유의 지루함과 무상감을 함께 느꼈다.[6] 판틸뷔르흐와 이구가 보기에 의미 결여는 지루함의 본질적인 특징이었다.

우리가 생각하기에 지루해하는 사람은 지금 벌어지고 있는 일이 무의미하고 중요하지 않다고 느낀다. 이런 무상감은 지금 이 순간 원하는 활동에 참여하지 못한 결과다. 만약 당신이 (3장에 나왔던) 포터처럼 정확한 시간에 한 버튼을 누르고 조금 후에 다른 버튼을 누르는 직업을 가졌다면 그런 단조로운 상황에서 어떤 의미를 발견하기란 어렵다. 그러나 우리는 참여하고 있(고 그래서 지루함을 느끼지 않)는 활동인데도 중요하지 않다고 느낄 수 있다. 즉, 상황 의미situational meaning의 결여와 지루함은 비대칭적 관계다.

연구자들은 광범위한 삶의 의미감과 지루함의 관계도 분석했다. 상황 의미와 삶의 의미를 구분하기 위해 전반적으로 자기 삶에 의미와 목표가 충만하다고 느끼는 사람들을 떠올려보자. 이들은 경험의 이유와 행동 지침이 되는 일관된 가치관과 신념이 있다. 그런데 어느 토요일 오전 식료품 가게에 줄 서 있던 한 사람이 갑자기 무의미한 일에 시간을 낭비하고 있다고 느낀다. 그의 경우 삶에서는 충분히 의미를 발견했지만 줄서기와 같은 상황에서는 의미를 찾지 못한 셈이다. 이 둘의 중요한 차이는 무상감의 대상이다. 하나는 그 대상이 전반적인 삶이지만 다른 하나는 특정 상황이 기준이 된다. 분명히 말하지만 삶의 의미와 상황 의미의 경계는 명확하지 않다. 둘은 알게 모르게 서로에게 영향을 미친다. 지금 당신은 비용 청구용 활동 내역을 15분 간격으로 정리하는 따분한 일을 하고 있다. 자신의 직업을 좋아하고 거기에서 삶의 의미도 찾았지만 이런 상황은 스스로를 의심하게 만들지 모른다. 그렇더라도 삶의 의미와 상황 의미를 구분하는 일은 지루함과 의미의 관계를 이해하는 데 중요하다.

또 삶의 의미를 찾지 못했다고 느끼는 사람은 자주 지루함에 빠진다.[7] 특히 청년과 노인이 그렇고 직접적으로든 간접적으로든 삶의 의미를 규정하고 평가할 때 지루함에 빠진다고 한다. 정치 참여자들이나 꼭 정치적 목적은 아니더라도 목표를 달성했다고 말하는 사람들은 지루함을 덜 느낀다고 한다.[8] 의미를 찾는 방식과 상관없이 지루함과 의미는 밀접하다.

우리는 실험을 통해 삶의 의미로 미래에 지루함을 느낄 가능성을 예측할 수 있다는 사실을 발견했다.[9] 이 결과가 중요한 이유는 지루함과 의미의 관계가 **시간이 갈수록** 점점 밀접해진다는 사실을 보여주고 삶의 의미 부족이 지루함을 유발할지도 모른다는 점을 지적하기 때문이다. 이를 뒷받침하는 다른 연구도 있다. 예를 들어 어떤 연구자들은 임상 결과를 근거로 자주 지루함을 느끼는 사람들이 삶을 의미 있게 해줄 일생일대의 계획을 세우지 못했다는 사실에 주목했다.[10] 인생의 의미를 찾기 위해 수백만 달러 규모의 소프트웨어 회사를 세워 자선단체를 만들 필요까지는 없겠지만 광범위하고 장기적인 목표는 도움이 된다.

듀케인대학의 리처드 바그딜Richard Bargdill은 중요한 인생 계획의 부재가 만성적인 지루함의 핵심 원인이라고 주장한다.[11] 그는 자주 지루함을 느끼는 사람들을 심층 면접한 후 이들이 중요한 인생 계획을 포기해야 했던 상황을 전혀 받아들이지 못했음을 발견했다. 이들은 형편없는 교사나 질병 같은 상황적 요인 때문에 꿈과 목표를 좇지 못했다고 주장했다. 그런데 마음속으로는 꿈을 포기하고 목표를 이루지 못한 스스로에게 화를 내고 있었다. 이들은 간절히 원하던 일을 하지 못했기 때문에 인생을 적극적으로 살 수 없었다. 게다가 미래에 만족스러운 삶을 살게 되리라는 생각에도 비관적이었다. 결과적으로 이들은 시간이 갈수록 점점 더 위축됐으며 수동적이고 방어적인 사람이 됐다.

흥미롭게도 이런 연구들은 삶의 의미 상실이 지루함을 **유발한다**는 암시를 준다. 그러나 이 둘은 상관관계가 있을 뿐이고 과학자라면 누구나 알겠지만 상관관계는 인과관계와 다르다. 연구자들이 질문지에 포함하지 않은 다른 요인이 삶의 의미와 지루함의 관계를 다르게 설명할지 누가 알겠는가.

삶의 의미와 지루함의 인과관계를 묻는 질문지를 만들기는 어렵다. 결혼식이나 장례식, 자녀 출산과 같이 인생의 주요 사건들을 실험실에서 조작하는 일은 윤리적이지도 않고 가능하지도 않다. 그러나 과거에 삶의 의미를 느꼈거나 느끼지 못했던 순간을 떠올려보라고 할 수는 있다. 이때 일시적으로 삶의 의미에 대한 사람들의 생각과 느낌이 편향될 위험은 있지만 삶의 의미가 지루함을 느끼는 순간에 영향을 미치는지는 파악할 수 있다.

우리는 먼저 실험 참가자들에게 삶의 의미의 개념을 자세히 설명했다. 그런 후 일부 참가자에게 인생에서 특별히 의미가 있었던 순간을 떠올려보고 간략하게 그 내용을 적게 했다. 다른 참가자들에게는 무의미했던 순간을 떠올리고 그 내용을 적게 했다. 그다음에는 사람들이 생각하는 삶의 의미의 개념을 임시로 바꾼 다음 그들이 지루함을 느끼는 정도를 측정했다. 예상대로 무의미했던 순간을 떠올린 참가자들이 소중한 순간을 떠올린 참가자보다 지루함을 더 많이 호소했다. 그러므로 낮은 삶의 의미감은 지루함을 유발할 **가능성**과 연관된다고 할 수 있다.[12]

삶의 의미와 목표를 소중히 여길 때는 흥미진진하고 확실한 방법으로 세상에 참여할 수 있다. 이와 반대로 의미와 목표를 소중히 여기지 않을 때는 선택할 수 있는 행동 가치나 중요성에 대한 관심이 사라진다. 어떤 일을 해야 할 특별한 이유가 없다면 다른 일을 제치고 그 일을 먼저 할 이유가 없다. 어떤 일에 의미를 둔다는 것은 그 일이 중요하니 먼저 해야 한다는 뜻이다. 삶의 의미가 없을 때 인간은 방향을 잃고 욕망의 난제에 사로잡히며 결국 지루해진다.

이제 우리는 순서를 바꿔 먼저 지루함을 유발한 다음 실험 참가자들에게 삶의 의미에 관해 질문했다. 알고 보니 사람들은 지루해져서 삶을 무의미하게 느끼는 것이 아니었다.[13] 아이 학교의 크리스마스 축제 때 단 5분 출연하는 아이를 보기 위해 네 시간 동안 지루한 공연장에 앉아 있어야 한다고 해도 부모 역할이 무의미하고 가치 없어지지는 않는다. 따라서 삶의 의미가 잘 느껴지지 않을 때 순간적으로 지루해질지 몰라도 그 반대 상황은 발생하지 않는다. 얼핏 보면 이는 지루함이 목적 상실감과 연관된다는 앞의 주장과 상충하는 것 같다. 하지만 그 모순은 삶의 의미와 상황 의미를 구분하면 사라진다. 지루함 때문에 어떤 상황이 무의미하게 느껴질 수는 있지만

그것 때문에 삶의 의미 자체가 바뀐다는 증거는 찾지 못했다.[14]

삶의 의미와 목적을 찾지 못한 사람은 자주 지루함을 느낀다고 말한다. 실제로 그럴 수 있다. 하지만 지루하다고 해서 반드시 삶의 의미를 찾지 못하는 것은 아니다. 직관적으로도 이해할 수 있다. 지루했던 경험이 삶에 대한 전반적인 생각과 느낌을 바꾸지는 않기 때문이다. 그러나 만성적인 지루함은 인생관을 바꿀 수도 있다.

어쨌든 우리는 후속 연구 덕분에 지루함과 의미에 관한 초기 이론을 보강하고 다듬을 수 있었다. 지금까지 계속 주장했듯이 우리는 지루함을 정신이 쓰이지 않는 상태며 욕망의 난제에 부딪쳤다는 신호로 간주한다. 즉, 지루함이란 몰두하지 못한 상태다. 우리는 지루할 때 의미 상실보다 참여 부족이 더 큰 문제라고 생각한다.[15] 그렇긴 해도 원하지도 않고 몰두할 수도 없는 활동은 대개 무의미하고 무가치하게 느껴진다. 우리는 지루할 때 그 상황을 무의미하게 여긴다. 그리고 그런 판단은 의미 있는 뭔가를 찾도록 우리를 압박할 것이다.

의미 찾기

추억에 대한 그리움, 관대한 태도, 극단적 정치 신념, 나와 다른 사람에 대한 공격 등에는 어떤 공통점이 있을까? 모두 사람들이 지루함을 덜고 싶을 때 취하는 태도다. 얼핏 봐서는 지루함이 이 다양한 감정과 어떻게 연결되는지 파악하기 어렵다. 여기서 핵심은 의미다. 사람들이 무상감에서 벗어나기 위해 이런 감정을 이용한다는 것은 오랫동안 잘 알려진 사실이다.

판틸뷔르흐와 이구는 사람들이 지루할 때 의미 조절 행위meaning-regulating behaviors를 하는지 알아보는 실험을 했다. 두 사람의 추론에 따르면 만약 지루함을 느낀 참가자가 의미 조절 행위를 한다면 지루함과 무상감의 상관관계가 확인될 뿐 아니라 의미를 잃은 사람에게 그 의미를 **되찾으려는** 욕구를 다양한 방식으로 일으킬 수 있다는 강력한 증거도 확보된다.

예를 들어 의미 추구 욕구는 노스탤지어에 빠지게 할 수 있다. 하루 일을 마친 후 어떤 추억을 떠올려보고 싶은지 물으면 지루한 일을 했던 사람일수록 더 향수 어린 추억을 떠올렸다. 지루함과 향수 어린 추억을 연결한 도구는 바로 의미였다. 또 지루함을 느낀 사람일수록 더 열심히 의미를 찾아 나섰고 이 같은 탐색 행위는 향수 어린 추억을 더 많이 떠올리게 했다. 아마도 의미를 찾으면서 그날 아침에 먹은 음식을 떠올리지는 않을 것이다. 그보다는 인생의 동반자를 만났을 때처럼 중요한 순간들을 떠올릴 것이다. 이런 기억들은 개인적으로 훨씬 소중하고 의미 있다. 정리하자면 향수 어린 추억을 떠올릴 때 의미를 더 많이 생각한다.[16]

또 우리는 지루할 때 좀 더 관대해진다. 연구 결과에 따르면 사람들은 재밌고 즐거운 일을 마쳤을 때보다 지루한 일을 막 마쳤을 때 자선단체에 기부할 확률이 높아졌다. 뿐만 아니라 그들은 자선 사업이 특히 효율적일 때 더 많이 기부했다. 반면 지루하지 않았던 사람의 기부 의사는 자선 사업의 효율성에 영향을 받지 않았다. 아마도 지루함을 느낀 사람은 잃어버린 의미를 되찾고 싶어서 친사회적 활동인 **효율적인** 자선 사업에 유난히 관심을 보였을 것이다. 적어도 이런 모습은 지루함을 느낀 사람이 지루함의 고통에서 벗어나려고 단순 자극만 추구하거나 돈으로만 해결하지는 않는다는 사실을 보여준다. 오히려 이들은 자신이 쓴 돈이 제대로 쓰이고 있는지 확인하고 싶어 했다.[17] 1949년 사상 최초로 텔레비전 방송을 통해 자선기금을 모은 밀턴 버얼Milton Berle은 아마도 이 점을 알았던 것 같다. 너무나 지루했던 방송 덕분인지 수백만 달러의 기부금이 모였으니 말이다. 그러나 안타깝게도 의미 추구 행위가 긍정적인 결과만 가져오는 것은 아니다. 당연히 부정적인 면도 존재한다.

거의 틀림없는 사실이지만 징고이즘은 오늘날 전 세계가 겪고 있는 고통의 대부분을 일으킨다. 그리고 지루함은 이 같은 파괴적 사회현상의 한 원인일지 모른다. 실험을 통해 지루함을 느끼게 된 사람은 그렇지 않았던 사람에 비해 자신의 문화를 대표하는 유명인이나 상징물에 좀 더 호의적이었다. 또 같은 범죄자라도 (다른 문화권에서 온 사람처럼) 자기와 같은 부류가 아니면 가혹한 처벌을, 같은 문화권에 속하는 사람이면 관대한 처벌을 내렸다. 이런 결과로 봤을 때 지루함은 사람들의 의미 감각을 회복해 행동 변화를 유도하는 것 같다. 그리고 이 변화는 정체성을 상징한다.[18]

또 지루함은 정치적 견해를 극단으로 몰아가기도 한다. 자신을 좌익(진보) 혹은 우익(보수) 성향이라고 생각하는 대학생들을 대상으로 실험한 결과 지루한 과제를 마친 학생일수록 자신의 정치적 성향을 극단적으로 판단했다. 지루함 자체가 정치적 극단주의의 원인은 아니다. 지루함은 그저 기존 정치적 성향의 차이를 좀 더 벌렸을 뿐이다.[19] 강하고 비타협적인 정체성은 확실히 삶의 의미와 목표를 제공하며 지루함에서 벗어나는 데 도움을 준다. 그렇다고 정치계가 양극화된(그리고 양극화를 조장하는) 원인이 지루함의 확산은 아니다. 그러나 집단 정체성을 확립하려는 시도와 지루함이 분명 어느 정도는 영향을 미쳤을 것이다.

지루함은 의미 추구 행위를 자극하기 때문에 (적어도 정치적 극단주의와 "반대편" 배척 행위를 유발한다는 점에서) 부족주의의 원인으로 지목되기도 한다. 더구나 자주 지루함을 느끼는 사람은 의미를 찾는 과정에서 영웅을 숭배하고 그들에게 감동받을 가능성도 높다.[20] 이는 잠재적으로 위험한 조합이다. 세상에는 아무 때나 지루해하는 사람들이 많다. 이들은 자신의 일이 무의미하다고 느끼기 때문에 절박하게 답을 찾으려 한다. "우리"와 "그들"이라는 수사적 표현을 사용해 양극화를 조장하지만 카리스마를 갖춘 지도자는 자신(주로 남성이다)의 결점이 드러나도 헌신적인 추종자들을 거느린다. 여기서부터 극단적인 정치관과 세계관이 싹트기 시작한다. 이런 지도자는 사람들의 삶에 의미를 제공하고 사람들은 그 의미를 좀처럼 포기하지 못한다. 안타깝게도 무서운 각본은 역사에서뿐 아니라 오늘날에도 흔히 쓰인다. 신학자 넬스 F. S. 페레Nels F. S. Ferre는 다음과 같은 통찰력이 엿보이는 말을 했다. "삶에서 진정한 만족을 느끼지 못한 사람은 평화를 원하지 않는다. 인간은 무상감과 지루함에서 벗어나고 공포심과 좌절감을 덜기 위해 전쟁을 일으킨다."[21]

실제로 최근 한 사회학 보고서는 맹목적인 평화 추구란 근시안적인 태도라고 암시했다. 전쟁을 최소화하려면 확실히 사람들이 자기 인생의 주인이 돼야 하고 삶의 의미를 발견해야 한다. 그러지 못하면 지루함이 밀려와 전쟁의 폭력성에 매혹되고 전쟁을 미화할 것이다. 당연히 지루함만으로는 전쟁이 일어나지 않지만 지루함은 시들했던 의미성을 되살려 줄 공격성을 표출하도록 돕는다.[22] 인생의 목적을 가진 사람이라도 지루할 때는 감동받을 대상을 찾기 마련이다. '왕과 나라를 위해 싸우기', 사회 병폐에 대한 책임을 이민자에게 돌리기, 선명성을 강조하며 다른 집단을 비방하는 단체에 가입하기 등의 행동이 바로 그렇다. 지루함은 판사나 배심원이 아니므로 이 행동들이 비도덕적이라고 비난하거나 대참사를 일으킬지 모른다고 경고하지 못한다.

지루함은 의미를 되찾으려는 욕구에 불을 붙인다. 의미를 되찾으려는 시도가 긍정적인 행동이나 결과(향수 어린 몽상, 후한 자선 행위)로 이어질지 아니면 파괴적인 활동(정치적 극단주의, 다른 집단을 향한 공격)으로 이어질지는 궁극적으로 우리 자신에게 달려 있다. 장·단기적으로 사회와 자기 자신에게 유익한 방향으로 지루함에 반응할 책임은 우리에게 있다.

과정으로의 의미

지금까지는 의미를 하나의 **결과물**로 강조했다. 즉, 우리는 특정 상황이나 인생 전반에 걸쳐 의미를 잃거나 찾는다. 이는 우리 각자가 깨닫는 개인적 의미일 수도 있고 개인으로서 참여하는 더 큰 사회에 내재해 있는 집단적 의미일 수도 있다.[23] **의미 만들기** 과정과 연결해 생각하면 지루함을 좀 더 깊이 이해할 수 있다. 의미 상실은 문제지만 의미를 찾았다고 해서 만사형통인 것도 아니다. 전에는 신선하고 흥미진진했던 일이 시간이 지나면서 진부해지기도 한다. 개인적 신념과 인생 계획은 틈틈이 재확인하거나 재평가하고 필요하면 변경해야 한다. 가까운 사이에도 끊임없이 서로 노력해야 하듯 의미 만들기도 계속 다듬어야 한다.

객관적으로 아무것도 존재하지 않아도 의미는 만들 수 있다. 의미 만들기의 적절한(그리고 어쩌면 진부한) 경우로 구름을 관찰하며 상상하는 상황을 생각해 볼 수 있는데 사람들은 모양을 바꿔가며 하늘을 떠가는 구름을 바라보면서 사람 얼굴이나 신화 속 동물의 모습을 떠올린다. 다소 극단적인 예로 (텔레비전 화면의 '흰 반점'처럼) 백색소음이 나는 물건을 오랫동안 응시할 경우 대부분의 사람이 실제로 존재하지 않는 어떤 모양을 보기 시작한다.[24] 이는 인간의 두뇌가 의미를 만드는 기계라 모든 경험에서 의미를 찾으려 한다는 사실을 증명한다. 1960년대 한 연구에서 연구자들은 감각 박탈을 경험한 사람들에게 속담집을 읽게 했다. 일부 속담은 제대로 적혀 있었지만 일부는 다른 속담의 내용과 뒤섞여 있었다. 실험 참가자들이 느낀 지루함은 제대로 적힌 속담을 읽을 때 최고조에 달했는데 그 이유는 이 상황이 의미를 만들 기회를 제공하지 않았기 때문이다. 이와 반대로 뒤섞인 단어들로 의미를 만들 기회가 생겼을 때 참가자들은 덜 지루해했다.[25] 세상과 함께 힘을 합쳐 의미를 만들지 못할 때 사람은 지루해진다. 하나의 과정으로 의미 만들기에는 동전과 같은 양면이 존재한다. 한 면에는 사람들의 참여를 유도하고 지원하는 상황이 있다. 이런 상황은 예정 혹은 고정돼 있지 않고 혼란스럽지도 않다. 다른 면은 의미 만들기에 참여하는 사람들과 관련된다. 참여자는 상황을 수동적으로 받아들이기보다 의미 만들기 작업에 적극적으로 참여해야 한다.

예를 들어 뒷장의 〈그림 7.1〉을 보라. 무엇이 보이는가?

이 그림은 아마 당신도 전에 본 적이 있을 것이다. 사람들이 의미를 만드는 과정에 뭔가가 개입된다는 사실을 강조하는 그림으로 형체는 하나인데 어떤 사람은 (부리가 왼쪽으로 향해 있는) 오리로, 어떤 사람은 (주둥이가 오른쪽에, 양 귀는 왼쪽에 있는) 토끼로 생각한다. 이 그림을 공중화장실 문 앞에 남성용과 여성용을 구분하기 위해 표시된 기호와 비교해 보자. 이 기호들은 모호하지 않기 때문에 해석하는 데 별 어려움이 없다.

한 가지 방식으로만 참여하고 해석되는 상황은 지루하다. 팽이는 갖고 놀 수 있는 방법이 하나밖에 없지만 공작용 점토는 놀 방법

| 그림 7.1 | 오리 토끼 착시 그림

1892년 제작된 이 그림은 다양하게 해석된다. 그림 모양을 바꾸지 않아도 해석이 달라진다. 아직도 무슨 그림인지 모르겠다는 사람을 위해 설명을 덧붙이자면 오리 부리처럼 생긴 것은 토끼 귀처럼 보이기도 한다.

이 무궁무진하다. 의미 창출 기회가 없는 상황은 순식간에 무의미해지고 지루해진다. 바꿔 말하면 상황이나 사물의 의미가 사전에 결정됐거나 고정돼 있으면 다르게 해석할 여지가 없으므로 사람들은 그저 보이는 대로 받아들인다. 그리고 모든 사람이 그것을 똑같이 본다. 뿐만 아니라 내일이나 모레도 지금 보이는 모습대로 보인다.

지루한 상황은 '미에가쿠레miegakure'라는 일본 정원의 설계 원리를 따르지 않는다. 이 단어는 '보일 듯 말듯 숨겨놓기'라는 뜻을 지니고 있다. 일본의 산책용 정원은 들어오면 더 많은 것을 보여주겠다는 약속을 하는 듯하다. 전경을 한눈에 볼 수 있는 명당은 없다. 그 대신 관찰자가 움직일 때마다 곳곳에서 정원의 다양한 모습이 드러난다. 적나라하게 노출하는 쇼보다 벌레스크burlesque(저급한 풍자와 해학이 있는 막간극_옮긴이)가 더 유혹적이듯 일본 정원의 매력도 발견의

가능성이다. 지루함은 가능성의 매력을 잃은 상태며 끝없이 이어지는 답답한 현재에 갇혀 있을 때 느끼는 감정이다. 시간이 멈췄으므로 아직 오지 않은 미래로 향할 추진력도 없다. 그래서 미래는 현재와 크게 다르지 않다.[26]

어떤 상황이 미리 정해지거나 고정된 의미를 제공하는 경우에 관한 논의를 이어가 보겠다. 이번에는 대학에서 양자역학 강의를 듣고 있다고 상상해 보자. 당신은 물리학을 전혀 모르는 사람이다. 수많은 전문용어가 당신 곁을 스쳐 지나간다. 무슨 말인지 전혀 모르겠다. 듣고 있는 내용을 전혀 이해할 수 없다. 순식간에 당신은 지루함에 빠져든다. 정말 지루해 죽을 지경이다. 달리 말해 미리 정해지거나 고정된 의미를 제공하는 상황은 대단히 복잡한 정보가 의미를 만들지 못하게 방해한다. 이와 같이 의미 만들기 과정을 방해하는 두 가지 요소를 **중복**과 **소음**이라고 한다.[27]

이따금 중복은 바람직하다. 만약 공공화장실마다 다른 기호로 남성용과 여성용을 구분한다면 상당한 혼란이 빚어질 것이다. 그러나 영화에서 같은 장면이 계속 반복된다면 관객은 지루해할 것이다. 다양성은 사람들이 관심을 갖게 해서 기존의 지식을 확장하도록 자극함으로써 인생의 묘미를 더한다고 할 수 있다. 그러나 너무 많은 다양성은 나중에 소음, 즉 "무의미한 소리와 분노"[28]가 되고 만다. 양자역학 강의는 전문가에게는 괜찮지만 입문자에게는 전혀 익숙하지 않은 내용이다. 입문자가 보기에 그 강의 내용에는 0퍼센트의 중복과 100퍼센트의 다양성이 존재한다. 너무나 생소한 내용은 아무도 이해시킬 수 없는 탓에 단순 소음이 되고 만다. 중복이나 소음이 지나치면 의미를 제대로 만들어낼 수 없다(이 내용은 8장에서 다루기로 한다). 사람들을 의미 만들기 작업에 끌어들이지 못하는 상황은 지루하다. 더 나아가 그런 상황은 사람들을 무력하게 만든다.

지루함은 의미 창출의 즐거움을 빼앗는다. 이런 상황을 스벤센은 다음과 같이 적절하게 표현했다. "인간은 세계를 형성하고 적극적으로 자신만의 세계를 구축하는 존재지만 모든 것이 늘 완벽하게 암호화돼 있으면 세계를 적극적으로 구축할 필요가 없으므로 세계에 저항할 힘을 잃는다."[29]

스벤센의 글에서 핵심은 **불필요**하다는 표현이다. 완벽하게 암호화된 상황은 세상과 교류할 능력을 불필요한 것으로 만든다. 지루한 상황은 우리의 주체성을 빼앗고 우리를 물건 취급해 결국 교체 가능한 존재로 만들어버린다. 사람들은 자신의 경험을 의미 있게 바꾸지 못한다. 공중화장실의 성별 구분 기호가 좋은 예다. 기호의 의미를 창출하지 못하므로 해석할 필요가 없다.

의미 만들기 과정에 참여하지 못하면 자신이 불필요한 존재로 느껴질 뿐 아니라 통제력도 잃는다. 우리가 2장에서 처음 언급한 주체성을 상실해 의미를 적극적으로 창출하는 존재가 아닌 기존 의미를 수동적으로 수용하는 존재가 된다. 팽이는 제작 목적대로만 사용되며 누구나 그 한계를 인정해야 한다. 뿐만 아니라 자신의 필요나 욕구, 의도에 맞춰 팽이에 다른 의미를 부여해서는 안 된다. 루이빌 대학 철학 교수인 엘피도루의 말처럼 "어떤 의미에서 지루함의 세계

는 우리가 사는 세계와 다르다. 그것은 우리의 계획과 욕구에 맞지 않는 세계다".[30]

인간은 선천적으로 의미를 만드는 능력과 욕구를 타고나지만 지루한 상황이 그 능력을 발휘할 기회를 막는다. 따라서 지루한 상황이 되면 우리는 활기를 잃는다. 그리고 정말로 불필요한 존재가 된다. 어쩌면 이 경험이 지루할 때 분노와 모멸감을 느끼는 이유를 일부나마 설명해 줄지 모른다. 지루함은 인간성에 대한 모욕인 셈이다.

불확실한 의미

지루함은 의미의 부재를 경고한다. 그리고 정상적인 상황이라면 지루함이 보내는 신호는 능력을 발휘하고 열정을 표현해 궁극적으로 삶의 의미를 찾게 도와주는 활동들로 우리를 안내한다. 그러나 항상 그렇지는 않다. 지루함은 의미 만들기 작업을 비효율적으로 자극한다. 실제로 지루함이 사라져도 의미를 찾지 못하는 경우도 있다.

의미 창출과 무관한 지루함을 완화하는 방법은 다양하며 단순한 기분 전환 활동은 어디서든 쉽게 찾을 수 있다. 어쩌면 기술이 지루함과 의미의 적응적 관계를 방해하는지도 모른다. 넷플릭스 몰아보기나 모바일 게임은 적절한 의미 창출 방법이 아니다. 현대사회에는 쉽고 빠르게 지루함에서 벗어나게 해주는 손쉬운 구제책이 가득하다. 혹시 여기에 대한 집착이 지루함을 더욱 심각한 문제로 만드는 것은 아닌지 모르겠다. 우리는 지금 흔한 말로 지루함이라는 유행병을 앓고 있는 걸까?

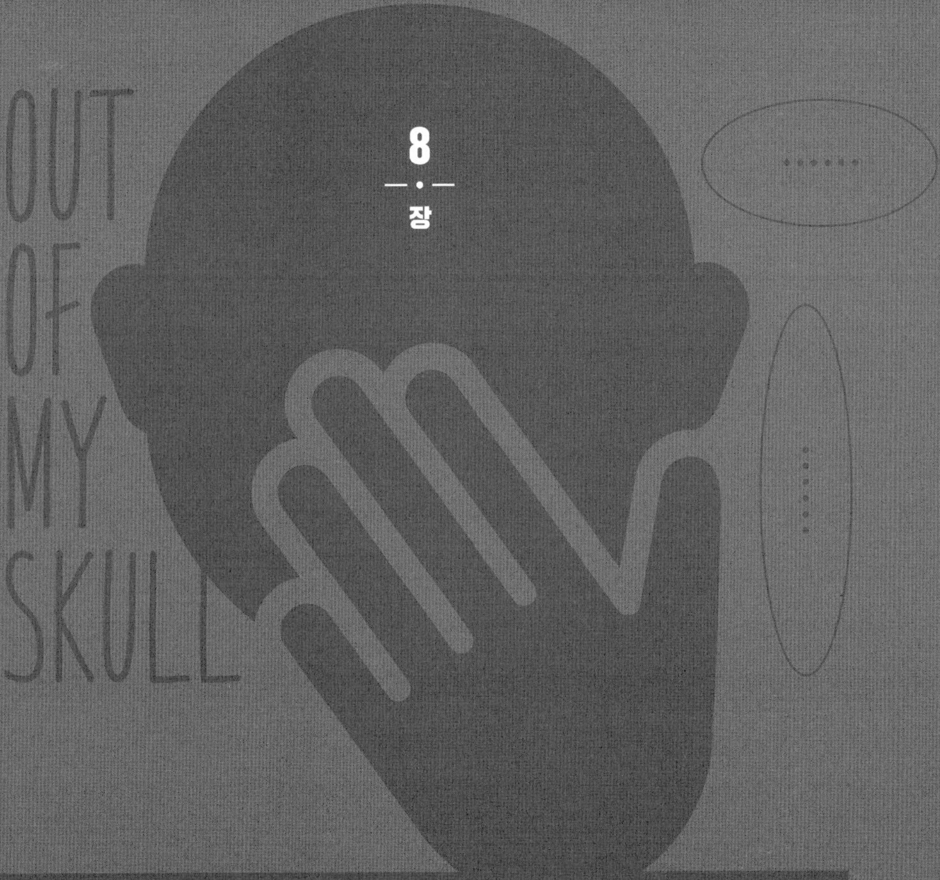

8장

진행 중인 유행병

AN EPIDEMIC IN THE MAKING

토요일 아침치고는 이른 시간에 알람이 울렸다. 당신은 간신히 침대 밖으로 나와 일곱 살짜리 아들을 준비시키러 아래층으로 내려간다. 아이는 소파에 앉아 있었고 태블릿 컴퓨터 화면에 마인크래프트Minecraft를 하는 아이의 얼굴이 비쳤다. 잠시 당신은 아직도 텔레비전에서 〈우주의 왕자 히맨He Man, Masters of the Universe〉이라는 만화가 방영할까 생각해 본다. 아니면 〈록키와 불윙클Rocky and Bullwinkle〉 재방송이라도. 아마 아들은 이 프로그램들을 좋아하지 않을 것이다. 아이가 좋아하는 것은 바로 저 망할 태블릿 컴퓨터니까!

"얘, 아침 먹을 시간이야. 일어나렴. 축구 교실 가야지."

고개는 들지 않았지만 투덜대는 걸 보니 말을 듣긴 들었나 보다.

잠시 후 당신 아들을 포함해 예닐곱 살 어린이들이 우르르 떼를 지어 축구공을 좇아다니는 동안 당신은 자녀를 보러 축구장에 온 다른 부모들을 둘러보며 잠시 생각에 잠긴다. 그들은 모두 손에 스마트폰을 들고 있다. 자녀를 응원하기 위해 간헐적으로 고개를 들 때 말고는 다들 스마트폰을 들여다보느라 여념이 없다. 저 사람들은 뭘 하는 걸까? 모바일 게임? 모바일 메신저? 인스타그램? 그냥 문자를 보내는 중인가? 아니면 유행이 지난 페이스북? 어쨌든 부모들이 운동장을 뛰어다니는 자녀를 두고 한눈을 팔 만한 대상은 얼마든지 있었다.

오늘날 이런 손쉬운 즐길거리는 유례없이 많아졌지만 혹자는 현대인이 느끼는 지루함이 사상 최고라고 말한다.

그럼 이제 궁금해질 것이다. 희한하고 웃긴 고양이 영상을 얼마든지 쉽게 찾아볼 수 있는 요즘 세상에서 대체 누가 지루하다고 불평할까? 혹시 우리 모두 정보 과잉으로 고통받고 있는 것일까? 아니면 인터넷 활동이란 헛된 기대만 품게 할 뿐 진정한 참여는 가로막는 도피 수단에 불과한 것일까?

* * *

신문을 보거나 아침 식사를 할 때 혹은 이따금 누군가와 대화를 나누는 동안 텔레비전이나 라디오를 틀어놓는 행동은 조금도 이상하지 않다. 또 새로운 자극을 찾아 나서라고 신호를 주는 손목시계나 무선호출기를 휴대하기도 한다. 아니면 길을 걸을 때 대형 휴대용 카세트ghetto blaster를 들고 다니면서 주변 소음보다 더 큰 소리를 내거나 워크맨Walkman 같은 개인용 음향기기를 이용해 자신에게 끊임없이 오락거리를 제공하는 사람도 있다.[1] 오린 클랩Orrin Klapp은 (개인용 음향기기를 이용한) 이런 정신없고 분주한 생활에 관한 글을 이미 1986년에 썼다! 대형 휴대용 카세트, 워크맨, 무선호출기 등을 스마트폰으로 대체하면 그의 주장은 오늘날에도 통하는 것 같다.

그런데 지금 우리는 스스로에게 너무 많은 정보를 주입하고 있다. 과다 정보는 어느 순간 소음이 되고 그러면 우리는 집중력을 잃고 지루함에 빠져든다. 아니면 사회학자 클랩이 웨스턴대학 교수 시절 쓴 책에서 설명한 상황이 펼쳐진다. 클랩은 장발과 몸에 꽉 끼는 청바지, 신스 팝synth pop(신디사이저로 연주하는 1980년대 팝_옮긴이)과 글램 메탈glam metal(1980년대 전후 미국에서 유행한 헤비메탈의 하위 장르_옮긴이)이 유행하던 1980년대 중반에 이미 정보 과잉의 영향을 걱정했는데 만약 그가 24시간 뉴스가 보도되고 수천 명의 팔로워와 함께 140자로 독설을 날릴 수 있으며 신용카드 크기의 기기를 손가락 끝으로 눌러 세상을 움직이는 오늘날을 봤다면 과연 어떤 주장을 했을까! 사람들이 지루함이라는 유행병의 출발선(혹은 심지어 한가운데)에서 있다고 처음 의심한 사람은 클랩이 아니었다(〈그림 8.1〉).

정보 과잉이 인간에게 유해할지 모른다는 걱정, 좀 더 구체적으로 말해 기술 발전이 정보 과잉 문제를 일으킬지 모른다는 생각은 아주 오래된 논쟁이다. 플라톤의 《파이드로스》에서 소크라테스는

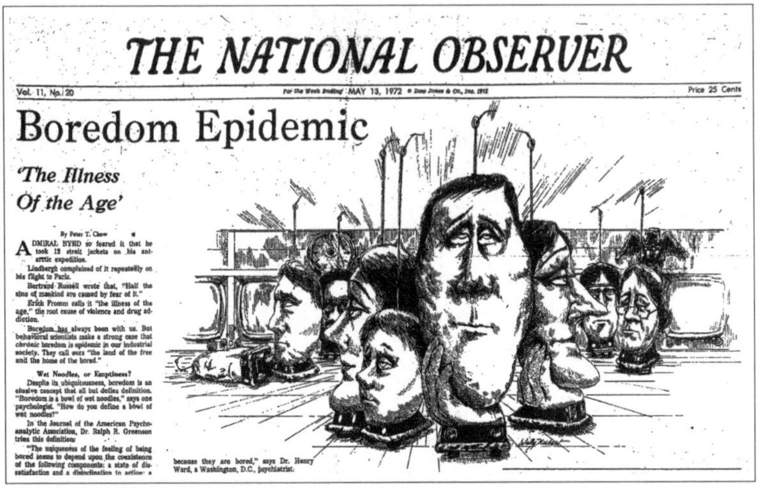
THE NATIONAL OBSERVER

Vol. 11, No. 20 For the Week Ending MAY 13, 1972 © Dow Jones & Co., Inc. 1972 Price 25 Cents

Boredom Epidemic

'The Illness Of the Age'

By Peter T. Chew

ADMIRAL BYRD so feared it that he took 12 strait jackets on his antarctic expedition.

Lindbergh complained of it repeatedly on his flight to Paris.

Bertrand Russell wrote that, "Half the sins of mankind are caused by fear of it."

Erich Fromm calls it "the illness of the age," the root cause of violence and drug addiction.

Boredom has always been with us. But behavioral scientists make a strong case that chronic boredom is epidemic in our industrial society. They call ours "the land of the free and the home of the bored."

Wet Noodles, or Emptiness?

Despite its ubiquitousness, boredom is an elusive concept that all but defies definition. "Boredom is a bowl of wet noodles," says one psychologist. "How do you define a bowl of wet noodles?"

In the Journal of the American Psychoanalytic Association, Dr. Ralph R. Greenson tries this definition:

"The uniqueness of the feeling of being bored seems to depend upon the coexistence of the following components: a state of dissatisfaction and a disinclination to action; a

because they are bored," says Dr. Henry Ward, a Washington, D.C., psychiatrist.

| **그림 8.1** | <유행성 지루함Boredom Epidemic>이라는 제목의 기사는 지금은 폐간된 <내셔널 옵저버National Observer>의 1972년 5월 13일 자 신문에 실렸다. 이 기사는 거대 도시, 고속도로, 슈퍼마켓, 거대 기업 등으로 상징되는 변함없이 단조로운 삶 때문에 사람들이 지루함이라는 유행병을 앓고 있다고 주장했다. 만화 속 사람들은 러닝머신 위가 아닌 끊임없이 움직이는 범퍼카에 타고 있다. 공허한 시선과 손으로 머리를 받치고 있는 사람들의 모습은 예술 작품에 표현된 지루함을 설명했던 투이의 책(2011)을 연상시킨다.

글쓰기의 출현을 한탄하며 이렇게 말했다. "배우는 사람들이 자신의 기억력을 활용하지 않으니 건망증에 걸릴 것이다. 밖에 적힌 글자에 의지해 애써 암기하지 않기 때문이다." 그러나 역설적이게도 만약 플라톤이 소크라테스의 말을 기록하지 않았다면 지금 우리는 소크라테스의 철학에 관해 아무것도 알지 못할 것이다. 앞에서 언급했었지만 19세기 철학자 제임스는 "치유 불가능한 단조로움이 전 세계를 뒤덮고 있다"고 한탄한 바 있다. 이 표현은 심리학 분야에서 자주 인용되기도 하는데 여기서 제임스가 문제 삼은 단조로움은 정보의

질이 아닌 **양**과 관련된다. 그의 한탄이 나온 지 얼마 되지 않은 20세기 초 독일 작가이자 사회학자이며 문화 비평가였던 지그프리트 크라카우어Siegfried Kracauer는 인쇄 매체 폭발에 따른 정보 과잉의 문제점을 지적했다. 그는 뉴스가 많아졌다고 해서 정보가 늘어난 것은 아니며 오히려 수많은 정보 속에서 소음을 구별해 내지 못한 사람들이 혼란에 빠지게 된다고 주장했다. 기본적으로 이런 견해는 수년 후 클랩이 한 주장과 비슷하다.[2]

지금 우리가 지루함이 폭증하는 시대에 살고 있다는 주장을 뒷받침하는 자료는 거의 없다. 그렇게 주장하려면 같은 사람을 수십 년간 추적 관찰한 종적 자료가 필요한데 이런 자료는 얻기가 어렵다. 그러나 정보 과잉이 지루함을 유발하는 조건이라 수많은 정보를 너무나 쉽게 얻을 수 있는 환경에서 지루함의 증가 가능성이 높아진다면 당연히 과거보다 오늘날 지루함을 해결하기가 더 어려울 것이다. 아마도 지루함은 해묵은 문제의 뚜렷한 징후라기보다 하나의 유행병에 가까운 것 같다. 그런데 지루함이 참여의 필요성을 알리는 신호라면 참여의 종류는 상관없을까? 몇 시간이나 인스타그램이나 모바일 게임을 해도 물리지 않을 수 있을까? 우리 생각은 다르지만 이 문제를 깊이 파고들기 전에 먼저 클랩의 주장부터 자세히 살펴보기로 한다. 만약 시대착오적인 대형 휴대용 카세트와 워크맨에 대한 설명도 관대하게 넘길 수 있다면 지금으로부터 30여 년 전 주장에서도 배울 점이 많을 것이다.

소음에서

신호 구별해 내기

클랩은 단조로운 상황이 지루해지는 이유가 정보 부족 때문이라고 암시한다. 정의에 따르면 단조로운 상황이란 새로운 정보가 거의 없는 상태로 이로 인해 인간은 새로운 정보를 탐색하고 싶은 내적 욕구를 갖는다. 이는 위험한 스릴에 중독된 사람들의 감각 추구 행위가 아니라 발견하고 싶은 욕구가 일으킨 호기심이다. 그런데 정보가 너무 다양하다면 어떻게 될까? 클랩에 따르면 그럴 때 사람들은 소음에서 중요한 신호를 추출해 낼 수 없다. 화면 아래로 한 줄 뉴스가 죽 지나가는 동안 앵커는 다른 뉴스를 보도한다. 화면 오른쪽 상단에는 주요 고속도로의 교통 정보와 시간대별 기상 상황이 표시된다. 이렇게 비 오듯 쏟아지는 정보들을 어떻게 이해해야 할까? 아마도 지루함은 날마다 우리가 만나는 정보의 불가피한 결과일 것이다. 클랩의 말처럼 지루함은 "변화 속도는 빠르지만 의미 없는 변화라서 상황이 진전되지 못할 때 유발된다".[3] 주변에서 어떤 상황이 끊임없이 벌어지고 사람들은 그 상황을 이해하려 고군분투한다. 그래서 정보에 쉽게 접근할 수 있는 오늘날에는 환경 변화 속도가 점점 빨라진다는 인상을 받기 쉽다.

정보가 너무 적거나 너무 많을 때 사람들은 의미를 찾지 못해 위기감을 느낀다(7장 참조). 정보량이 만족하기에는 너무 적고 변화도 거의 일어나지 않는 상황은 참을 수 없이 단조롭다. 반면 정보량이 너무 많아서 가까스로 필요한 정보를 추려야 할 때 사람들은 자신이 끊임없이 움직이고 있다고 느낀다. 즉, 무슨 내용인지 제대로 파악하지도 못한 채 수많은 트위터 댓글과 웃긴 영상, 소위 뉴스 '속보' 사이를 헤맨다.

현대사회의 지루함을 정보 과잉의 영향으로 설명할 경우 지루함을 느끼는 경험은 의미를 발견하거나 창출해 자신의 주체감을 표현하고 싶은 욕구를 드러낸다. 반복이 다 나쁜 것은 아니다. 익숙함은 이해를 돕는다. 우리는 자신의 예상대로 연주되는 음악에 흥미를 느낀다. 이는 익숙함과 놀라움을 동시에 느끼는 상황이다. 마찬가지로 다양성이 다 좋은 것은 아니다. 쇤베르크의 교향곡은 무조 음악(악곡의 중심이 되는 장조나 단조 같은 조성이 없는 음악_옮긴이)에 익숙하지 않은 사람들에게 혼란스럽고 불가해한 음악이다. 극단적인 반복과 다양성은 새롭고 유의미한 지식에 접근하지조차 못하게 막는다. 그러므로 참여의 최적 조건은 반복과 다양성 사이의 균형점, 즉 골디락스 존을 발견하는 것이다. 이 같은 맥락에서 지루함은 반복과 다양성 사이를 중재하는 신호로 기능한다. 이는 지루함이라는 신호 자체는 아무 문제가 없다는 우리 주장과 일치한다. 결과가 긍정적이냐 부정적이냐를 좌우하는 것은 지루함에 반응하는 방식이다. 또 권태 성향이 높은 사람은 정보처리 방식도 극단적이어서 단조로움을 못 견뎌하다가 어느 순간 갑자기 새로운 것에 압도되는 등 '적정' 지점을 발견하지 못한다.[4]

클랩은 정보 과잉과 그로 인한 지루함이 유발되는 아홉 가지 경로를 설명[5]했지만 궁극적으로 그의 주장에서 우리 생각과 가장 관련이 큰 내용은 이용 가능한 정보량의 폭증이다. 정보는 점점 빠른 속도로 사람들에게 닿는다. 아침에 눈을 떠서 생각 없이 세상일에 참여하면 마치 소방 호스로 물을 마시는 기분일 것이다. 별 의미 없는 정보량이 너무 많아(정신적 자극이 지나쳐) 쇄도하는 자극 속에서 결국 지루해지고 만다. 수많은 정보를 이해하고 그 의미를 파악하려면 시간과 노력이 든다. 바꿔 말하면 정보는 급속도로 축적되는데 의미 만들기는 느리게 진행되므로 클랩이 말한 "만성 정보 소화불량"이 발생한다.[6] 의미 **만들기**는 다양한 정보를 종합하고 의미를 해석하는 작업을 요구한다. 그러나 정보 **획득**은 수동적으로 정보를 받아들이는 단순 작업이다. 인터넷 시대에 너무 많은 정보가 쏟아지면 종합하고 해석해야 하는 어려움 때문에 정보를 피상적으로 처리할지 모른다. 어떤 이는 수많은 정보를 파악하는 수고를 피하고자 트위터에 의존한다. 아니면 그냥 모든 정보를 차단하는 사람도 있다. 어떤 경우든 지루함이 유발된다.

결국 디지털 시대에 (거의 아무도 예상하지 못했던 막대한 양의) 정보는 의미 만들기라는 과제를 해결하기는커녕 문제를 더욱 복잡하게 만든다. 세상에 참여하고 의미를 만드는 능력을 방해하는 환경에서 지루함마저 유발된다면 우리 시대는 지루해하는 사람들로 가득 찰 것이다. 그렇다면 정보화 시대(혹은 사실상 정보 폭발 시대)는 의미를 만들고 더 나아가 지루함을 피하는 일을 어렵게 만들고 있는 것일까?

이 질문을 직접 다루는 자료가 거의 없다는 사실을 한 번 더 언급해야겠다. 시간에 따른 지루함의 표현 방식 변화를 측정하려면 수많은 사람을 대상으로 오랜 기간 조사해야 한다. 즉, 시간에 따른 개인 인식 변화와 세대 간 인식 차이를 알려면 종적 연구가 필요하다.

인터넷이나 스마트폰, 소셜 미디어나 트위터 등이 지루함 증가의 주범이라는 가설을 입증하기는 더욱 어렵다. 대조군을 설정하려면 인터넷 매체를 전혀 사용하지 않고 정보 폭발의 영향을 받지 않는다는 증거로 지루함을 느끼는 정도에 변화가 없는 참가자가 필요한데 과연 그런 사람을 찾을 수 있겠는가? 혹 아미시The Amish(문명과 단절한 채 자신들의 문화를 고수하며 생활하는 기독교 공동체 중 하나_옮긴이) 사람들이라면 우리가 필요로 하는 정보를 제공해 줄 수도 있겠지만 이런 집단은 문화적으로 주류 사회와 너무나 다르기 때문에 대조군으로 적절하지 않다. 그러므로 안타깝게도 인터넷이 지루함을 증가시키는지를 판단하기 위해 필요한 자료는 아직 얻지 못했다.

따라서 시간에 따른 변화를 추론하려면 다른 종류의 자료에 의존할 수밖에 없다. 갤럽 여론조사 같은 자료가 유용하지만 정보를 구하는 사람들이 입맛에 맞게 질문을 조작할 위험이 있다. 혹은 지루함 같은 용어가 문헌에 등장하는 횟수를 세보는 방법도 시간에 따른 인식 변화를 파악하는 데 도움이 된다. 실제로 클랩은 용어 사용 빈도를 분석해 '지루함', '일상', '단조로움' 같은 단어들이 1931년보다 1961년에 2.5배 더 많이 사용됐다는 결과를 얻었다.[7] 같은 조사 기간에 '지루함'이라는 단어 하나만 보면 사용 빈도가 10배 이상 늘었다. 비슷한 시기(1969년)에 나온 갤럽 여론조사 결과를 보면 틀에 박힌 생활을 하고 있다거나 따분해 죽을 지경이라고 말한 사람이 응답자의 약 50퍼센트를 차지했다. 애석하게도 관련 자료는 이런 여론조사들을 통해서만 입수할 수 있으므로 지루함의 증감 추세는 파악할 수 없었다.

따라서 유감스럽게도 지루함이 증가하고 있다고 확실히 말하기에는 자료가 부족하다. 그러나 정보량과 접근성이 증가한다는 주장을 받아들일 경우 이로 인한 다른 결과물과 지루함의 직접적인 연관성은 조사할 수 있다.

정보량과 접근성이 지난 100여 년간 그리고 심지어 최근 20년간 폭증했다는 사실에는 논란의 여지가 없어 보인다. 지오데식돔geodesic dome(삼각형의 다면체로 이뤄진 반구형 건축물_옮긴이)의 창시자로 유명한 벅민스터 풀러Buckminster Fuller는 '지식 2배 증가 곡선knowledge doubling curve'이라는 개념을 만들었다(물론 지식과 정보는 구분해야 한다).[8] 이에 따르면 1900년까지 인간의 지식은 100년 주기로 대략 두 배씩 증가했다. 20세기 중반쯤에는 증가 속도가 점점 빨라져 배증 주기가 25년이 됐다가 지금은 1년 정도로 단축됐다. 축적 속도는 지식 종류에 따라 달라진다. 과학 정보의 배증 주기는 8~9년 정도인데 20세기를 거쳐 21세기에는 그 변화 속도가 기하급수적으로 빨라졌다.[9] 정보 접근성 역시 믿기 어려울 정도로 향상됐다. 혹자는 도서관에서 학술지를 복사하거나 심지어 마이크로피시microfiche(책의 각 페이지를 축소 촬영한 필름_옮긴이)에 담긴 자료를 읽었던 시절을 기억할 것이다.[10] 클랩이 지루함에 관한 논문을 쓸 당시 정보 전송 속도는 초당 25만 6,000비트였을 것이다. 지금은 초당 거의 100메가바이트(비트로 환산하면 838,860,800비트에 해당_옮긴이)다.

클랩의 표현대로라면 이렇게 정보가 폭증하면 불가피하게 지루함이 증가할 수밖에 없다. 사람들은 필요에 따라 소음이 덜한 장소로 피하거나 소음보다 더 크게 자기 목소리를 내는데 클랩은 후자를 가리켜 "자아의 절규ego-screaming"라고 불렀다. 이는 정보 과잉에 따른 지루함에 반응하는 방식 중 하나다. 소셜 미디어의 인기도를 고려하면 클랩의 의견에 반박하기 힘들다. '좋아요' 숫자에 집착하며 팔로워들과 일상을 공유하는 행동은 확실히 소음보다 더 크게 자기 소리를 내려는 것처럼 보인다. 여기에 트위터 설전, 어디서나 볼 수 있는 유튜브 영상, 온라인 트롤링online trolling(인터넷 공간에서 다른 사람들의 불쾌감과 화를 유발하는 행위_옮긴이) 등의 증가까지 더하면 사람들이 남보다 더 큰 소리를 질러 정보 폭증에 부분적으로 대응하고 있음은 명백한 사실로 보인다. 그러나 이런 견해는 하나의 논리적 가설일 뿐 경험적 증거로 뒷받침돼야 한다.

지루함 증가에 대한 책임은 정보 자체가 아니라 그 정보를 전달하는 매체에 있다. 이미 암시했듯이 비난받을 대상은 아마도 인터넷과 소셜 미디어 그리고 스마트폰일 것이다. 이런 주장에 대해서는 적어도 최근 증거를 몇 가지 댈 수 있다.[11]

인터넷의 매력

월드와이드웹의 기원은 복잡한데 그 이유는 1960년대 후반부터 미국과 영국의 여러 연구진이 함께 개발에 참여했기 때문이다. 최초의 공용 인터넷 서비스는 1980년대 후반부터 제공되기 시작했으며 10년도 채 지나지 않아 우리가 알고 있는 형태의 인터넷을 사용하는 사람의 숫자와 사용량이 폭증했다.[12] 1990년대 후반쯤 이 현상과 맞물려 새로운 정신 질환, 일명 인터넷 중독에 대한 논쟁이 시작됐다.[13] 중독이란 용어는 (가령 알코올이나 약물 중독처럼) 보통 해로운 물질을 남용하는 장애를 정의할 때 사용된다. 일주일에 38시간 이상 인터넷을 사용하고 비접속 상태일 때 불안감을 느끼며 금단 증상으로 정상적인 일상생활을 유지할 수 없을 때 인터넷에 중독됐다고 할 수 있다. 초기 연구에 따르면 실제로 인터넷 사용과 지루함은 관계가 있으며 참여하기 위해 인터넷에 의존하는 행동은 지루함에 대한 **반응** 중 하나다.[14] 예를 들어 16~19세 청소년에게 널리 나타나는 인터넷 중독 현상은 여가 권태leisure boredom 때문으로 보인다(4장 참조). 만족스러운 참여 수단을 찾지 못한 청소년들은 인터넷이라는 토끼 굴에 의존하는데 앞의 연구에 따르면 이들의 4~12퍼센트는 거기에서 벗어날 방법을 찾기 위해 노력한다. 지루한 사람은 지루함을 해소하거나 그 감정을 떨쳐내기 위한 방법을 찾기 마련이다. 인터넷은 접근의 용이성은 말할 것도 없고 참여 가능 **수단**도 크게 늘렸다.

인터넷 상용화 초기에는 컴퓨터가 필요했다. 이를 장소에 구애받지 않는 스마트폰이 대체했다. 이제 연구자들은 스마트폰 사용의 문제점을 정리하기 시작했다. 스마트폰 중독 현상에는 과다 이용뿐 아니라 스마트폰을 사용할 수 없을 때 느끼는 불안감과 적개심 등 금단 증상도 포함된다. 톨레도대학의 존 엘하이Jon Elhai와 그의 동료들은 다양한 변수들의 관계를 통계적으로 분석하는 구조방정식모형Structural Equation Modeling을 사용해 지루함으로 스마트폰 중독 가능성을 예측할 수 있음을 증명했다.[15] 즉, 지루함을 자주 느끼는 사람일수록 건강하지 못한 방식으로 스마트폰에 집착할 가능성이 있다.

그런데 이런 주장에는 난감한 면이 있다. 정보량 증가가 과부하를 일으키고 결국 지루함을 유발한다는 클랩의 주장만큼 간단한 이야기가 아니다. 인터넷과 스마트폰은 지루함을 덜어주는 묘한 매력이 있지만 궁극적으로 이용자를 실망시키고 장기적으로 상황을 악화할 가능성이 높다. 다른 중독성 활동처럼 인터넷도 순간의 위안을 신속하고 효과적으로 제공한다. 유튜브를 보는 동안에는 일시적으로 지루함이 사라지지만 궁극적으로는 무익한 목발이다.[16] 여기서는 일종의 악순환이 이어진다. 어딘가에 몰두하고 참여할 수 없을 때 인터넷이 지루함에서 벗어나게 해준다. 그러나 이 도피처에서는 방대한 양의 정보 때문에 오직 피상적인 참여만 가능하므로 궁극적으로는 무의미한 공간이 된다. 인터넷 접속이 끊기면 다시 처음에 맞닥뜨렸던 문제로 되돌아간다. 왜 이런 일이 일어날까? 소셜 미디어와 스마트폰 그리고 인터넷은 사람들의 관심과 주의를 사로잡고 단기적으로 우울증을 완화하도록 **설계**됐다. 그러니 악순환을 끊어낼 수 없다고 해서 놀랄 일은 아니다.

흔히 웹 서핑의 목적은 '시간 보내기passing time'다.[17] 재소자들이 말하는 '시간 죽이기killing time'나 '시간 때우기doing time'와 비슷하게 '시간 보내기'는 더 낫거나 더 의미 있는 일이 없다는 느낌을 표현한다. 이런 식으로 시간을 죽인다는 표현은 지루함을 피하기 위해 인터넷을 이용하는 행동이 일종의 헛된 기대라는 사실을 강조한다. 즉, 뭔가를 하고 싶지만 아무거나 해도 괜찮다는 뜻은 아니다. 우리 생각에 부분적으로 지루함은 자신의 기술과 재능을 최대한 발휘할 수 있게 해주는 뭔가를 하고 싶은 욕구 때문에 일어난다. 그런 활동은 끝내고 난 뒤 만족스럽게 돌아볼 수 있다. 인터넷, 좀 더 구체적으로 소셜 미디어는 적어도 우리에게 할 일과 시간을 보낼 것들을 제공한다. 그러나 이는 기껏해야 능동적인 참여의 복제물simulacrum[18]에 불과하다. 그래서 스스로 결정해 가치 있는 일을 하고 싶은 내면의 욕구는 결코 충족되지 못한다.

정리하면 너무 많은 정보는 궁극적으로 지루함을 유발하고 인터넷과 스마트폰은 진정한 참여와 연결 욕구를 해소하는 수단의 복제물을 제공한다. 플로리다대학 정치학과 교수인 레슬리 틸레Leslie Thiele의 설명을 차용해 우리는 지루함과 기술의 "공모" 과정을 추측해 봤다.[19] 이 둘은 각자의 목적을 위해 서로 협력한다. 지루함은 사람들이 기술을 소중히 여기고 끊임없이 새롭고 더 나은 기분 전환거리를 찾도록 기술 의존도를 높인다. 그리고 기술은 사람들을 계속 불만족스러운 상태에 머물게 해 지루함이 사라지지 않게 한다.

또 기술은 사람들을 계속 지루하게 해 매력적이지만 궁극적으로는 무의미한 참여와 연결 수단만 제공하는 위안거리를 찾게 하는 일종의 '밀실 거래'를 주선한다고 추측할 수 있다. 틸레가 보기에 기술의 핵심 문제는 그것이 세계관을 바꿔서 사람들을 지루함에 빠지게 한다는 점이다. 여기서 기술적 세계관은 주로 **효율적인 기능**을 중시한다. 즉, 물건의 효용성과 성능에 관심을 둔다. 틸레는 기술적 세계관이 기술의 최종 사용자와 시간의 관계를 바꾼다고 생각했다. 이제 사람들은 단순히 "시간 속에 사는"[20] 대신 효율성과 생산성을 향상하기 위해 시간을 통제하고 관리하려 한다. 시간은 해결해야 할 문제가 되는데 이런 식으로 사고방식이 바뀌면 채우지 못한 시간은 비효율적이고 비생산적이며 궁극적으로 지루한 것이 되고 만다. 채우지 못한 시간을 채우는 일은 또 다른 악순환의 고리를 만들어낸다. 어쨌든 시간은 채워지겠지만 그 수단이 중요해진다. 기술은 틸레가 "새로움의 일상화routinization of novelty"라 부른 현상을 일으킨다. 사람들은 끊임없이 혁신하라는 명령에 따라 움직이며 지속적으로 새로운 것을 열망함으로써 흥미롭고 새로운 것에 대한 기준은 끝없이 높아진다. 어제 흥미로웠던 것이 오늘은 만족스럽지 않은 탓에 결국은 다람쥐 쳇바퀴 돌리듯 영원히 새로운 것을 추구하게 된다. 기본적으로 제공받은 것에 무감각해지고 지루함을 느낀다.

오늘날을 지배하는 기술적 세계관은 인간의 사고를 지루함에 취약하도록 바꾼다. 아마도 최악의 변화는 인간이 의미 창출자에서 수동적 경험자로 바뀌는 상황일 것이다. 즉, 사람들은 능동적으로 의미를 만드는 존재가 아니라 다른 것들로 채워야 하는 그릇이 된다(7장 참조). 만약 인간이 다채롭고 홍미로운 경험(혹은 끊임없이 새로운 인터넷 콘텐츠)로 채워져야 하는 그릇이라면 언젠가 비워질 가능성도 있다.[21] 사람들은 지루해지기 전에 한발 앞서서 더 많이 소비하려고 한다. 자기 자신을 능동적 의미 창출자로 인식하지 못할수록 주체적 행위자로서의 능력은 위축된다. 20세기 초 독일 사회학자 게오르그 짐멜Georg Simmel은 기술에 둘러싸인 모습은 "혼자 힘으로 수영할 필요가 거의 없는… 개울 속에" 있는 것과 같다고 말했다.[22] 자꾸만 빠르게 흐르는 물에 몸을 맡기다 보면 수영하는 법을 잊기 마련이다. 정말로 중요한 것이 무엇인지 묻지 않으면 내면의 욕구를 느끼지 못하게 된다. 달리 표현하면 관심과 주의를 끄는 능력 면에서 기술과 견줄 만한 것이 없는 탓에 자신의 관심을 통제할 수 있는 능력은 발휘되지 못해 쇠퇴하고 말 것이다.

비연결
접속

온라인에 접속해 실질적으로 "연결된" 상태더라도 그것은 만족스러운 연결 방식이 아니다. 엘하이의 연구에 따르면 중요한 것은 사람들이 기기를 사용하는 방식과 그것을 사용할 수 없을 때 느끼는 감정이었다. 궁극적으로 기술을 이용한 연결이 진정한 사회적 교류를 대신할 경우 여러 문제가 일어난다.

샌디에이고주립대학 사회심리학자 진 트웬지Jean Twenge에 따르면 오늘날의 10대(트웬지는 완벽한 온라인 세상에서 태어난 최초 세대임을 강조하기 위해서 이들에게 아이세대iGen라는 이름을 붙였다)는 이전 세대보다 친구들과 시간을 덜 보내고 휴대폰과 더 많은 시간을 보낸다.[23] 그로 인한 결과들은 이렇다. 우선 인터넷 게임이나 소셜 미디어에 푹 빠져 있는 10대는 친구와 놀거나 운동을 하며 시간을 보내는 아이들보다 덜 행복하다고 말했다. 그들은 온라인에 접속해 있지만 연결돼 있지는 않은 상태다. 소셜 미디어 이용에 관한 몇몇 최근 연구에서는 단 2주만 페이스북을 끊어도 행복감이 증대될 수 있다는 사실을 입증했다.[24]

인터넷이 환상에 불과한 접속(혹은 비연결 접속)이라는 지적은 온라인상에서 사람들의 행동을 자세히 관찰한 연구 결과에서 비롯된다. 노트북 카메라로 이용자의 행동을 관찰한 한 연구에 따르면 평균적으로 사람들은 19초마다 하던 행동을 바꿨다![25] 당신이 끊임없이 어떤 일을 하고 있지만 1분에 세 번 꼴로 하던 일을 바꾼다면 거기에 충분히 몰두하고 있다고 보기 어렵다. 알림 창이 수시로 뜨고 계속 신경을 써야 할 일이 있다면 정신이 산만해지고 쉽게 지치기 때문에 장시간 한 가지 일에 몰두할 수 없다. 마음이 산란해서 당면 과제에 집중할 수 없으면 순식간에 지루함이 밀려든다.[26]

아마도 비연결 접속 사례 중 최악은 인터넷 포르노일 텐데 이는 분명 인터넷 대역폭(송신기나 증폭기 등에서 전기신호를 흐트러지지 않도록 전송하기 위해 필요한 일정한 주파수 폭_옮긴이)에서 가장 큰 비중을 차지한다. 인터넷 포르노에 의존하는 사람들은 주기적으로 성적 지루함을 느끼는 것 같다.[27] 여성보다 남성에게 더 많이 나타나는 성적 지루함은 감각 추구(여기서는 스릴 추구와 비슷하다) 혹은 평범하지 않은 만남을 추구하고 싶은 욕구와 관련된다. 관계 불만에서 오는 성적 지루함은 당연히 권태 성향, 지나친 자위행위, 인터넷 포르노 시청 과다 등과도 연결된다. 이때 불건전한 강화가 순환 반복될지 모른다. 가령 현실에서 성욕을 해소할 수 없는 사람이 인터넷에 의존한다. 인터넷을 이용해 일시적으로 욕구를 해소할 수 있지만 궁극적으로 진정한 연결 욕구를 채우지는 못한다. 현실로 돌아왔으나 여전히 만족스럽지 못하면 접근이 쉽고 자극도 큰 인터넷 포르노로 되돌아간다. 이런 순환 과정은 지루함이라는 신호 자체가 문제는 아니라는 우리 지적을 한 번 더 강조한다. 다양한 참여 활동을 탐색하고 그로 인해 문제가 발생하는 현상은 지루함에 대한 잘못된 반응 방식의 결과다. 무의미한 연결, 깊이 없는 감각, 맥락 없는 정보 등 이 모든 것은 지루함을 제대로 해소해 주지 못한다.

인터넷 중독 현상의 공통점은 고립이다. 6장에서는 선택에 의해 극한 지역(우주, 남극 등)을 탐험하는 경우와 처벌 제도로 독방에 수감되는 경우 등 환경적 고립 상황을 다뤘다. 이번 장에서 다루는 고립의 형태는 좀 더 사회적이다. 다른 사람들과 교류하고 싶은 욕구를 채우지 못한 사람은 인터넷과 소셜 미디어라는 가짜 만병통치약에

손을 대기 십상이다. 확실히 온라인 접속이 주는 혜택은 크다. 멀리 떨어져 있는 가족과 소통할 수 있고 국경을 넘어 외국 기업과 거래할 수 있으며 독재 정부에 맞서 신속하게 정보를 유포할 수 있기 때문이다. 확실히 사회 전반과 대부분의 개인이 인터넷 접속을 통해 얻는 이익은 이것저것 많다. 그런데 어떤 사람들에게는 인터넷 접속이 유일한 소통 수단이 되기도 한다. 바로 이때 인터넷, 좀 더 정확하게 소셜 미디어는 문제가 될 수 있다. 이는 분명 낡은 문제가 겉모습만 새롭게 바꾼 것이다. 우리가 계속 주장해 온 것처럼 환상에 불

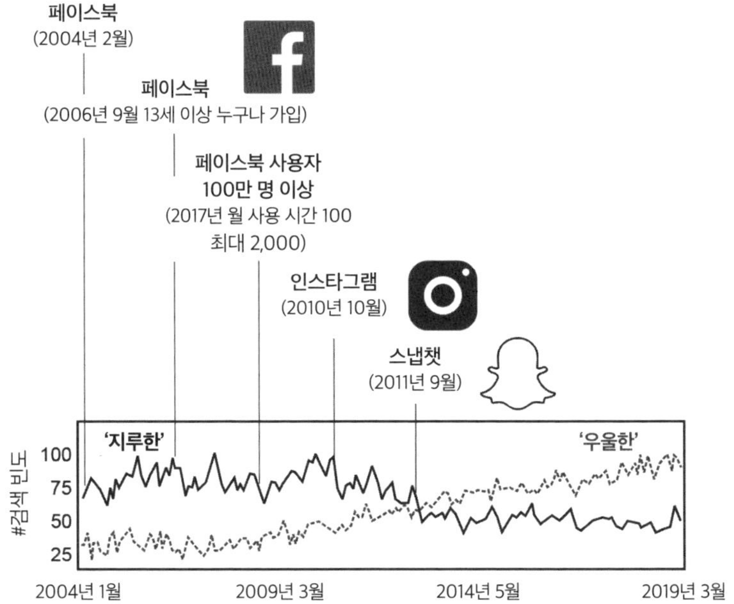

| 그림 8.2 | 이 그래프는 2004년부터 두 단어('지루한'과 '우울한')의 검색 빈도 변화를 보여준다. 특정 소셜 미디어의 등장 시기와 그 영향에 주목해야 한다.

과한 인터넷 접속은 세상과의 단절을 알려주는 지루함에 대한 바람직하지 않은 반응이다.

우리는 이 가설을 간단히 확인하기 위해 페이스북이 등장한 2004년 이후 구글 검색어들의 빈도를 조사해 봤다. '**지루한**' 혹은 '**지루함**'이라는 단어가 포함된 검색어 빈도는 실제로 감소했다. 그러나 '**우울한**'의 검색 빈도는 증가했다(〈그림 8.2〉 참조). 사람들은 바쁘게 시간을 보내고 있다고 느끼지만 충분히 만족하지 못한 채 시간을 보내고 있는지도 모른다.

외로운 사람들

역설적이게도 인터넷과 소셜 미디어가 조장하는 비연결 접속 방식은 특정 사람들을 사회적으로 더욱 고립시킨다. 사람들은 과거보다 더 많이 서로 연결되고 있다고 느끼지만 스냅챗에서 보낸 시간은 사실 다른 사람들과 직접 교류할 시간을 빼앗긴 결과다. 2018년 초 당시 영국 총리였던 테레사 메이Theresa May는 '외로움 장관Minister for Loneliness'을 임명하겠다고 발표했다.[28] 외로움에 관한 특별 연구에 따르면 약 900만 명(이는 영국 전체 인구의 14퍼센트에 해당한다)의 영국인이 자주 외로움을 느끼거나 대부분의 시간을 외롭게 보내고 있다고 한다.[29] 외로움 장관은 외로움의 심화로 발생하는 공중 보건 위기에 대응하는 정책을 수립하는 일을 맡는다. 미국에서 행해진 연구들은 외로움이 실제로 지루함을 유발한다고 주장한다.[30]

메이 총리의 발표에 대한 언론의 관심(과 발표 내용을 소재로 한 심야 텔레비전 방송 진행자들의 익살)은 주로 외로움과 지루함을 같이 느끼는 노인층에 초점을 맞췄지만 사실은 더 많은 사람에게 관심을 둬야 한다. 영국인의 외로움에 관한 연구는 사망한 조 콕스Jo Cox 하원 의원을 기리기 위해 설립된 재단에서 처음 수행했는데 콕스는 생전에 이렇게 말했다. “외로움은 사람을 차별하지 않는다.” 외로움과 마찬가지로 지루함도 사람을 차별하지 않는다. 정체성을 찾으려 애쓰는 10대, 수면 부족과 새로운 현실에 적응해야 하는 새내기 부모, 장애로 고통받는 정신 질환자, 보살핌이 필요한 노인과 그 가족 등 누구에게나 언제든 외로움과 그에 수반되는 지루함, 불안과 우울, 사회적 고립감은 밀려들기 마련이다.

외로움과 지루함은 둘 다 세상과의 단절을 보여준다. 지금까지 우리는 지루함을 몰두 대상이 필요하고 자신의 기술과 재능을 발휘할 활동에 참여하고 싶어 하는 신호로 설명해 왔다. 몰두 욕구를 해소할 수 있는 흔한 방법은 사교 활동이다. 경험 표집법experience sampling(실험 참가자에게 자신의 경험을 실시간으로 기록하게 하는 심리 측정법_옮긴이)을 사용한 한 최근 연구에 따르면 실제로 사람들은 대면 활동에 참여할 때 지루함을 가장 적게 느꼈다.[31] 일부는 지루함과 고립감을 느낄 때 소셜 미디어라는 토끼 굴을 찾았는데 환상에 불과한 이런 연결 수단은 지루함을 단기적으로 완화하지만 궁극적으로는 다른 사람들과 의미 있는 관계를 맺지 못하게 한다. 더구나 사교 욕구를 제대로 충족하지 못한 사람은 만성적인 지루함에 빠질 위험이 있다.

이번 장은 다양성이 지나치면 소음에서 필요한 신호를 추출할 수 없어 지루해진다는 주장으로 시작했다. 또 지금 우리는 폭증하는 정보 속에서 살고 있음을 보였다. 이와 더불어 인터넷, 스마트폰, 소셜 미디어, 일반적인 기술 등이 지루함과 외로움을 유발하는 여러 방식과 지루함과 기술의 공모로 악순환이 일어나는 과정을 설명했다. 그러나 이런 생각들이 아직은 추측에 불과하다는 사실에 주목해야 한다. 이를 입증해 줄 자료가 아직은 없다. 하지만 지루함과 같이 오는 불안감을 완화하기 위해 쉬운 방법에 기댈수록 진정한 관계를 맺기는 점점 어려워질지 모른다. 이는 지루함이 유익할 수도 있다는 주장으로 확대된다. 그러나 우리 바람은 독자가 이 책을 읽으면서 적어도 **지루해질 가능성을 잊지 않고** 그 지루함에 생산적으로 반응하는 방법을 배우면 유익하다는 사실을 이해하는 것이다.

지루함은 유익하거나 유해하지 않다. 지루함을 덜기 위해 **무엇**을 해야 할지 결정하는 역할은 지루함의 몫이 아니다. 그러나 자신이 지루해졌다는 사실을 알아채지 못하면 부적응적인 한가한 상태에 계속 머물거나 인터넷 의존도가 심화돼도 괜찮다고 착각할 위험이 있다. 끊임없이 마음이 산란할 때 가장 힘든 일은 (건강을 해치는 즉석식품처럼) 진정한 만족감을 주지 못하고 다시 지루함에 빠지게 하는 쉬운 방법을 거부하는 것이다. 그런 방법 대신 자신의 몰두 욕구를 제대로 채워줄 진짜 해결책을 찾아야 한다.

9장

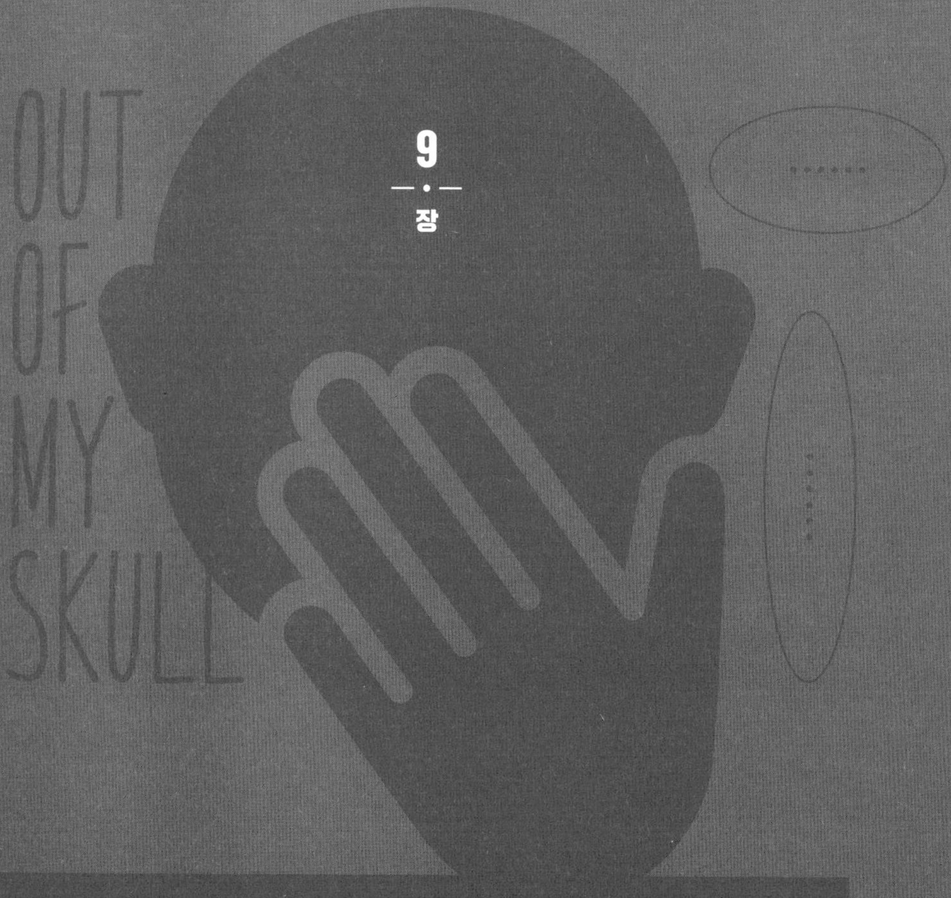

그저 몰입하라

공사가 완료되면 그 건물은 세계에서 가장 높은 건물이 될 것이다. 마천루가 즐비한 도시에서 세계무역센터 쌍둥이 빌딩은 단연 최고가 될 것이다. 프랑스인 필리페 페팃Philippe Petit은 잡지에서 그 건물들에 대한 기사를 읽으며 꿈을 키웠다. 두 빌딩 사이에 줄을 걸고 그 위를 걸어 건물 아래 있는 사람들을 놀라게 하는 것, 이것이 바로 그의 포부였다.

전체적인 계획 수립, 미완성인 빌딩에 들어가 경비원들의 동선 파악하기, 항공사진 입수, 줄을 고정할 위치 찾기, 건물 옥상에 잠입해 세부 사항 점검하기 등 준비 작업에 6년이 걸렸다. 심지어 그는 혹시 모를 사고에 대비해 건물의 축소 모형까지 만들었다. 그리고 혼잡한 뉴욕 거리의 400미터 높이에서 줄을 타기 위한 준비 훈련으로 지상에서 불과 몇 미터 떨어지지 않은 높이에 줄을 걸고 그 위에서 오랫동안 연습했다.

그날 줄 위를 걸은 시간은 45분이었다. 한 번만 오간 것이 아니었다. 페팃은 61미터 거리를 여덟 번 횡단할 생각이었다. 그는 26미터 길이의 균형 봉을 잡고 재빠르게 발을 바꿔가며 건물 사이를 건넌 후 줄 위에 누워 운집한 군중에게 손을 흔들었다.

페팃은 죽음을 동경했을까? 아니면 스릴을 추구하는 사람이었을까? 오히려 그는 여러 자리를 통해 줄 위에서는 두려움이 사라지며 줄을 타는 동안 자신이 추구한 것은 죽음이 아니라 삶이었다고 말했다. 죽음을 동경하지도 않았고 줄타기에서 전통적인 의미의 스릴도 느끼지 못했는데 그는 왜 이런 대담한 시도를 했을까? 아마 예술을 위해서였겠지만 어쩌면 극단적인 몰입의 순간을 경험하고 싶어서는 아니었을까. 한 치의 흐트러짐도 없이 고도의 집중력을 발휘해(언젠가 페팃은 줄 위에 있을 때 누군가 나무판자로 자기 머리를 치면 자신이 움직이지 못할 것이라고 말했었다!) 세상과 하나가 됐다는 느낌을 받고 싶었는지 모른다.

* * *

뛰어난 암벽등반가 알렉스 호놀드Alex Honnold는 요세미티국립공원의 깎아지른 화강암 산으로 높이가 914미터나 되는 엘카피탄 같은 산들을 아무런 안전 장비 없이 등반한다.[1] 대부분의 사람들은 호놀드의 등반을 페팃의 줄타기처럼 정신 나간 행동이나 죽음을 동경하는 증거로 여길 것이다. 그러나 두 사람 다 그렇게 생각하지 않는다. 신중하게 계획을 세우고 열심히 노력하는 과정에서 두려움이 사라지기 때문에 그들은 그러는 동안 죽음을 동경하기는커녕 그 어느 때보다 더욱 살아 있는 기분을 느낀다. 아마도 호놀드나 페팃에게 성공이란 극단적인 몰입 상태에 도달했다는 의미일 것이다.

앞에서 설명한 대로 지루함을 몰두하지 못해 느끼는 초조함으로 본다면 호놀드가 추구한 상태는 아마 지루함의 반대말일 것이다. 그러나 지루함의 반대가 **오직** 극단적 몰입이나 초집중 상태만 있을까? 혹시 다른 것은 없을까? 지루함의 반대로 여길 만한 상태와 감정을 조사하면 지루함이라는 신호를 더 깊이 이해하고 궁극적으로 지루함에 효과적으로 반응할 방법을 찾을 수 있을 것이다.

지루함의 반대가 될 만한 감정은 아주 많다. 우선 흥분이 있다. 스릴 넘치는 롤러코스터를 타거나 자기 팀의 시즌 우승이 예상될 때 혹은 공연 무대로 올라가기 직전에 사람들은 흥분을 느낀다. 이와 비슷하게 흥미도 지루함의 반대가 된다. 소설에 심취하거나 어려운 영화를 몰입해서 보거나 심지어 1,000개의 퍼즐 조각을 집중해서 맞추는 이유는 그 대상에 흥미를 느꼈기 때문이다. 그럼 쾌락은 어떨까? 가령 네 가지 코스 요리를 즐기거나 신나는 콘서트를 볼 때 혹은 정열적인 밤을 보낼 때 우리 기분은 유쾌하고 즐겁다. 그럼 쾌락 말고 편안함은 어떨까? 수영장 벤치에서 휴식을 취하거나 봄날 오후에 공원을 산책하거나 힘든 하루 끝에 텔레비전 앞에서 빈둥거릴 때 우리 마음은 편안하다. 이 모든 상황이 지루함의 반대일까? 아주 단순하게 생각하면 그렇다. 흥분, 흥미, 쾌락, 호기심 그리고 심지어 편안함까지 이 모든 것의 공통점은 그 감정을 느낄 때 우리는 어떤 일에 몰두해 있고 그 일을 **하고 싶어** 한다는 사실이다. 즉, 세상에 만족스럽게 참여하고 있는 상태다. 지금부터는 참여라는 관점에서 지루함의 반대가 될 만한 상황을 살펴볼 예정이다. 그 시작으로 가장 적당한 상황은 어마어마한 공포 속에서 호놀드와 페팃이 경험했던 상태, 즉 몰입일 것이다.

몰입이란 무엇인가

약 50년 전 미하이 칙센트미하이Mihaly Csikszentmihalyi는 행복해지는 '방법'을 찾기 위해 새로운 이론과 방법론을 개발하기 시작했다.[2] 지루함처럼 사람을 행복하게 하는 것도 본질적으로 독특하다. 수집가들은 관심 있는 물건들을 몇 시간이나 계속해서 세세히 살피고 다른 사람은 음미할 수 없고 심지어 생각조차 하지 못하는 사소한 것들을 기꺼이 탐구한다. 사람들이 하는 일의 **내용**은 그 일과 연결되는 방식보다 덜 중요하다. 이것이 칙센트미하이의 통찰이었다. 그가 도입한 방법론은 '경험 표집법'이었다. 칙센트미하이는 실험 참가자들의 수첩(오늘날은 스마트폰도 포함) 기록을 살피거나 그들에게 최근 중단된 일에 관해 묻거나 직접 인터뷰를 통해 개인적인 일상 경험을 조사했다.[3] 호놀드와 같은 암벽등반가부터 공장 노동자, 의사, 공연 예술가 등에게서 얻은 메시지는 분명했다. 사람들은 주변을 의식하지 못할 정도로 뭔가에 몰두할 때 가장 큰 만족감을 느꼈다. 칙센트미하이의 실험에 참가한 사람들은 이런 현상을 자주 "몰입"이라고 불렀다.[4]

연구자마다 분석 내용은 조금씩 다르지만 이들이 공통적으로 확인한 몰입의 핵심적 특징은 다음과 같다.

- 자신의 기술과 능력으로 과제를 충분히 수행할 수 있어야 한다.
- 자기통제력이 강해야 한다.
- 명확한 목표를 세우고 진척 과정에 대해 분명하게 피드백해야 한다.
- 주의를 집중해야 한다.
- 무아지경에 빠질 정도로 하고 있는 일에 온 의식을 집중해야 한다.
- 무슨 일이든 힘에 부치면 안 된다.
- 일 자체가 재밌어서 해야 한다. 즉, 내적 동기부여가 필요하다.
- 시간 감각이 왜곡된다.

이 특징 중 일부는 분명 몰입의 전제 조건이지만 일부는 몰입에 성공한 후 얻어지는 결과물로 보이기도 한다.[5] 그러나 모두가 몰입의 중요한 특징이며 이를 잘 이용하면 지루함에 빠지지 않을 수 있다.

몰입의 핵심 전제 조건 중 첫 번째는 해야 할 일과 그 일을 솜씨 있게 처리하는 능력 사이에서 균형을 찾는 것이다(앞에서 다뤘던 '골디락스 존'을 찾는 일과 매우 비슷하다). 칙센트미하이에 따르면 몰입은 최적 지점, 즉 자신이 그 상황과 조화를 이루는 순간들을 찾았을 때 이뤄진다. 과제에 비해 능력이나 기술이 부족하면 우리는 불안해진다. 반면 능력이나 기술에 비해 과제가 너무 간단하면 지루해진다. 지루함은 좀 더 어려운 도전을 하라고 강요하고 불안감은 기술을 향상해야 한다고 경고한다. 두 부정적인 감정 모두 몰입하라고 우리를 자극한다.

난이도가 5.4 정도(미국식 등반 등급 체계에서 특별한 기술이 필요 없는 초급 수준_옮긴이)되는 실내 암벽은 호놀드와 같은 고급 기술을 가진 사람에게는 지나치게 쉽다. 심지어 준비운동용으로도 적합하지 않다. 이런 사람은 5.9나 5.10단계(입문자에게는 어렵지만 이들에게는 단순한 준비운동 단계다)에서 바로 운동을 시작할 것이다. 입문자에게는 5.9단계가 준비운동이라기보다 넘을 수 없는 벽처럼 보일 것이다. 두 경우 모두 기술과 과제의 난이도가 명확히 불일치하는 상황이다. 자신의 한계를 뛰어넘고 지루함에서 벗어나 몰입하려면 자신의 기술과 도전 수준이 "딱 맞게" 조화를 이룬 골디락스 존을 찾아야 한다.

이를 증명하기 위해 2장의 가위바위보 실험을 떠올려보자. 항상 실험 참가자가 이기도록 게임이 설정돼 있다면 가위바위보는 전혀 도전적인 게임이 아니다. 도전은커녕 참가자들은 끔찍한 지루함만 느꼈다. 그뿐 아니라 가위바위보 게임에서 항상 졌던 참가자들은 처음에는 좌절감을 느꼈고 그다음에는 지루함을 느꼈다.[6]

2장에서 언급한 또 다른 연구에서는 두 집단에게 서로 다른 20분짜리 영상을 보여줬다. 하나는 우스꽝스러운 마임으로 기초 영어 단어를 천천히 반복해 설명하는 영상이었고 다른 하나는 수학자가 끔찍하게 복잡한 공식과 도표로 고급 컴퓨터 그래픽을 설명하는 영상이었다. 영상 내용과 무관하게 모든 실험 참가자가 영상이 끝날 때까지 괴로워했다. 도전 과제가 지나치게 쉽거나 어려우면 사람들은 지루해했다.[7] 칙센트미하이의 몰입 모형과 달리 지루함은 도전 과제가 쉬울 때만 발생하지 않는다. 사실 지루함은 상황이 지나치게 도전적이거나 도전적이지 않을 때(일이 너무 어렵거나 쉬울 때) 그리고 그 상황과 기술이 조화를 이루지 못할 때 유발된다. 이는 교육계의 오랜 정설이다. 뮌헨 루트비히 막시밀리안대학 연구소장인 라인하르트 페크룬Reinhard Pekrun은 학교 수업이 학생들의 능력에 비해 지나치게 어려울 때 학생들이 수업에 집중할 수 없어 학교생활을 지루하게 여기고 거기서 벗어나려 한다는 사실을 증명했다.[8]

몰입의 두 번째 조건은 자기통제력이다. 안전 장비 없이 암벽을 등반한 호놀드를 다시 떠올려보면 사람들은 대개 이런 등반 방식을 무섭게 여길 것이다. 이 같은 공포감은 자기 뜻대로 상황을 통제할 수 없다는 인식에서 비롯된다. 그러나 호놀드는 반대였다. 물론 수백 미터 높이의 절벽에 손가락 끝으로 매달려 있는 사람은 추락사할 가능성이 있다. 하지만 호놀드는 등반하는 동안 어떤 위험도 느끼지 못한다. 오히려 그는 자신이 철저한 계획에 따라 움직이고 있으며 자신의 행동을 제어할 수 있다고 느낀다. 바로 그 점이 그가 암벽등반에 몰입할 수 있고 매혹되는 이유다. 몰입한 순간에는 어떤 비상사태도 해결할 수 있고 매 순간 **스스로** 다음 일을 결정할 수 있다. 바꿔 말하면 몰입할 때 강한 주체성을 느끼게 되는데 이것이 바로 몰입을 최고의 경험으로 만들어주는 핵심 요소다.

이와 반대로 지루함은 주체성을 위협한다. 지루할 때 자기통제력은 약화된다. 상황이 눈앞에서 벌어질 뿐 우리가 그 상황을 바꿀 수는 없다. 2장에서 봤듯이 지루함은 일을 시작하기도 전에 사기를 꺾어서 하고 싶은 일이 무엇인지 알 수 없게 하고 해야 할 일만 강요한다. 만약 주체성이 최고인 상태가 몰입의 특징이라면 지루함은 분명 주체성이 바닥난 상태다.

가위바위보 실험의 후속 연구는 다른 방식으로 실험 참가자들을 속였다. 이번에는 컴퓨터가 가위바위보를 내는 확률을 똑같이 설정했다. 매회 참가자가 이길 확률이 33퍼센트라는 뜻이다. 한 집단에게는 이 사실을 알려줬다. 컴퓨터가 가위바위보를 무작위로 내지만 각각의 확률은 동일하기 때문에 참가자가 컴퓨터를 이길 확률은 33퍼센트를 넘지 못한다고 말해줬다. 이 집단은 게임을 통제할 방법이 없었으므로 게임을 진행할수록 따분하고 지루해졌다. 한편 다른 집단에는 컴퓨터가 어떤 전략을 사용할 것인데 만약 참가자가 그 전략을 알아낸다면 승리 확률이 높아진다고 거짓말을 했다. 이 집단은 사실 승리 확률이 33퍼센트 정도밖에 되지 않는데도 전혀 지루함을 느끼지 않았다. (실현 여부와 상관없이) 상황을 통제할 수 있다는 가능성만으로도 충분히 지루함에서 벗어날 수 있었다.

앞에서도 말했지만 호놀드가 위험한 암벽등반가로서 성공할 수 있었던 것은 쌍둥이 빌딩 사이를 오가는 줄타기를 계획하느라 수년을 투자한 페팃처럼 등반 계획을 꼼꼼하게 세웠기 때문이다. 암벽등반은 자신의 한계를 뛰어넘는 도전이면서 동시에 매 움직임이 예측 가능하도록 준비 계획을 꼼꼼하게 세워야 하는 일이다. 그는 무의식적으로 올바른 동작을 해야 하며 다음 동작을 취하기 전에 자신의 몸과 바위가 알려주는 피드백을 파악해야 한다. 어떤 상황에 몰입하려면 그 상황이 요구하는 것들을 예측할 수 있어야 하고 성공도 눈앞에 보여야 한다. 또 목표도 도전적이어야 하는데 그렇지 않으면 그의 기술과 도전 과제는 조화를 이루지 못한다. 호놀드는 너무 쉬운 등반 코스에서 몰입하지 못할 것이다. 첫 번째 가위바위보 실험에서 봤듯이 완전히 통제된 상황도 지루함을 유발한다. 100퍼센트 확실한 결과가 도출되는 경우에는 상황을 주도할 수 없다. 통제력이 약한 지루함과 통제력이 강한 몰입은 주체성의 영향도 서로 다르게 받는다. 주체성이 높을수록 덜 지루하고 더 몰입한다. 그러나 결과가 완벽하게 예측되고 확실한 경우 상황을 통제할 수 없으므로 몰입도 일어나지 않는다.

몰입하려면 명확한 목표와 확실한 피드백이 필요하다. 달성하고 싶은 목표가 불확실하거나 자신이 목표에서 얼마나 멀어졌는지 판단할 수 없다면 몰입할 수 없다. 또 지루해지지 않으려면 자신의 목표를 분명하게 표현할 수 있어야 하며 그것이 어렵다면 적어도 실현 가능한 대안 중에서 원하는 목표를 선택할 수 있어야 한다. 꾸물거리는 행동은 아마도 목표를 정하지 못하는 어려움을 가장 뚜렷하게 보여주는 증상이며 이때 사람들은 지루한 순간에 '갇혔다'는 기분을 느낄 것이다. 실제로 지루함에 취약한 사람일수록 더 자주 꾸물거린다. 특히 권태 성향이 높은 사람의 꾸물거림은 "곤란한 상황 피하기"라는 말로 가장 잘 설명할 수 있는데 이는 일을 시작할지 말지 결정하지 못하는 상태다.[9] 지루함을 혐오하는 핵심 이유는 어떤 일에 참여하고 싶지만 그 일을 시작하지 못한 상태기 때문이다. 목표를 명확히 하면 몰입할 수 있다는 말은 목표 설정이 얼마나 성공적인지, 지루할 때 목표 설정에 실패하는 이유는 무엇인지를 설명해 주지 못한다. 그러나 지루함을 피하기 위해 반드시 피드백이 명확한 목표 지향적 행동만 해야 하는 것은 아니다. 좋은 예로 몽상이 있다. 당연히 몽상은 명확히 규정된 목표와 피드백이 없어도 쉽게 몰입된다.

몰입은 마음이 어수선할 때 깨진다. 호놀드나 페팃의 경우 집중력이 무너지면 아마 대참사가 일어날 것이다. (시리얼에 오렌지주스를 붓는 행동처럼) 일상에서의 실수든 실험실에서의 실수든 집중력이 깨지면 지루함이 밀려든다는 사실을 입증하는 연구는 계속 나오고 있다.[10] 그런데 집중력을 요구하지 않으면서 지루함을 막을 수 있는 상황이 있을까? 다시 말해 지루함을 피하기 위해서는 반드시 어딘가에 집중해야 할까? 해안가에서 휴식을 취할 때는 집중력이 별로 필요하지 않아 보인다. 또 이때 대부분의 사람들은 지루해하지 않는다. 그러나 햇볕이 내리쬐는 모래에서 쉬는 동안 다른 일을 하고 싶어 안절부절못하기도 한다. 이는 편안함이 지루함으로 바뀐 상황이다. 따라서 집중이 몰입에 대단히 중요하고 주의력이나 집중력이 깨지면 지루함이 유발되지만 집중력의 부재가 반드시 지루함으로 이어지는 것은 아니다. 몰두할 필요는 있을지언정 단순히 지루함만 피하기 위해서라면 완벽하게 집중할 필요까지는 없다.

몰입한 순간에는 자의식도 소멸한다. 이런 의미에서 몰입은 불안의 반대어인 셈이다. 엄밀히 말해 불안감은 실제든 인지된 것이든 위협을 받았을 때 스스로를 걱정하는 마음이다.[11] 어떤 활동에 몰입해 마음의 동요가 전혀 없다면 일상의 두려움이나 걱정은 뒷전이 된다. 다시 암벽등반가의 사례가 좋은 보기가 된다. 다른 사람들이 보기에는 끔찍하게 무서운 활동에 암벽등반가들이 계속 도전하는 이유는 스릴 추구나 죽음에 대한 동경 때문이 아니라 등반하는 동안 느낄 수 있는 완벽한 평온함 때문이다. 실제로 칙센트미하이의 실험 참가자 대부분은 자신들이 몰입할 대상을 찾고 있으며 무엇에든 일단 몰입하면 두려움이나 불안감을 전혀 느끼지 못한다고 강조했다. 호놀드는 "일반적으로 어려운 경로는 두려움이 사라졌을 때 등반을 시작한다"고 말했다.[12] 반대로 지루함은 자의식과 밀접하다. 지루함을 느낀 사람은 활동에 몰두할 수 없다는 사실을 고통스럽게 여긴다. 자신에게 초점을 맞춘다는 점에서 지루함은 사실 몰입의 반대다. 자주 지루해하는 사람들은 자신에게 초점을 맞추는 사람, 불안을 느끼는 사람, 신경증을 앓는 사람 등과 매우 비슷한 행동 양식을 보인다.[13] 이런 점에서 지루함과 몰입은 자신에 대한 관심도 수준이 정반대다.

특히 암벽등반과 같은 익스트림 스포츠를 즐기는 사람들을 인터뷰한 후 칙센트미하이는 몰입하려면 무슨 일이든 힘에 부치면 안 된다고 말했다. 이 말은 복잡한 신체 기술이나 정신력이 불필요하다는 뜻이 아니라 원래 가진 기술을 편하고 자연스럽게 사용할 수 있어야 한다는 의미다. 호놀드가 최초로 안전 장비 없이 엘카피탄 등정에 성공했을 때 이를 본 사람들은 상당한 신체 기술과 정신력이 필요하다는 사실을 의심하지 않았을 것이다.[14] 호놀드는 직접 이렇게 메모했다. "등반할 때는 아무 생각도 나지 않는데 이것이 등반의 매력 중 하나다."[15] 당연하지만 등반할 때는 손과 발이 놓이는 위치가 정확해야 하므로 등반가는 훌륭한 기술을 갖추고 철저히 준비해야 하며 수많은 연습을 해야 한다. 그러나 실제 등반을 하는 동안에는 힘이 들지 않는다고 **느낀다**.

호놀드에게 암벽등반은 그 자체로 보상이다. 등반계의 스타가 되면 따라오는 여러 특전도 중요한 보상이지만 그가 등반하는 진짜 이유는 무엇일까. 몰입을 경험할 만큼 충분히 운이 좋은 사람은 내적 보상 활동을 찾은 사람들이다. 이들은 완벽한 몰입과 적정 수준의 도전 과제에서 얻어지는 쾌락과 보상을 위해서만 그 활동을 한다. 여기서 다시 한 번 몰입은 지루함의 반대가 된다. 지루할 때는 하고 싫어서 하는 일은커녕 무슨 일을 하고 싶은지조차 알지 못한다. 내적 보상을 주는 활동은 쉽게 주의를 사로잡고 관심을 계속 유지시킨다. 그 일을 하라고 스스로에게 강요하지 않아도 된다. 내적 보상을 주는 활동과 지루함은 물과 기름처럼 서로 섞이지 못한다.

몰입의 마지막 핵심 요소는 시간 왜곡이다. 칙센트미하이는 보통 시간이 압축된 느낌(한 시간이 1분처럼 느껴지는 기분)이 들지만 늘 그렇지는 않다고 지적한다. 세부 사항이나 현시점에서의 경험에 지나치게 집중하면 시간이 멈춘 것처럼 느껴지기 때문이다.

어떤 경우든 몰입한 사람은 시간에 구애받지 않는다. 몰입할 때의 시간 왜곡(압축이든 팽창이든)은 그 상황을 즐기는 데 핵심 요소인 집중력의 강도와 연관된다. 이는 시간이 더디게 가는 지루한 상황과 반대가 된다.[16] 자주 언급되는 예로 차량국Department of Motor Vehicles, DMV에서 자기 순번을 기다리는 상황이 있다. 여기서는 시간을 흘려보내는 일 말고는 달리 할 일이 없다. 시간이 더디게 가는 느낌은 지루함의 특징이며 자주 지루함을 느끼는 사람들에게서 두드러지는 현상이다. 지루할 때는 마음이 분주하기 않으므로 시간이 굼뜨게 가고[17] 이렇게 시간이 더디게 가는 느낌 때문에 사람들은 지루함을 불쾌한 감정으로 여기기 마련이다.

〈표 9.1〉은 몰입과 지루함이 서로 얼마나 다른지 보여준다. 그러나 몰입이 지루함의 반대라고 해서 몰입하면 지루함에서 벗어날 수 있다는 뜻은 아니다. 몰입은 어떤 활동에 열정적으로 참여한 상태지만 지루함을 피하는 데 그 정도의 열정까지는 필요하지 않다. 지

	몰입	지루함
기술과 도전 수준의 균형	'적정' 상태	너무 쉽거나 너무 어려움
통제력	적정 수준	과다 혹은 과소
목표 설정	명확한 목표 설정	설정 실패
집중력	높은 집중력	주의력 산만
자기감	자기 '잊기'	자기 초점
노력	불필요	필요
동기부여	내재적	부족
시간	왜곡(압축 혹은 팽창)	더디게 진행

| 표 9.1 | 몰입 대 지루함

루함의 반대로서 몰입의 핵심은 열정적 참여가 아니라 자신의 기술과 재능을 효과적으로 발휘해 세상에 성공적으로 참여했다는 사실이다.

이렇게 몰입이 지루함에서 벗어나는 유일한 수단이 아니라면 다른 방법으로 무엇이 있을까?

몰입을 넘어

뭔가에 흥미를 느낀다는 의미는 그 활동에 지속적이고 적극적으로 참여한다는 뜻이고 이런 이유에서 지루함의 반대처럼 보이기도 한다.[18] 확실히 뭔가를 하면서 흥미를 느끼는 사람은 지루하다고 말하지 않는다. 지금까지 우리는 어떤 것이 자신의 욕구를 해소해 주지 못하고 마음도 빼앗지 못할 때가 지루한 상황이라고 주장해 왔다. 그럼 무엇이 상황을 흥미롭게 할까? 본래부터 흥미로운 사물이나 활동이 있을까? 이 질문들을 분석하다 보면 어떤 점에서 흥미가 지루함의 반대가 되고 반대가 되지 않는지 파악할 수 있다.

철학자 대니얼 데닛Daniel Dennett은 그가 다윈의 "기묘한 논리 전도strange inversion of logic"라고 칭한 내용을 설명하면서 무엇이 사물이나 상황을 흥미롭게 하는지에 관한 인상적인 이야기를 들려준다.[19] 이는 참여와 흥미에 관한 고정관념을 깨는 반직관적인 주장으로 꿀이 좋은 예다. 데닛은 상식과 달리 사람들이 꿀을 좋아하는 이유는 꿀이 달콤하기 때문이 아니라고 주장한다. 그보다는 사람들이 꿀을 좋아하기 때문에 달콤하게 느낀다는 것이다. 그의 논리는 이렇다. 꿀의 주요 성분은 포도당인데 포도당 분자를 아무리 조사해 봐도 단맛의 이유를 찾을 수 없다는 것이다. 그런데 진화의 역사를 거치는 동안 우리 조상들에게 에너지를 얻기 위해 포도당 섭취가 중요해졌다. 인간은 좋은 성분을 발견하면 그것의 중요한 기능(생존에 필요)을 강화하기 위해 맛을 즐거움과 연결시킨다. "꿀에 대한 기호"는 나중에 단것에 대한 기호로 둔갑했다. 이렇게 진화적 힘에 의해 인간은 단것을 먹으면(포도당의 맛을 혀에서 느끼면) 기분이 좋아지게 됐고 그로 인해 꿀을 볼 때마다 먹게 됐다.

이런 논리 전도는 귀여움이나 성적 매력 혹은 재밌는 것에도 적용된다. 아기는 귀여움을 타고나는 것이 아니라 인간이 아기를 보살

피는 쪽으로 적응했기 때문에 귀엽다고 인식된다. 성적 매력을 풍기는 몸은 자손 번식이라는 필요에 의해 매력적이라고 인식된다. 예상치 못한 농담의 결과가 효율적이고 논리적으로 문제를 해결하는 과정에 참여하도록 유도하기 때문에 농담을 재밌는 것으로 인식한다. 데닛은 이를 "오류 수정의 즐거움joy of debugging"이라 부른다. 바꿔 말하면 잘못된 추론을 찾아내는 일은 유익하기 때문에 그 일을 계속하기 위해서 오류 발견을 재밌는 일로 인식하게 됐다는 뜻이다.[20] 달콤함, 귀여움, 재미와 같은 바람직한 특성은 사물 자체가 타고나는 것이 아니라 시간이 지나면서 필요에 의해 인간의 욕구를 형성해 온 진화 과정의 산물이다. 논리 전도는 처음에는 이상하게 들리지만 대부분의 사람들이 고칼로리 음식을 선호하는 현상을 떠올려보면 일리가 있다고 생각된다. 그런데 도로표지판에 집착하는 사람의 심리도 다윈의 논리 전도로 설명할 수 있을까?

'영국의 덜 맨Dull Man of Great Britain'으로 뽑힌 데이비드 모건David Morgan은 자신이 세계 최대 도로표지판 수집가라는 사실을 자랑스러워한다.[21] (도로표지판을 좀 아는 사람들에게는) 놀랍게도 그의 수집품 중에는 1956년 스코틀랜드 린베일Lynvale사에서 만든 고가의 고무 표지판도 있다. 모건은 자신의 취미를 꽤 열정적으로 설명했다. "크기, 모양, 색깔이 아주 다양해요. 모델도 늘 바뀌고요." "지극히 평범하고 일상적인 것"에서 즐거움을 얻는 사람들의 모임인 '덜 맨스 클럽Dull Men's Club'은 자체 제작한 2015년 달력의 주인공으로 모건을 선정했다. '영국 원형 교차로 감상회United Kingdom's Roundabouts Appreciation

Society' 회원인 케빈 베리스퍼드Kevin Beresford를 포함해 모건과 함께 달력 모델이 된 사람들의 관심사는 놀랍고 독특했다. 그들의 희한한 취미를 보면 본질적으로 흥미로운 사물이나 활동은 없다는 사실을 확인할 수 있다. 사랑처럼 흥미도 느끼는 사람마다 대상이 제각각이다. 그래도 어떤 사람은 뉴욕 쌍둥이 빌딩 사이에서 줄타기를 하거나 안전 장비 없이 914미터 높이의 암벽 산을 올라야 즐거움을 얻는데 어떻게 도로표지판을 수집하는 데서 즐거움을 얻는 사람이 있을 수 있을까?[22] 인간의 폭넓은 관심사는 진화 프로그래밍evolutionary programming의 결과로 사람마다 독특한 것에 관심을 둘 수 있다는 사실을 생각하면 이해하기가 어렵긴 해도 불가능하지는 않다.

그러나 다윈의 논리 전도를 도로표지판 수집가인 모건에게 적용해 보면 표지판이 흥미로워서 그가 거기에 관심을 둔 것이 아니라 **관심이 있었기 때문에** 표지판이 재밌는 물건이 됐다고 말할 수 있다. 이렇게 생각해 보면 흥미는 결과지 원인이 아니다. 아마 모건도 다른 사람과 다르지 않을 것이다. 즉, 그도 (꿀처럼) 달콤한 음식을 좋아할 것이다. 우리는 표지판에 끌리는 그의 성향이 타고난 것이라고는 생각하지 않는다.[23] 만약 진화 과정이 그의 독특한 취미를 형성한 것이 아니라면 무엇이 그렇게 했을까? 우리는 지루함이 그렇게 했을 가능성이 있다고 생각한다.

우리 몸은 몰두하는 것을 좋아하도록 만들어졌다. 그래서 몰두할 때 기분이 좋고 그러지 않을 때 기분이 나쁘다. 몰두할 때 기분이 좋은 근본적 이유는 우리가 기술을 배우고 익히기 위해 세상에 참여하도록 적응해 왔기 때문이다. 그러므로 몰두하고 싶은 욕구는 우리에게 참여를 강요한다. 일단 뭔가에 참여하면 마법이 일어난다. 즉, 뭔가에 대한 관심이 그것을 **재밌는 것으로 만든다**. 일본 세이센대학의 마사토 누노이Masato Nunoi와 교토대학의 사키코 요시카와Sakiko Yoshikawa는 사람들이 관심을 많이 준 것을 더 선호한다는 사실을 증명했다.[24] 이들은 사람들에게 도형이 그려진 그림을 보여주고 화면에 나타난 도형의 위치나 도형으로 연상할 수 있는 것을 말해달라고 했다. 예를 들면 도형이 개를 닮았다고 말하는 식인데 구름의 모양을 보며 닮은 것을 생각해 내는 놀이와 비슷하다. 이때 어떤 도형은 한 번씩만 연상해 보라고 했고 어떤 도형은 다섯 번씩 연상해 보라고 했다. 그런 다음 그 도형들을 처음 보는 새로운 도형들과 섞어서 보여주고 좋아하는 순서를 매기게 했다. 보통 새로운 것이 선호되기 마련이니 사람들이 처음 본 도형에 더 높은 점수를 줬을 것이라고 생각하지 않았는가? 그러나 그렇지 않았다. 사람들이 가장 좋아한 도형은 여러 번 보면서 다른 것들을 연상해 본 도형이었다.

뭔가를 흥미롭게 인식하게 하는 관심의 힘은 1960년대부터 지금까지 선구적 연구로 인정받는 로버트 자욘스Robert Zajonc의 '단순 노출 효과mere exposure effect'와 여러 면에서 비슷하다. 기본적으로 단순 노출 효과는 사람들이 익숙한 것을 선호한다는 사실을 입증한다. 만약 당신이 어떤 노래를 처음 듣고 끔찍하다고 생각더라도 두 번째 들을 때는 감정이 생겨 처음보다 높은 점수를 줄 수 있다.[25] 인간은 선천적으로 익숙한 것을 좋아하게 되는 듯한데 이 내용을 자욘스는 다음과 같이 설명했다. "그것이 익숙하다면 아직은 싫증 나지 않은 상태다!"[26]

결정적으로 이런 선호는 실제로도 입증됐다. 누노이와 요시카와는 실험 참가자들에게 도형들을 보여주고 6주가 지난 후 이들의 선호를 조사했는데 참가자들은 여전히 더 많이 관심을 기울이고 고민했던 그림을 선호했다. 저절로 좋아질 리 없는 도로표지판 같은 물건을 일부러 주목하기란 어렵다. 그러나 그 고비를 잘 넘기고 거기에 관심을 쏟기 시작하면 마침내 그것들은 흥미로운 물건이 된다. 지루함은 도로표지판 같은 물건들을 좋아하라고 강요하지 않는다. 지루함은 몰두하지 못한 불편한 감정에서 벗어나라고 우리를 다그친다. 그런 요구를 받을 때 눈앞에 도로표지판이 보인다면 모건처럼 그것들에 평생 열정을 품게 될지도 모른다. 이런 점에서 지루함은 몰두하도록 자극하는 일종의 흥미 예열 작용pre-interest mechanism을 한다. 무슨 일에든 일단 참여하면 흥미가 생기고 흥미를 느낀 덕분에 그 일에 더욱 적극적이고 지속적으로 참여하게 된다.[27]

여기서 교훈은 지루함이 밀려올 때 평범한 뭔가에 충분히 관심을 쏟는다면 당신도 자신만의 독특한(다른 사람들에게는 따분할 수 있지만) 취미를 가질 수 있다는 점이다. 지루함이 주변에 참여하도록 흥미 예열 작용을 한다는 우리 주장은 지루함과 흥미가 기능적으로 다르다는 사실을 암시한다. 그러나 지루함이라는 **감정**과 흥미라는 **감정**을 비교하면 어떨까? 이 둘도 서로 반대일까? 우리는 그렇지 않다고 생각한다. 지루함은 마음의 상태, 즉 몰두하지 못한 상태다. 흥미는 낚시나 고전음악, 심지어 도로표지판처럼 참여가 필요한 구체적인 대상과 관련된다. 지루함은 대상이나 내용 없이 참여하고 싶은 갈망만 드러낸다. 지루함과 흥미는 정반대도 아니지만 공존하지도 못한다. 즉, 흥미를 느끼고 있다면 지루할 수 없다. 엄밀히 말해 지루함은 단순히 흥미가 부족한 상태가 아니다. 지루함은 뭔가에 끊임없이 참여하고 싶은 갈망일 뿐 아니라 지금 하는 일이 만족감을 느낄 만큼 흥미롭지는 않다는 감정이기도 하다.

또 흥미는 몰입과도 다르다. 뭔가에 흥미가 생기면 저절로 몰입하게 되지만 꼭 그런 것은 아니다. 우선 우리는 객관적으로 불쾌한 대상(가령 공포 영화)에도 관심을 가질 수 있다. 정의에 따르면 몰입감은 기분 좋은 감정이다. 공포 영화에 흥미를 느낄 수는 있지만 무서움을 느끼는 순간에는 유쾌할 수 없다. 그럼 몰입에 중요한 자기통제력이나 주체성은 어떨까? 거의 모든 공포 영화가 커튼 뒤에서 튀어나오는 고양이 장면으로 시작된다는 사실을 떠올려보자. 누구나 깜짝 놀랄 장면을 예상했더라도 막상 영화를 보면 심장이 뛴다. 입체 음향과 효과음 때문에 사람들은 속임수인 줄 알면서도 놀란다. 그래서 공포 영화는 유쾌하지도, 몰입되지도 않는데도 흥미와 매력을 느끼게 한다. 세상과 효과적으로 연결해 주고 지루함에서 벗어나게 하는 것은 바로 이런 참여감sense of engagement이다.

지루함의 반대로 분류한 것 중에서 불편한 지루함을 해소하는 최선의 방법을 찾고 있다면 흥미뿐 아니라 호기심도 고려해야 한다. 흔히 "지루함의 치료제는 호기심이다. 호기심에는 치료법이 없다"[28]라고 말한다. 아마도 호기심은 지루함의 반대어로 좋은 후보고 호기심을 기르는 것이 지루함에서 벗어나는 좋은 방법일지 모른다. 6장에서 암시했듯이 인간은 항상 주변 세상을 궁금해했고 그 덕분에 만년설이 있는 극지방부터 우주까지 살기 어려운 지역들을 탐험할 수 있었다. 흥미처럼 호기심도 주변에 있는 뭔가에 대한 끌림이다. 사람들은 모퉁이를 돌면 무엇이 나오는지 알고 싶어 한다. 또 흥미처럼 비논리적이게도 동일한 것에 호기심과 지루함을 모두 느낄 수 있다. 한편 호기심과 지루함은 비슷한 기능을 하는데 둘 다 뭔가를 탐구하고 싶다는 신호를 준다.

호기심은 특별히 뭔가를 탐구하게 하는 원동력이고 지루함은 정신이 쓰이지 않을 때 드는 불편한 감정을 해소하라고 강요하며 흥미는 이미 시작한 참여를 지속하도록 돕는다. 탐구욕 자체도 여러 기능을 한다. (음식이나 안식처, 친구 같은) 필요한 자원을 찾게 하고 (한쪽 골짜기에서만 포도가 잘 자라는 이유처럼) 설명에 필요한 정보를 탐색하게 하며 (아기가 높은 의자에서 물건을 반복적으로 떨어뜨리는 행위처럼) 세상의 작동 원리를 배우게 한다. 호기심이 유발한 탐구 활동은 행동경제학자들이 말하는 기회비용을 최소화한다.[29] 만약 사람들이 주어진 몫에 만족해 새로운 것을 찾아 세상을 탐험하지 않으면 더 풍부한 자원이나 기회를 놓칠 위험에 빠지기 때문이다. 지금 이곳에 맛 좋은 딸기가 충분히 있지만 모퉁이 뒤에 더 크고 맛 좋은 딸기가 풍부하다면 어떻게 하겠는가? 탐험하지 않으면 이런 정보조차 알 수 없다.[30]

호기심에는 두 유형이 있다고들 생각한다. 바로 정보 추구와 자극 추구다.[31] 정보 추구의 목적은 지식의 틈을 메우는 것이다. 세상에 대한 지식이 부족하면 사람들은 추가 정보를 찾아 나선다. 자극 추구는 다양한 경험을 하고 싶은 욕구와 관련된다. 이때 추구하는 대상은 스릴이 아니라 새로운 감각과 경험이다. 두 유형은 분명 서로 연관돼 있다. 새로운 감각을 추구하면 몰랐지만 알고 싶은 세상에 대한 지식이 드러난다. 난생처음 접한 사물은 왜 그런 맛이 나고 왜 그런 촉감이 느껴지고 왜 그런 모습을 하고 있을까?

호기심과 지루함을 상세하게 분석한 연구가 아직은 많지 않지만 이 둘이 반비례 관계임을 암시하는 연구는 더러 있다.[32] 학계에서는 호기심과 지루함이 참여도 면에서 서로 반대일 뿐 아니라 당면 과제에 부여하는 가치와 학습 행동과의 관계에서도 서로 뚜렷하게 구분된다고 생각한다. 이런 연구 결과는 대부분 타당해 보인다. 당연히 사람들은 지루한 것보다 호기심이 생기거나 흥미를 느끼는 것에 훨씬 더 많은 가치를 부여하기 때문이다. 또 호기심과 지루함은 학습 전략에 미치는 영향도 서로 다르다. 호기심을 유발하는 활동에서는 효율적인 학습 전략을 채택하고 학습 내용을 반복하게 하며 주어진 정보를 비판적으로 사고하게 하고 피상적 자료를 구체화하거나 발전시킬 전략을 사용해야 한다. 이 모든 학습 전략을 지루한 활동에서는 사용할 수 없다. 호기심이 생기면 자연스럽게 효과적인 학습 태도를 유지하지만 지루할 때는 특별한 노력이 필요하다.

호기심과 흥미는 몰두에 성공했음을 보여준다. 이들은 몰입 없이도 참여를 유도할 수 있음을 분명히 보여준다. 그러나 몰입, 호기심,

흥미 등은 모두 효과적인 목표 추구와 관련되므로 지루함과는 다르다. 성취욕이 세상을 파괴하는 강렬한 경험으로 이어질지 아니면 시간이 순식간에 지나가는 듯한 엄청난 집중력으로 이어질지는 정신을 몰두하고 기술을 발휘하며 욕구를 표현하게 해주는 실행 가능한 목표가 있다는 사실보다 지루함의 해소 수단으로는 덜 중요하다.

그런데 눈앞에 구체적인 목표가 없을 때 지루함을 피할 다른 방법은 없을까?

한가하지만 지루하지 않은

마지막으로 편안하게 휴식을 취했던 때가 언제였는지 떠올려보라. 누군가는 산장이나 바닷가에서 요 네스뵈Jo Nesbø의 신작 스릴러 소설을 읽었을 것이고 누군가는 그냥 소파에 누워 마룻바닥에 서서히 드리우는 오후의 햇살을 물끄러미 바라봤을 것이다. 장소와 상관없이 쉬는 동안 그 사람의 머리는 맑다. 일 생각은 전혀 하지 않는다. 걱정을 하지도 긴장감을 느끼지도 않는다. 바꿔야 할 것도 원하는 것도 없다. 이렇게 뭔가를 해야 한다는 조바심이 전혀 없는 상태가 휴식의 핵심이다. 눈앞의 목표도 없고 생산적인 일을 반드시 시간에 맞춰 해야 할 이유도 없다.

휴식은 에너지 소모가 적고 기분도 좋은 상태다. 그러나 지루함은 부분적으로 어떤 활동을 하고 싶어 안절부절못하는 상태다. 이런 욕구로 고통스럽다면 휴식을 취할 수 없다. 그래서 정의에 따라 휴식이 유쾌한 상태라면 지루함은 늘 불쾌한 상태다. 그런데 이 차이가 더 벌어질 수 있을까? 휴식의 핵심은 채우지 못한 욕구가 없다는 점이다. 지루함의 해소 수단이면서 지루함의 반대로 충분한 자격이 있는 휴식의 특징은 **갈망**의 부재다. 마음을 빼앗기고 싶은 욕구가 채워지지 않으리라는 강한 느낌은 지루하다는 증거다. 쉴 때는 충족되지 못한 욕구가 부담으로 느껴지지 않는다.[33] 실제로 권태 성향이 높은 사람은 그냥 쉬라는 말만 들어도 순간적으로 느끼는 지루함이 완화될 수 있다.[34]

사실 언뜻 보면 지루함과 휴식은 정신을 활용하지 않는다는 공통점이 있는 것 같다. 그러나 이 둘은 분명 서로 다르다. 휴식할 때는 목표 지향적 욕구가 주는 부담을 느끼지 않는데 이는 지루해지기 전 단계인 정신이 쓰이지 않는 상태와는 다르다. 휴식하는 동안에도 우리 정신은 쉬지 않는다. 아마도 몽상에 빠져 있거나 미래 계획을 세우거나 상상의 정원을 산책하고 있을지 모른다. 목적은 불분명할지 모르지만 마음은 바쁜 상태다. 어쩌면 의식적으로 생각하지 않고 떠오르는 생각을 그냥 내버려두고 있는지도 모른다. 그럼에도 불구하고 우리 마음은 지루할 때와 달리 여전히 뭔가에 사로잡혀 있다.

최근 일본에서는 삼림욕이 유행하고 있다.[35] 건강과 웰빙을 증진하기 위해 자연에서 편하게 시간을 보내는 활동이다. 도시 대신 숲에서 시간을 보내면 적대감과 우울증이 크게 줄어든다는 증거가 있다. 지루함도 마찬가지다. 아마도 자연에는 특별한 뭔가가 있는 것 같다. 아니면 자연은 삶의 요구가 사라지고 편하게 휴식을 취할 수 있는 단순한 공간인지도 모른다. 실제로 많은 사람들이 일상에서는 좀처럼 쉬지 못한다. 끊임없이 활동하거나 성과를 내려 애쓰거나 주목받는 상황을 찾지 못하면 자주 지루해져 신속하게 흥분을 제공할 환경을 찾아 나선다. 휴식은 지루해지지 않고 한가할 수 있는 능력을 요구한다.

지루해지지 않기 위해 반드시 몰입하거나 휴식을 취하거나 흥미와 호기심을 느껴야 하는 것은 아니다. 어떤 의미에서 그런 상태는 지루함과 공존할 수 없다. 그러나 그것들은 지루함의 의미를 명확히 밝히고 지루함을 깊이 이해할 수 있게 해준다. 지루할 때 우리 정신은 쉬고 있지만 어딘가에 참여하고 싶은 욕구가 **목표를 찾지 못했기** 때문에 그 지루한 상황을 해결하지 못한다. 즉, 스스로 해결책을 제시하지 못한다. 그렇게 지루함과 욕망의 난제에 사로잡힌다. 한편 지루함의 반대어는 채워진 욕구, 몰두, 강한 주체성 등이다. 안전장비 없이 험한 산을 타는 호놀드의 이야기를 떠올려보면 암벽등반에 대한 그의 애정에는 지루함의 모든 반대어가 들어 있다고 짐작할 수 있다. 그는 이따금 몰입하고 아마도 기술 연마에 관심이 있을 것이며 호기심에 의해 새로운 동반자와 새로운 산을 올라보기도 할 테고 등정에 성공한 후에는 커다란 만족감을 느끼며 휴식을 취할 것이다. 이것이 그가 지루함을 한 번도 느껴본 적 없다는 의미인지는 우리도 잘 모른다. 그러나 암벽등반이나 다른 열정적인 스포츠는 주체적으로 살고 싶은 욕구를 채우고 괴로운 지루함을 덜어내 줄 것이다. 여기서 알 수 있는 사실은 다양한 참여 활동이 지루함의 반대어라면 아마도 이런 활동을 통해 지루함을 해소할 수 있으리라는 점이다. 그래도 문득 지루함이 몰려올 때 어떻게 반응해야 하는지는 여전히 의문으로 남는다.

나가며

앞마당을 바라보니 오늘은 저속 촬영 영상을 찍기에 좀 춥겠다는 생각이 들었다. 이 영상은 단순한 계절 변화 촬영물이 아니라 당신이 직접 손으로 만든 변화를 기록하는 작업이고 몇 달이 아닌 몇 년에 걸쳐 진행된다.

전에는 크고 작은 잡초들이 흩어져 있던 볼품없는 잔디밭이었는데 이제는 제법 모양을 갖췄다. 다채로운 색깔의 튤립 10여 송이가 봄의 시작을 알리고 있었다. 오른쪽에는 삼색너도밤나무가 한 그루 심어져 있는데 얼룩덜룩한 잎들의 테두리는 옅은 분홍빛이다. 왼쪽 채소밭에는 앙상한 케일 줄기와 작년에 수확하고 남은 덩굴콩들이 있다. 그 사이로 폭이 제각각인 구불구불한 길이 나 있고 길 정면에는 백리향 덩굴에 둘러싸인 능수뽕나무 한 그루가 서 있다. 이 녀석들을 이렇게 한데 모아놓는 데만 수년이 걸렸다.

그런데 이제 잡초를 뽑아줘야 한다. 또다시.

잡초를 뽑을 때마다 당신은 스스로 끝없이 일을 만들고 있는 게 아닐까 생각해 본다. 그게 맞긴 하지만 어쨌든 당신은 그 일을 좋아한다. 마당 곳곳을 다니며 잡초를 뽑을 때면 뭔가 진척이 있다는 느낌이 든다. 눈에 보이는 목표가 있고 그것을 달성했을 때는 전보다 환경이 개선되며 이 모든 일은 당신 손으로 직접 해낸 것이다. 상은 커녕 칭찬받기도 어려운 일일지 모르지만 의심할 여지없이 당신의 성과물이다.

당연한 말이지만 잡초 뽑기는 지루한 작업이다. 그 일은 단조롭고 도전 의식도 북돋지 않으며 삶에 의미나 가치도 거의 더하지 않는다. 그런데 사람들은 왜 잡초 뽑기를 즐길까? 왠지 이 일은 사람의 마음을 끈다. 지금 하는 일이나 다음에 해야 할 일의 내용이 분명하다. 그리고 성취감도 준다. 당신의 행동이 즉각적이고 만족스러운 변화를 일으킨다.

* * *

지루함은 행동을 부른다. 사람들은 그 부름에 수없이 다양한 방법으로 응답한다. 어떤 사람은 지루함을 감추고 이겨내기 위해 애쓴다. 인터넷이나 소셜 미디어라는 토끼 굴로 뛰어들면 확실히 시간은 때울 수 있지만 어느 순간이 되면 자기가 하고 있던 일이 별로 중요하지 않다는 사실을 깨닫는다. 스릴을 찾거나 끊임없이 새롭고 흥미진진한 것을 추구하는 행동도 비슷하다. 그런 전략은 기껏해야 위험하기만 할 뿐 지속가능하지 않다. 자신이 끊임없는 변화와 자극을 일으키고 강렬한 경험을 할 자격과 능력을 가졌다고 믿으면 지루함과 끝없이 싸울 수밖에 없다. 지루함은 지금 하는 일에 변화를 주고 행동에 나서야 하며 뭔가에 몰두해야 한다는 신호다. 그러나 이것을 끊임없이 흥분을 필요로 하는 신호로 바꾸면 욕구는 영영 채워지지 못한다.

우리는 지루함을 감출 수도 이길 수도 없다. 사실 지루함에 제대로 반응하는 일이 중요하다. 지루함은 행동하라고 우리를 자극하기 때문에 지루함이 주는 불편한 감정을 인정하면 무기력에 빠지지 않을 수 있다. 이런 점에서 지루함은 좋지도 않고 나쁘지도 않다. 지루함의 약속을 실현하고 지루함이 주는 고통을 피할 방법은 우리 반응에 따라 달라진다.

그러나 지루함에 대응하기란 그리 간단하지가 않다. 지루해하는 사람은 뭔가를 하고 싶지만 그와 동시에 하고 싶은 일이 무엇인지 전혀 알지 못하는 상황에 처해 있다. 마치 고르디우스의 매듭Gordian knot[1]처럼 불가능한 도전처럼 느껴진다. 지루함을 떨쳐내고 싶을 때는 흥밋거리에 해소법이 있다고 상상할지 모르지만 이는 지루함이 주는 신호를 모호하게 하는 일이다. 뻔한 해결책은 문제를 더 복잡하게 할지 모른다. 지루해서 괴로울 때마다 사람들은 종종 세상이 그 문제를 해결해 주기를 기대한다. 그래서 만족감을 얻기 위해 무턱대고 아무 일이나 시도해 본다. 혹은 부모에게 지루함을 해결해 달라고 떼를 쓰는 아이처럼 주변 사람들에게 자신의 지루함을 덜어 달라고 요구하기도 한다. 고르디우스의 매듭을 푸는 방법처럼 지루함의 해소법 역시 눈에 잘 띄지 않는다. 그 해소법은 자기 자신 안에 있기 때문이다.

누구나 자기 인생의 주인이 되고 싶어 한다. 그러나 지루해지면 주체성과 자기통제력을 잃는다. 2장에서 언급한 낚시꾼과 코르크 마개 이야기를 떠올려보자. 거친 바다 위에 목적 없이 떠다니는 코르크 마개는 주체성이 없다. 자연의 힘에 따라 움직일 따름이다. 그와 대조적으로 낚시꾼은 언제 어디에 닻을 내릴지 혹은 다시 닻을 올려 다가올 폭풍우를 피해 해안으로 향할지 선택할 수 있다.[2]

지루함은 주체성을 발휘하라고 알려주지만 그와 동시에 우리의 주체성이 제한적이라는 사실도 상기시킨다. 우리는 신이 아니므로 세상을 우리 뜻에 맞게 움직일 수 없지만 그렇다고 뭔가가 담기기를 마냥 기다리는 빈 그릇도 아니다. 당황스럽게도 우리는 받아들이기 어려운 난감한 중간 입장에 처해 있다. 그러나 지루함의 메시지가 도착했을 때 최선책은 제한적이나마 주체성을 발휘해 행동하는 것이다. 사람들은 너무나도 자주 정반대의 선택을 한다. 즉, 주체성을 약화하고 장기적으로 지루함과의 싸움을 힘겹게 하는 행동들을 취한다.

버트런드 러셀Bertrand Russell은 20세기 전반부에 출판한 책에서 지루함이 실제로 줄어들고는 있지만 더 위험해졌다고 주장했다.[3] 러셀에 따르면 위험이란 지루함에 대한 사람들의 공포심이 증가했다는 뜻이다. 사람들은 무엇을 그렇게 두려워할까? 지루함은 괴로움을 주는데 그 이유 하나만으로도 두려움을 느낄 만하지만 여기에는 적어도 두 가지 이유가 더 있다. 첫째는 자신의 부족함에 대한 두려움이고 둘째는 실패에 대한 두려움이다. 이 두 가지 모두 주체성을 발휘하는 데 방해가 된다.

언뜻 보면 사람들이 자주 두려움 없이 그리고 비효율적으로 지루함에 대응한다는 사실이 이상한 것 같다. 그러나 사실 그리 놀랄 일은 아니다. 고통스러운 상황을 마주하면 사람들은 위안거리를 찾는다. 그리고 고통이 심할수록 즉각적인 위안거리에 마음을 빼앗긴다. 시간이 지나야 나타나는 효과는 잘 보이지 않고 즉각적인 결과는 크게 보이기 때문이다.

지루함이 두려워지면 사람들은 가능한 한 신속하고 손쉬운 해소법을 필사적으로 찾아 나선다. 대체로 이런 방법은 사람들의 주의력을 통제하도록 설정돼 있으므로 사람들을 생각 없이 참여하게 한다. 광고업자들은 자극적인 문구로 소비자를 유혹해 자사 웹사이트의 방문자 수를 늘린다. 비디오게임 회사들은 레벨별 난이도를 적정하게 설계해 사용자가 다음 단계를 목표로 게임을 계속하게 만든다. 포커 머신poker machine에서 나오는 종과 휘파람 소리는 전 재산을 잃더라도 계속 게임을 하도록 설계돼 있다.[4] 이 모두가 사람들의 주의를 사로잡는다. 그러나 이것들은 사람을 객체로 취급하고 주체적으로 참여하고 싶은 욕구를 무시한다. 주의를 사로잡는 장치들은 단기적으로 효과가 좋다. 효과가 너무 좋기 때문에 필사적으로 지루함에서 벗어나고 싶은 사람들은 거기에 저항하지 못한다. 외부 사물을 이용해 지루함을 해소하려 할수록 장기적으로 주체성은 점점 훼손된다. 주체성이 훼손되면 더욱 지루함에 취약해진다. 이 악순환은 가속도가 붙어 끊기가 더욱 어려워진다. 지루함에 대한 두려움은 악순환이 반복되도록 부채질하고 결과적으로 사람들은 끊임없이 지루함에 시달리게 된다. 사실 지루함을 두려워할 필요는 없다. 지루함처럼 다른 부정적인 감정들도 그 자체로는 위험하지 않다. 오히려 이 감정들은 피해야 할 위험을 알려준다. 지루함이 주는 중요한 메시지는 주체성이 약화되고 있으니 조치를 취해야 한다는 것이다. 책임을 지지 못하는 지루함을 탓한들 아무 도움이 되지 않는다. 그래봤자 진짜 욕구가 충족되지 못했다는 사실을 계속 모를 뿐이다. 진짜 욕구는 단순히 참여하고 싶은 욕구가 아니라 코르크가 아닌 낚시꾼이 돼 주체성을 발휘하면서 세상에 참여하고 싶은 욕구다.

지루함에 대한 적응적 반응은 무엇일까? 9장에서 다뤘듯이 몰입 추구와 호기심 품기는 물론 심지어 단순한 휴식 활동도 효과적인 참여 방법이다. 이 외에도 지금 우리에게 필요한 다른 방법이 있다. 지루함이 밀려올 때 탈출로를 찾으려 하지 말고 지금 여기에 집중해야 한다. 관심의 방향을 자기 내부로 돌리면 무엇이 경험으로 연결되는지 좀 더 자세히 분석할 수 있다. 이를 규칙적으로 연습하다 보면 현재 자신에게 좀 더 집중할 수 있다. 즉, 마음 챙김을 실천할 수 있다.

명상의 한 형태인 마음 챙김은 편견 없이 자신의 생각과 감정에 집중하는 능력을 길러주며 지루함을 덜어낼 수 있다. 마음 챙김에 능숙한 사람들은 지루함을 덜 느낀다고 한다.[5] 단어의 정의만 봐도 지루함과 마음 챙김은 양립할 수 없다. 사람은 지루할수록 자기 마음을 덜 챙기기 때문이다.[6] 마음을 살피다 보면 지루한 상황에 덜 예민해지므로 지루함을 조금이나마 덜 수 있다. 다른 괴로운 감정처럼 지루함을 두려워하고 거기서 벗어나려 노력할수록 지루함은 더욱 고통스럽게 느껴진다.[7] 마음 챙김 명상은 부정적인 감정에 반응하지 못하도록 더 부정적인 감정으로 악순환의 고리를 끊게 하며 지루함을 두려워하거나 거부하지 않게 한다.[8] 지루함을 이기려고 하면 지금 이 순간 자신의 에너지를 긍정적으로 사용하는 법을 배울 기회를 놓친다. 자신이 가장 간절하게 원하는 것이 무엇인지 알려면 어느 정도 비어 있는 시간을 견뎌야 하는데 이 시간 동안에는 생각하고 행동하는 과정에서 외부의 도움을 받을 수 없다. 지루해질 위험을 받아들여야 해소 수단을 찾을 수 있다. 지루함에 맞서 싸우지 않고 그 상황을 인정하면 지루함에서 벗어나기 위해 필요한 방법을 얻을 수 있다. 즉, 행위자로서 자신의 방식대로 행동 경로를 설정할 수 있게 자신의 욕구와 목표를 파악할 기회를 얻는다.

그렇다고 지루함이 유익하다는 뜻은 아니고 그저 이따금 세상이 주는 자극에 덜 예민할 필요가 있다는 말을 하려는 것이다. 앤디 워홀Andy Warhol의 유명한 권고처럼 "늘 지루하게 느껴지던 사소한 것들이 갑자기 당신을 전율하게 할 수도 있다".[9] 외부 자극을 덜 받아들이고 외부 상황이 자신의 일을 조종하고 통제하게 내버려두고 싶은 충동에 저항해야 한다. 다시 말해 살면서 무엇을 할지 그리고 그 일을 어떤 속도로 할지 의식적으로 선택할 수 있어야 한다.[10]

외부 세력이 우리의 관심을 끌고 유지하기 위해 설계한 활동에 참여하면 우리는 자기 자신에게서 소외된다. 반대로 외부 세력을 물리치면 다시 자기 자신을 찾을 수 있다. 즉, 자신이 어떤 사람인지 알게 된다.[11] 이는 한편으로 축복이며 자신의 주체성을 인정하고 지루함을 제거하기 위해 반드시 필요한 전제 조건이다. 그러나 다른 한편으로 자신을 깊이 들여다보는 일이 늘 유쾌한 것은 아니다. 러시아 출신 미국 시인이자 에세이스트 조지프 브로드스키Joseph Brodsky는 다트머스대학 졸업식에서 지루함의 미덕을 찬양하는 축사로 졸업생들을 어리둥절하게 했다. 그는 이렇게 말했다. 지루함을 통해 "여러분은 자신의 존재를 넓은 시각에서 볼 수 있으며 그 결과 정확한 자신의 위치와 겸손을 배우게 됩니다. 여러분은 유한하기 때문에 하찮은 존재입니다".[12]

욕구에서 행동으로, 그 행동이 다시 새 욕구로 이어지는 순환이 멈추고 지루해질 때 사람들은 자신들의 행동이 무한한 시간 앞에서는 궁극적으로 허무할 수밖에 없음을 깨닫는다. 앞에서도 말했지만 지루함은 우리가 가진 힘이 유한하다는 사실을 일깨워준다. 우리는 신도 아니고 채워지기를 기다리는 그릇도 아니다. 우리가 할 일은 자신의 평범함을 받아들이는 것이다. 기꺼이 시간을 견디고 용감하게 일상을 마주할 때 지루함을 이길 수 있다.[13] 효과적으로 지루함을 해소하려면 자신의 한계를 인정해야 한다. 지루함은 당신이 유한한 존재고 당신의 행동은 결국 사소한 것에 지나지 않는다는 사실을 상기시킨다. 그러면서 당신에게 필요한 활동을 선택하고 거기에 참여하라고 요구한다. 지루함에서 얻을 수 있는 삶을 긍정하라는 교훈이 바로 브로드스키 연설의 핵심이다. 당신의 행동은 사소하지만 그럼에도 불구하고 행동해야 한다. 이는 비관적인 상황이 아니다. 오히려 이것이 바로 삶이다. "유한한 존재가 돼야 삶이 생명, 감정, 기쁨, 두려움, 연민 등으로 채워질 수 있습니다. 열정은 하찮은 존재가 갖는 특권입니다."[14]

당신은 유한하고 늘 지루할 수밖에 없는 존재기 때문에 열정을 느낄 수 있다. 프리드리히 니체Friedrich Nietzsche는 이렇게 짓궂게 표현하기도 했다. "신이 세상을 창조하고 일곱째 날 느낀 지루함이 위대한 시인에게 소재를 제공했을 것이다."[15] 전지전능과 불멸은 모든 것이 가능하기에 특정한 것에 가치를 둘 수 없음을 뜻한다. 반면 당신이 시간의 부족함을 깨달아 열정적으로 참여하면 인간의 힘을 이용해 지루함을 확실하게 해소할 수 있다. 이 시간은 당신이 최선을 다한 순간이기도 하다.

지루함이 신호를 보낼 때는 심호흡을 하고 자신의 주의력을 통제하려는 외부 세력을 몰아낸 다음 자신의 한계를 인정하고 힘을 제대로 발휘할 수 있는 행동을 추구하는 것이 현명하다. 지루함을 덜어줄 손쉬운 만병통치약은 없다. 또 지루함은 해야 할 일을 알려주지 않는다. 우리도 마찬가지다.

간단한 해법 대신 우리는 이런 기본적인 방법을 제안하고 싶다. 당신의 욕구와 목표를 명확하게 해주는 활동을 찾아라. 당신에게 소중하고 중요한 것을 목표로 삼아 추구하라. 다른 것을 피하기 위한 수단이 아닌 일 자체가 목적이 되게 하라. 늘 깊은 관심을 쏟게 하는 활동을 주변에서 찾아보라(도로표지판들의 미묘한 차이에 매혹된 모건을 떠올려보라!). 당신의 능력을 보여주고 확장하기 위해 행동하라. 그리고 유일무이한 존재로서 참여할 수 있고 당신이 누구인지 표현하는 활동들을 찾아라.

지루함은 간단하지만 심오한 질문을 던진다. 당신은 무엇을 하겠는가? 지루함은 답을 요구한다. 그리고 이보다 중요한 질문은 거의 없다.

감사의 글

제임스 댄커트

지난 10여 년간 지루함 연구에 필요한 자료들을 조사해 준 야엘 골드버그Yael Goldberg, 줄리아 이사체스쿠Julia Isacescu, 콜린 메리필드Colleen Merrifield, 조티샤 무곤Jhotisha Mugon, 앤드리 스트럭Andriy Struk 등을 포함한 모든 대학원생에게 고맙다고 말하고 싶다. 이들은 필요하지만 재미없는 작업을 맡아줬을 뿐만 아니라 내 생각이 구체화되는 과정에서 중요한 역할을 해줬다. 또 수많은 학부생도 내게 도움을 줬는데 특히 2005년 발표한 첫 연구 논문을 도왔던 아바앤 올맨Ava-Ann Allman에게 고맙다. 그리고 애비 숄러Abby Scholer, 이안 맥그리거Ian McGregor, 댄 스밀렉Dan Smilek 등 동료 연구자들에게도 감사 인사를 전하고 싶다. 이들은 지루함 연구를 위해 훌륭한 아이디어를 제공해 줬을 뿐 아니라 끔찍한 오류들도 지적해 줬다. 특별히 이 책을 쓰는 내내 조언과 통찰을 제공해 준 콜린 엘러드Colin Ellard에게 감사한다. 또 책이 완성될 때까지 전문가다운 노련함으로 우리를 이끌어준 재니스 오뎃Janice Audet 편집자와 하버드대학교출판사의 모든 사람에게 감사 인사를 전하고 싶다. 마지막으로 늦은 밤까지 컴퓨터 앞에 앉아 있던 나를 이해해 주고 지루한 나를 참아주며 내게 지원을 아끼지 않았던 가족에게 정말 고맙다. 늘 그렇듯이 모든 일이 순조로운 것은 스테이시Stacey 덕분이다.

존 D. 이스트우드

나와 함께 지루함을 연구한 열정적인 대학원생들과 박사 후 과정 연구원들에게 고맙다는 인사를 전한다. 비어팔 밤브라Veerpal Bambrah, 캐롤 카발리에Carol Cavaliere, 셸리 팔먼Shelley Fahlman, 알렉산드라 프리셴Alexandra Frischen, 코리 게리슨Cory Gerritsen, 데이나 고렐릭Dana Gorelik, 앤드루 헌터Andrew Hunter, 제니퍼 헌터Jennifer Hunter, 치아펜 수Chia-Fen Hsu, 사나즈 메란바Sanaz Mehranvar, 킴벌리 머서린Kimberley Mercer-Lynn, 앤디 응Andy Ng, 로템 페트란커Rotem Petranker 등이다. 특히 나와 함께 지루함 연구소를 설립한 셸리와 신속하게 연구가 진행되도록 도움을 준 알렉산드라에게 감사한다. 또 이 책의 초안을 검토해 준 제니퍼와 앤드루에게도 고맙다. 동료들인 마크 펜스크Mark Fenske, 피터 가스콥스키Peter Gaskovski, 이안 맥그리거, 이안 뉴비클락Ian Newby-Clark, 댄 스밀렉 등은 내가 연구 분야를 정하고 경력을 쌓는 과정에 많은 도움을 줬다. 특히 댄과 마크는 지루함에 관한 생각을 구체화하는 데 중요한 역할을 했고 이 연구에 기여한 공을 인정받아야 한다. 이 책에서 발견되는 오류는 모두 내 책임이다. 지난 몇 년간 개인 연구와 병행해야 하는 어려움을 극복하도록 정신적으로 귀한 도움을 제공해줬던 매기 토플랙Maggie Toplak에게 특히 감사한다. 공동 연구와 토론은 나를 연구에 계속 참여하게 하는 핵심 동인이기에 그동안 함께 연구하고 토론했던 모든 사람에게 고맙다고 말하고 싶다. 재니스 오뎃 편집자를 비롯해 하버드대학교출판사의 모든 사람이 우리에게 적정 수준의 재량을 허용하고 능숙하게 우리를 이끌어준 덕분에 모든 일이 순조롭게 진행됐다. 그들 모두에게 정말 감사한다. 마지막이자 가장 중요한 감사 인사는 연구를 진행하고 책을 쓰는 동안 내게 도움과 지원을 아끼지 않은 에이드리엔Adrienne에게 하고 싶다. 당신이 내 곁에 있어서 얼마나 고마운지 말로는 다 표현할 수 없다.

미주

1장 지루함의 여러 이름

1 《옥스퍼드 영어 사전》에는 찰스 디킨스가 1852년(혹은 1853년)에 발표한 《황폐한 집》에서 '지루함'이라는 단어를 최초로 사용했다고 나와 있다. 그러나 이 대화는 2005년 영국 BBC가 디킨스의 동명 소설을 각색해 제작·방영한 드라마 대사에서 가져왔다. 원작 소설에는 "데들록 부인은 '죽을 만큼 지루하다'고 말한다"는 표현이 나오는데 '지루함'이라는 단어가 처음 등장하는 부분은 이렇다. "바로 지난주 일요일 부인은 '지루함' 때문에 우울했고 '절망'이라는 이름의 거인에게 붙잡혀 버려 신이 나 있는 하녀가 밉기까지 했다."

2 바이런 경은 자신의 풍자 서사시 〈돈 주앙Don Juan〉에서 '지루해하는bored'이라는 형용사를 이렇게 사용했다. "사회는 지금 강력한 두 집단으로 이뤄진 하나의 세련된 무리다. 두 집단은 바로 '지루하게 하는 사람들the Bores'과 '지루해하는 사람들the Bored'이다."(Byron, 1824[2005], 13편 95절 7~8행)

3 1841년 랄프 왈도 에머슨Ralph Waldo Emerson은 프랑스인의 지루함에 관해 다음

과 같이 썼다. "우리 색슨족에게는 부르는 이름이 없는 '앙뉘'라는 프랑스 단어에는 무서운 의미가 담겨 있다. 앙뉘는 수명을 단축하고 한낮의 빛을 앗아간다."(Emerson, 1971) 이 글에 대한 설명은 Paliwoda(2010, p.16)를 보라.

4 우리가 지루함이라고 부르는 경험은 지겨움, 권태, 아케디아(신에 대한 의무에 나태하거나 무관심한 죄) 등의 단어에 기원을 두고 있다. 그러므로 데들록 부인에게 풍부한 자유 시간을 선물했던 산업혁명 이전에도 지루함은 존재했다.

5 Ferrell(2004), Frolova-Walker(2004), Raposa(1999), Spacks(1995), Svendsen(2005), Toohey(2011), Wardley(2012), Winokur(2005).

6 Toohey(2011).

7 괄호 안의 '넌더리'는 투이의 번역어다. 고대에 지루함을 어떻게 정의했는지 알고 싶다면 Martin et al.(2006)를 보라.

8 〈전도서〉 1장 9절(《새국제성경》). 이 성경 구절은 단조로운 생활에 대한 세네카의 불평과 비슷하지만 더 정확하게는 물질을 추구하는 삶이 궁극적으로 무의미하다는 생각을 표현한다고 볼 수 있다. 나중에 〈전도서〉 기자는 심지어 지혜를 얻어도 죽음 앞에서는 무의미하며 자신은 "사는 것을 미워했다"고 말한다. 어쩌면 이 구절은 영적 교감 부족이나 심지어 우울증을 드러내는 표현일지 모른다.

9 이 공무원이 주민들의 지루함을 어떻게 없앴는지는 알 수 없다. 기념비에는 그가 지루함을 없앴다고만 나와 있다.

10 Kuhn(1976). 수도사 혹은 사막교부desert father로 불리는 폰투스의 에바그리우스Evagrius of Pontus(345~399)는 최초로 아케디아를 경계해야 한다고 주장했으며 다음과 같이 그 증상을 설명했다. "아케디아에 시달리는 사람은 끊임없이 문을 바라보며 머릿속으로 방문객이 찾아오는 상상을 한다. 문이 삐걱거리기만 해도 자리에서 벌떡 일어선다. 무슨 소리가 들리면 창가로 가서 앉아 창밖으로 얼굴을 내밀고 몸이 뻣뻣해질 때까지 창가를 떠나지 않는다… 그가 눈을 비비고 양팔을 펴본다. 책에서 눈을 떼고 벽을 응시했다가 다시 독서에 빠진다. 책장을 휙휙 넘기다 마지막 장을 신기한 듯이 쳐다보고 쪽수를 세보거나 접장의 수를 계산해본다."(Nault[2015, p.29]에서 인용)

11 르네상스 시대에 이르러서야 비로소 지루함이나 아케디아보다는 멜랑콜리에

더 가깝다는 의미로 "한낮의 악마"라는 표현이 사용됐다. 수도사들이 경험하는 멜랑콜리는 확실히 수학과 과학 공부에 지나치게 집중하는 것과 관련이 있다!(Solomon, 2001)

12 테오도어 바이츠는 1849년 《자연과학으로의 심리학 과정Lehrbuch der Psychologie als Naturwissenschaft》이라는 책을 출간함으로써 감정심리학 연구에 중요한 기여를 했다(Romand, 2015, Teo, 2007).

13 바이츠에 따르면 사람들은 생각이 예상대로 흘러가지 못할 때 지루함과 같은 형식적인 감정들만 의식하게 된다.

14 Lipps(1906). 이 내용은 페니켈도 인용한 바 있다(Fenichel, 1951, p.349). 립스는 바이츠의 영향을 받았고 나중에 지그문트 프로이트Sigmund Freud에게 영향을 끼쳤다.

15 Galton(1885), James(1900), Waitz(1849).

16 여러 실존주의자에 따르면 의미 상실은 지루함을 포함해 인간이 느끼는 모든 고통의 핵심이다(Maddi, 1967, 1970). 빅터 프랭클은 삶의 의미를 찾고 그 감각을 채우는 것이 인간의 기본적 욕구라는 유명한 말을 했다(Frankl, 1978). 이 욕구를 충족하지 못하면 사람들은 "실존적 공허"에 빠지게 된다. 이런 사람들은 "지니고 살 가치가 있는 의미를 의식하지 못한다. 이들은 자기 안에 커다란 구멍이 생긴 내면의 공허함에 시달린다"(Frankl, 1959). 프랭클은 이런 공허함이 "주로 지루한 상태에서" 나타난다고 주장한다(Frankl, 1959).

17 "인간의 본성은 바로 여기에 있다. 의지가 투쟁을 벌이고 만족을 얻은 다음에는 새로운 투쟁을 벌이며 이는 영원히 반복된다. 실제로 행복과 건강은 욕구가 만족으로, 만족이 새로운 욕구로 신속하게 전환될 때 얻어진다. 왜냐하면 만족감의 부재는 고통이며 **새로운 욕구를 헛되이 갈망하는 것은 나른함, 곧 앙뉘**기 때문이다"(Schopenhauer, 1995, p.167, 굵은 글씨는 원문 강조). 실제로 "인간의 행복을 위협하는 두 가지 적은 고통과 지루함이다"(Schopenhauer, 1995, p.198)라는 문장은 쇼펜하우어의 말을 인용한 것이다.

18 데이비드 캉가스(David Kangas, 2008, p.389)는 이 견해에 관해 이렇게 설명한다. 지루함이란 "어떤 대상(흥밋거리)이 있는 곳으로 피할 수 없어서 자기 자신 안에 '갇혀' 있는 상태다. 지루할 때 자아는 아무것도 할 수 없다. 자아는 '의미'의 도움

을 받지 못한 채 자기 자신과만 관계를 맺는다."

19 Kierkegaard(1992, p.232). 키르케고르는 작품마다 다양한 익명을 사용했다. 그래서 그의 글에 담긴 의도를 명확하게 해석하거나 혹은 지루함에 관한 생각을 파악하기는 어렵다. 《이것이냐 저것이냐》를 읽는 한 가지 방법은 키르케고르가 인간이 씨름하는 실존적 난제를 제시하되 그것을 해결하려는 노력은 하지 않는다고 이해하는 것이다. 7장 〈유혹자의 일기The Seducer's Diary〉에서 화자인 요하네스 클리마쿠스Johannes Climacus는 평생 여자들의 꽁무니만 쫓아다닌다. 그는 여자를 유혹하는 행위에서 짜릿함을 느꼈다. 그러나 일단 유혹에 성공하고 나면 그 관계를 지루해했다.

20 인용구가 포함된 부분의 전체 내용은 이렇다. "세상은 퇴보하고 있고 악은 점점 강력해지는 것이 당연하지 않은가. 지루함이 증가하고 있는데 지루함은 모든 악의 근원이니까. 지루함의 기원을 추적하면 태초까지 거슬러 올라갈 수 있다. 신은 지루해져서 인간을 창조했다. 아담이 혼자여서 지루해했기에 이브가 창조됐다. 그때부터 지루함이 세상에 나타났고 인구가 늘어나면서 지루함도 증가했다. 아담은 홀로 지루해했고 아담과 이브는 함께 지루해했으며 아담과 이브와 카인과 아벨은 가족으로 지내면서 지루해했다. 그 이후 인구가 늘어남에 따라 사람들은 집단적으로 지루해했다. 기분 전환이 필요했던 사람들은 하늘에 닿을 수 있을 만큼 높은 탑을 쌓아야겠다고 생각했다. 이것은 탑의 높이만큼이나 지루한 생각이었고 지루함이 어떻게 승자가 됐는지 보여주는 끔찍한 증거였다. 그 이후 사람들은 여러 민족으로 분리돼 곳곳으로 흩어졌고 그 결과 오늘날 사람들은 해외여행을 다니게 됐지만 아직도 지루해한다. 그러니 지루함이 초래한 결과가 무엇인지 생각해 보라!"(Kierkegaard, 1992)

21 지루함이 장애물이면서 동시에 심신 건강에 유익하다는 생각은 실존주의의 공통된 주제다(McDonald, 2009).

22 Ciocan(2010).

23 우리는 쉽게 지루해하는 사람들에게 시간이 천천히 간다는 사실을 증명한 바 있다(Danckert & Allman, 2005).

24 만약 세상이 따분하지 않고 모든 것이 새롭고 의미가 충만하다면 우리는 어떤

경험을 하게 될까? 끊임없이 변하는 세상에서도 마찬가지로 무력하고 무능한 존재로 살아가게 될까?

25 정신분석학은 오랫동안 리비도를 집중적으로 연구했다. 우리가 알기로 리비도는 사회적으로 용인될 수 없는 억압된 욕구다. 이런 관점에서 보면 지루함은 이 억압된 메커니즘의 결과다. 실제로 그린슨은 논문에서 권태 성향이 높은 사람이 구강기 고착을 일으킨다고 주장했다(Greenson, 1953).

26 Greenson(1953).

27 Greenson(1953), pp.19~20.

28 Lewinsky(1943), Wangh(1975).

29 Bernstein(1975)은 이렇게 말했다. "자신의 감정을 직접적이고 강렬하게 느끼지 못하는 것이 만성적인 지루함의 근원이다."(p.518)

30 Phillips(1994).

31 Tolstoy(1899, part5, chapter8).

32 Fromm(1955). 인용문 전체 내용은 이렇다. "인간만이 **지루함을 느끼고** 천국에서 쫓겨났다고 느끼는 유일한 동물이다. 인간만이 자신의 존재를 해결해야 하고 피할 수 없는 문제라고 생각하는 유일한 동물이다."(p.24, 굵은 글씨는 원문 강조). 프롬은 이런 글도 썼다. "나는 지루함이 가장 가혹한 고문 중 하나라고 확신한다. 만약 내가 지옥을 상상할 수 있다면 그곳은 아마 끊임없이 지루함에 빠지는 곳일 것이다."(Fromm, 1963)

33 Sharpe(2011)는 놀이가 주는 이점을 파악하기 위해 미어캣 새끼들을 연구했다. 동물이 놀이를 통해 포식 행위나 공격 행위를 연습한다는 소위 '연습' 이론은 입증되지 않았다. (싸움 놀이를 하는 수많은 종의 경우도 마찬가지다.) (사회유대 이론에서처럼) 놀이 활동을 많이 해도 공격성은 줄어들지 않았다. 놀이는 번식을 용이하게 하고 사망률을 줄이지만 거기에 어떤 메커니즘이 작용하는지는 알지 못한다(Bradshaw et al., 2015; Lewis, 2000).

34 범고래가 물개를 던져 올리는 행동의 1차 목적은 먹이를 제압하는 것과(이거나) 먹기 전에 물개의 살을 부드럽게 만들려는 것이지만 어쩌면 범고래가 먹이를 장난감처럼 가지고 노는 행동일지도 모른다!

35 Pellis & Pellis(2009), Potegal & Einon(1989).

36 Wemelsfelder(1993). 동물 복지에 관심이 많은 과학자 웨멜스펠더는 동물의 정신생활에 관해 독창적인 의견을 내놓는다. 행동주의자(예컨대 전적으로 자극과 반응의 관계로만 행동을 설명하는 학파)와 달리 웨멜스펠더는 (지루할 때의 행동을 포함해) 일부 행동은 열악한 환경에 대한 단순한 반응을 넘어서는 심한 고통을 드러낸다고 주장한다. 이를 뒷받침하는 증거로 열악한 환경에서 생활하는 동물은 탐구 및 교류 활동이 감소한다. 수면 시간이 길어지고 이리저리 서성대는 행동을 자주 한다. 그런 환경에 오래 노출되면 몹시 극단적인 행동을 보이기도 하는데 영장류는 과도한 자위행위를 하거나 먹기와 구토를 반복하고 말은 무는 행동을, 새는 (자기 털을 뽑는 식으로) 자해 행위를 한다.

37 Bolhuis et al.(2006), Carlstead(1996), Stevenson(1983). 캐나다 과학자 도널드 O. 헵은 풍족한 환경에서 사육된 쥐들의 학습 능력이 더 좋다는 초기 연구를 수행한 학자로 알려져 있다(Hebb, 1980).

38 Burn(2017), Wemelsfelder(1985, 1990, 1993, 2005).

39 Meagher & Mason(2012), Meagher et al.(2017).

40 Rizvi et al.(2016).

41 인간에 관한 현대 이론은 Hunt & Hayden(2017)을 보라. 인간과 인간이 아닌 영장류에 관한 논문의 비평은 Sirigu & Duhamel(2016)을 보라.

42 Dal Mas & Wittmann(2017), Danckert & Merrifield(2018), Danckert & Isacescu(2017), Jiang et al.(2009), Mathiak et al.(2013), Tabatabaie et al.(2014), Ulrich et al.(2015, 2016). 논문 리뷰는 Rafaelli et al.(2018)를 참고하라.

43 Craig(2009), Uddin(2015).

44 Bench & Lench(2013), Elpidorou(2014), Goetz et al.(2014), van Tilburg & Igou(2011), Westgate & Wilson(2018).

45 Eastwood et al.(2012), Fahlman et al.(2013).

46 Frijda(2005)는 감정들이 "정보를 처리하는 과정"에서 생겨나는데(p.483) "쾌락과 고통은… 원활하게 사고가 진행되거나 진행되지 못할 때 유발된다"(p.481)고 썼다.

47 Hamilton et al.(1984). "내재적 흥미와 지루함은 주의를 기울이는 행동이 결합된

'정동affects'이다. 실제로 극단적인 흥밋거리와 지루함은 집중해야 할 인지적 정보처리 행위를 수반하는 정서 경험 연속체의 양극단에 놓인다."(p.184)

48 정서와 정서적 현상을 구별하는 방법에 관해서는 Scherer(2005)를 보라. 지루함이 정서인지 기분인지 아니면 심지어 충동인지와 같은 지루함을 분류하는 문제를 다루는 접근법은 많다. 우리는 지루함을 생각하는 느낌으로 정의(Eastwood & Gorelik, 2019)하지만 논리적이고 유용한 다른 접근법도 있다는 사실을 인정한다.

49 우리는 "지루함은 단조로움이나 자극이 낮은 상태에 대한 경험"이라는 주장을 지지하지 않는다. 지루함의 원인은 다양하지만 지루함의 종류는 오직 하나고 지루함을 일으키는 심리적 메커니즘과 감정으로 지루함을 정의해야 한다고 주장한다.

50 연구자들은 실시간 참여도를 측정하기 위해 다양한 생리적 지표를 사용해 왔다. '참여 지수engagement index'를 활용해 참여도가 낮아지면 과제가 어려워지고 참여도가 높아지면 과제가 쉬워지는 피드백 루프feedback loop를 설정할 수 있다. 이런 자동 적응 시스템은 참여도를 적정하게 유지하고 수행 능력을 향상한다. 중요한 사실은 참여도를 정하기 위해 사용했던 뇌파 검사와 지루함에 관한 자기보고법의 구성 요소가 겹친다는 사실이다(Freeman et al., 2004; Raffaeli et al., 2018).

51 Fiske & Taylor(1984), Stanovich(2011).

52 지루함을 욕망의 난제에 빠져 정신이 쓰이지 않을 때 경험하는 느낌으로 정의할 때 좋은 점 하나는 시간의 더딘 흐름, 집중력 저하, 목적 상실감, 흥분 고조 등 네 가지 현상이 지루함과 함께 일어난다는 사실을 설명할 수 있고 자연과학과 인문학 사이에 다리를 놓을 수 있다는 것이다. 욕망의 난제와 일하지 않는 정신이 필요조건이나 충분조건까지는 아니더라도 이 네 가지 현상을 일으킬 수 있다는 의미다(Eastwood et al., 2012).

53 일반적으로 지루함의 유형은 추정 원인(반응적인가 내생적인가), 지속성(일시적인가 만성적인가), 초점(특수한 뭔가로 지루해질 때 느끼는 감정인가 일반적인 기분의 한 종류인가), 중증도(정상인가 병적인가) 등을 기준으로 삼아 분류한다. 당연히 이 요소들은 서로 중첩된다. 어떤 분류법에서는 지루함을 "상황적" 지루함과 "실존적" 지루함으로 나눈다. 상황적 지루함의 특징은 반응적이고 일시적이고 초점이 있

고 정상적인 반면 실존적 지루함은 내생적이고 만성적이고 초점이 없고 병적이다(Svendsen, 2005). 우리 견해로는 "실존적 지루함"의 몇몇 사례가 지루함보다는 "삶의 의미와 목적을 상실한 상태"에 더 가까운 것 같다. 지루함이 복잡하고 다면적인 개념이기는 하지만 우리는 이런 분류법이 유용하지 않다고 생각한다. 추측건대 지루함을 과학적으로 연구하기 어려운 이유는 지루함이라는 용어를 지나치게 포괄적으로 사용하고 지루함에 관한 정확하고 일관된 정의가 없기 때문일 것이다.

2장 골디락스 세상

1 지루함과 설단 현상을 최초로 연결한 사람은 정신분석학자 겸 작가였던 오토 페니켈이다(Fenichel, 1953). 옷을 입어봐야 그 옷이 어울리는지 알 수 있다는 비유도 정신분석적 글을 쓰는 사람들이 처음 사용했다.

2 여기서 우리는 지루함을 정확히 정의하는 방법에 관해 개념적으로 논의할 예정이다. 우리의 방법론으로는 제약이 있는 환경에서 느끼는 지루함과 제약이 없는 환경에서 느끼는 지루함을 모두 설명할 수 있고 여러 다른 원인과 더불어 외부 제약이 어떻게 모두 같은 상태를 초래하는지 그 이유(왜냐하면 모두 기본 메커니즘이 동일하기 때문에)도 파악할 수 있다. 이 방법론은 지루함에 대한 자연주의적 접근법과 인문학적 접근법을 모두 아우른다. 자연주의적 접근법은 제약이나 부족한 자극 같은 외적 원인을 강조하고 인문학적 접근법은 정서적 자각 부족이나 의미 상실 같은 내적 원인을 중요하게 여긴다. 우리는 욕망의 난제와 쓰이지 않는 정신이라는 두 개념으로 어떻게 이 다양한 원인들을 하나로 묶어 설명할 수 있는지 보여줄 생각이다. 대개 지루함은 다른 부정적 감정들, 즉 (눈에 띄는 감정의 순서대로) 외로움, 분노, 슬픔, 걱정, 좌절 등과 동시에 발생한다는 사실에 주목할 필요가 있다(지루해지면 좌절감을 느낄 가능성이 67퍼센트까지 증가한다). 적어도 이런 감정의 결합은 자기보고 결과를 근거로 지루함과 좌절감은 별개의 감정이지만 이따금 동시에 일어난다는 사실을 증명한다. 이와는 별도로 그 연구에서는 지루함이 무관심하게 될 가능성을 줄인다는 결과도 나왔는데 이는 지루함에 욕

망을 위한 욕망이 포함된다는 주장을 뒷받침한다(Chin et al., 2017).

3 Schopenhauer(1995).

4 혀끝에서 맴도는 단어나 이름을 알아내려고 애를 쓰면 쓸수록 알아내기가 더욱 어려워지고 나중에 또 혀끝에서 같은 단어나 이름이 맴도는 경험을 하게 될 가능성이 커진다(Warriner & Humphreys, 2008).

5 Hesse(1951).

6 일상에서 이런 시각 순응 잔효가 일어날 만큼 충분히 오랫동안 한 가지를 응시하는 경우는 거의 없다. 이미지(캐나다 국기)에 반응하는 신경세포들은 자극을 충분히 받고 나면 반응률이 떨어지기 시작한다. 그다음에 빈 공간을 바라보면 반대 자극(흑백이 바뀜)에 반응하는 신경세포들은 기존 이미지 때문에 포화 상태가 된 신경세포들보다 더욱 흥분하게 되므로 반전된 이미지가 보이는 잔효가 나타난다.

7 Davies(1926), McIvor(1987a, 1987b), Wyatt & Fraser(1929), Wyatt & Langdon(1937).

8 출처는 McIvor(1987b, p.179)며 전체 인용문 내용은 이렇다. "실제로 기계화가 서서히 확대되면서 수공예의 즐거움이 사라지고 있으며 기계화의 결과로 "신경 장애" 발병률이 높아지고 있다… 당연하지만 반복 처리로 인한 피로감은 육체적 피곤함이 아니며 일부든 전체든 정신이 쓰이지 않는 일을 억지로 해야 하는 데서 오는 지루함을 일시적으로나마 덜고 싶은 욕구의 발현이다. 질병 기록과 산업계의 결근율을 이해하려면 그런 사정을 인정해야 한다. **애매하지만 엄연히 존재하는 권태로 인한 장애의 손실은 널리 알려진 모든 직업병이 유발하는 손실보다 훨씬 크다**… 무관심한 노동자는 산업계에 맞지 않는다. 작업에 대한 관심이 건전한 산업계를 만든다."(굵은 글씨는 원문 강조)

9 단조로운 작업장에 관한 초기 연구에서 Davies(1926)는 작업장의 모습을 다음과 같이 요약했다. "기계의 다이얼을 돌리거나 나사를 세는 일을 하는 작업자는 어느 정도 시간이 흐르면 최소한의 주의만 기울여도 그 일들을 해낼 수 있다. 그러나 다른 일에 집중하는 동안 작업 손실이나 심지어 위험이 초래되는 경우가 흔하기 때문에 결과적으로 작업자들은 스스로 이동이나 필요한 행동들을 자제하

고 보호받아야 할 정상적인 반응(가령 갑작스럽게 굉음이 나는 쪽을 바라보는 행동) 마저 억제한다."(p.474)

10 Münsterberg(1913, p.196).

11 Münsterberg(1913, p.197). 1926년 발표한 작업장에 대한 연구 보고서에서 데이비스는 이렇게 결론을 맺었다. "일이 지루해도 작업자가 그 일을 할 만하다고 느끼면 그는 지루함을 느끼지 못하거나 적어도 그 지루함이 심각한 신경 쇠약으로 발전하지는 않는다."(p.475)

12 Nett et al.(2010, 2011), Sansone et al.(1992).

13 Barmack(1937, 1938, 1939). 이와 비슷하게 페니켈은 지루함이 "우리가 하고 싶은 일을 해서는 안 될 때 혹은 하기 싫은 일을 해야 할 때 유발된다"고 말했다(1951, p.359).

14 O'Hanlon(1981).

15 Pribram & McGuinness(1975).

16 O'Hanlon(1981), Weinberg & Brumback(1990).

17 Danckert et al.(2018a), Lowenstein & Loewenfeld(1951, 1952), O'Hanlon(1981).

18 Scerbo(1998).

19 Homer, 《The Odyssey》(1962 / 1990).

20 Klapp(1986).

21 Struk et al.(2015).

22 Fahlman et al.(2009, 2013).

23 Vodanovich(2003), Vodanovich & Watt(2016).

24 개인의 기질이나 성격이 지루함을 유발한다는 주장을 입증하기는 불가능하다. 실험에서 기질이나 성격 변수를 조작할 수 없기 때문에 기존 성격과 행동의 상관관계만 관찰할 수 있다. 그리고 심리학과 학생이라면 1학년 때 이미 배우는 사실이지만 상관관계는 인과관계와 다르다.

25 Bernstein(1975).

26 정신분석학적 설명에 따르면 정확한 감정을 표현하지 못하는 것은 내부의 힘들이 교착 상태에 빠졌기 때문이라고 한다. 한편으로 우리는 욕구를 충족하고 싶

어 하지만 이런 욕구 중 상당수가 파괴적이거나 용인될 수 없는 것이다. 다른 한편으로는 당황스러운 경험이나 처벌을 피하고 싶어 한다. "옳은 행동"을 학습시키는 사회화 과정은 파괴적이고 사회에 부적절한 욕구가 발생하지 못하게 막는다. 그러나 인간은 원래 욕구가 무엇인지 명확히 알지도 못한 채 무의식이라는 지하 감옥으로 추방했던 욕구를 채우고 싶은 충동을 느낀다. 우리가 생각하는 방법으로는 그 충동을 충족할 수 없는데 그 이유는 그 충동이 추방된 욕구와 너무 동떨어져 있기 때문이다(Lewinsky, 1943; Wangh, 1979).

27 White(1998).

28 Bond et al.(2011), Hayes et al.(2004).

29 Eastwood et al.(2007), Harris(2000), Mercer-Lynn et al.(2013a, 2013b)

30 Hamilton(1981), O'Hanlon(1981), Smith(1981), Zuckerman(1979).

31 Kenah et al.(2018), Kreutzer et al.(2001), Oddy et al.(1978), Seel & Kreutzer(2003).

32 Goldberg & Danckert(2013).

33 주의력 결핍 과잉 행동 장애에 관한 내용은 Diamond(2005), Matthies et al.(2012)를 보라. 조현병에 관한 내용은 Gerritsen et al.(2015), Steele et al.(2013), Todman(2003)을 보라.

34 Gerritsen et al.(2014), Hunter & Eastwood(2018), Kass et al.(2003, 2001), Malkovsky et al.(2012), Martin et al.(2006), Wallace et al.(2002, 2003).

35 Carriere et al.(2008), Cheyne et al.(2006).

36 Mercer-Lynn et al.(2013b).

37 Mercer-Lynn et al.(2013a, 2013b, 2014).

38 Deci & Ryan(1985, 2008), Ryan & Deci(2000).

39 Barnett & Klitzing(2006), Caldwell et al.(1999), Weissinger et al.(1992).

40 Sulea et al.(2015), Tze et al.(2014).

41 Isacescu & Danckert(2018), Isacescu et al.(2017), Struk et al.(2016).

42 Isacescu et al.(2017).

43 자기지시 능력은 행동 지향적 능력과 상태 지향적 능력으로 구분되며 사람들

이 얼마나 효과적으로 목표를 세우고 달성하는지를 결정한다(Kuhl, 1981, 1985, 1994). 행동 지향적 사람은 목표에 맞게 계획을 세우고 실행하고 마무리한다. 상태 지향적 사람은 현 상황에 집착해 변화를 망설이고 산만하기 때문에 목표를 달성하는 데 어려움을 겪는다. 지루함에 취약한 사람들은 상태 지향적일 가능성이 높고 행위 지향적일 가능성이 낮다(Blunt & Pychyl, 1998).

44 이 두 유형을 행위 조절 방식과 평가 조절 방식으로 부른다(Kruglanski et al., 2000). 행위 지향적인 사람은 "일단 해보자" 방식을 선호하고 계속 행동하기 때문에 덜 지루해한다. 평가 지향적인 사람은 "올바르게 하자" 방식을 선호하므로 더 쉽게 지루함에 빠진다(Mugon et al., 2018).

45 낚시꾼이 행위자라는 말에는 자유의지 개념이나 욕구와의 인과적 충분성에 관한 우리 입장이 담겨 있지 않다. 낚시꾼이 어떻게 해변에 가기로 했는지는 모호하지만 뜨거운 논쟁을 유발하는 철학적 문제다. 단지 우리는 그 낚시꾼이 선택 가능한 안(서쪽으로 갈지 동쪽으로 갈지)에 기초해 행동한다고 말할 뿐이며 이런 선택 가능한 안이 기본적으로 자유의지에 따랐는지 아니면 실질적인 인과관계의 영향을 받았는지는 상관없다. 반면 코르크 마개는 주관적인 선택이 아닌 스스로 통제할 수 없는 힘에 의해 움직인다.

46 이 책의 중심 내용은 아니지만 우리는 주체적 참여를 막고 지루함을 유발하는 요인에는 구조적이고 체계적인 힘들도 있음을 인정한다. 따라서 지루함은 우리가 강조한 대로 개인에게 행동하라는 신호일 뿐만 아니라 사회적·도덕적 문제기도 하다. 우리는 개인의 지루함을 설명할 때 맥락을 분석하지 않으면 지루해하는 사람만 비난하고 억압적인 사회구조는 강화할 위험이 있다는 사실도 잘 안다. 그래서 지루함에 관한 도덕적 연구의 필요성을 제기한 Elpidorou(2017)에게 박수를 보내며 다양한 분야에서 지루함을 분석할 수 있기를 바란다.

3장 변화 동기

1 1933년 시카고는 '진보의 세기'라는 이름으로 세계 박람회를 개최했다. 자기 몸에 여러 개의 핀과 바늘을 꽂고 그 위에 무게 추를 달아서 묘기를 부리던 아서 플

럼호프는 실제로는 시카고 박람회에서 공연하지 않았을 것이다. 그러나 이국적인 야생동물들, 인큐베이터 속 아기들, 소인국 등 오늘날의 세계 박람회에서는 상상도 할 수 없는 것들이 전시됐다! 플럼호프가 관객 앞에서 고통스러워 보이는 자해 행동을 보여준 최초(그리고 마지막) 공연자는 분명 아니었다. 1940년대 중반 미린 다요Mirin Dajo라는 무대 공연자는 극한의 고통을 참기 위해 신비주의자들로부터 훈련을 받았다고 주장했다. 그의 공연 중에는 보조자가 그의 몸에 펜싱 검을 내리꽂는 쇼도 있었다. 이 쇼에 대해 한 웹사이트는 그럴듯한 설명을 내놓았다. 즉, 귀(혀, 눈썹 등 아무거나)를 뚫으면 몸에 흉터 구멍이 생기는데 이런 구멍으로 펜싱 검을 통과시킨다는 논리였다. 다요는 자신이 삼킨 긴 바늘에 동맥이 파열돼 사망했다(http://www.skepticblog.org/2010/05/13/the-mysterious-case-of-mirin-dajo-the-human-pincushion/).

2 Dearborn(1932). 1991년 발표된 한 사례연구 보고서는 고통을 느끼지 못하는 질병인 선천적 통각상실증을 앓는 사람들의 어려움을 강조한다. 이 희귀 유전 질환을 앓는 사람들은 자해로 인한 부상을 자주 입는다.

3 Eccleston & Crombez(1999).

4 대체로 자기통제 및 자기조절 과정은 사람들이 자신의 생각과 감정, 행동 등을 목적에 맞게 조정하는 과정을 의미한다. Inzlicht and Legault(2014)의 '충격신호(affect-alarm)' 모형은 심리적 고통이 자기조절 작용을 촉발하는 갈등상태를 표현한다고 설명한다.

5 프랜시스 골턴 경은 1885년 최초로 꼼지락거리는 행동이 지루함의 표시라고 썼다. 그는 한 과학 강연에서 청중들이 "몸을 흔드는 행동"을 측정했다. 강연에 흠뻑 빠졌을 때는 사람들이 "제대로 듣고 보기 위해서 바른 자세"를 유지했다. 그러나 지루해지면 "더 이상 몰두하지 못하고 장시간 같은 자세를 유지함으로써 생긴 불편함에 주목하기 시작했다. 그래서 몸을 이리저리 움직였다."(pp.174~175)

6 많은 사람이 지루함과 무관심을 혼용해 왔다. 지루함은 무관심과 무쾌감증(쾌감 결여)과 연관성이 있지만 그것들과 전혀 다른 감정이다(Goldberg et al., 2011). 이와 비슷하게 판틸뷔르흐와 이구는 지루함이 슬픔, 분노, 좌절, 두려움, 혐오, 우울, 죄의식, 부끄러움, 후회 등 여러 부정적인 정서들과도 구분된다는 사실을 증

명했다(van Tilburg & Igou, 2017).

7 Iso-Ahola & Crowley(1991), Joireman et al.(2003), Kass & Vodanovich(1990), Mercer & Eastwood(2010).

8 일시적 상태로의 지루함과 기질로의 지루함 모두 문화마다 다른 모습으로 나타난다. 여기서 가장 뚜렷한 차이를 보이는 두 문화는 개인주의(미국이나 캐나다)와 집단주의(중국이나 인도)다(Ng et al., 2015). 우리는 지루함이 표현되는 데 문화적 요인이 영향을 미친다는 사실을 잘 알지만 이 주제를 깊이 다루기에는 관련 연구가 너무 부족하다.

9 Elpidorou(2014). 안드레아스 엘피도루는 2015년 10월 워털루대학에서 열린 지루함과 잡념에 관한 워크숍에서 지루함과 고통을 비교 분석한 내용을 처음 소개했다.

10 기질로서 지루함은 주로 "권태 성향"으로 불리는데 이는 널리 사용되는 '권태 성향 척도' 때문인 것 같다(BPS; Farmer & Sundberg, 1986). 우리는 기존 척도의 일부 단점(Melton & Schulenberg, 2009; Vodanovich et al., 2005)을 보완한 새로운 척도(Struk et al., 2017)를 다시 좀 더 간단하게 바꿨다. 우리가 사용한 척도는 참여 욕구의 해소 여부만 기준으로 삼는다.

11 Elpidorou(2014), Bench & Lench(2013), van Tilburg & Igou(2012).

12 (아마도) 출처가 불분명한 험프리 포터의 이야기는 애덤 스미스Adam Smith의 《국부론》에서 가져왔다. 우리가 알기로 포터의 이야기를 지루함과 인공지능과 연계한 최초의 인물은 이번 장의 후반부에서 다루는 인공지능 연구자 자크 피트라였다(http://bootstrappingartificialintelligence.fr/WordPress3/2014/05/when-artificial-beings-might-get-bored/).

13 엘시 닉스는 실존 인물(Cairns et al., 1941)이지만 우리가 재구성한 그의 이야기는 역사적으로 부정확할지 모른다. 여기에서 우리는 닉스를 전형적인 무동무언증 환자로 그렸다.

14 오스트리아 정신과의사이자 신경의학자였던 콘스탄틴 폰에코노모Constantin von Economo가 1917년 구체화한 이후 오늘날 '폰에코노모병'이라고 알려진 기면성뇌염은 20세기 초에 거의 100만 명을 죽였다고 여겨진다. 기면성뇌염은 '수면병'이

라고도 불리는데 주로 파킨슨병을 치료하는 약물인 레보도파levodopa를 사용했을 때 일시적으로 증상이 완화됐던 코호트 사례가 있긴 하지만 여전히 알려진 치료제가 없다. 이 병은 나중에 영화로도 만들어진 올리버 색스Oliver Sacks의 책《깨어남》에 영감을 줬다.

15 실제 이야기에서는 닉스에게 여전히 목표와 욕구가 있었지만 그것을 행동으로 옮길 능력이 없음을 암시하는 일화가 있다. 손에 초콜릿을 쥐여주자 닉스는 그것을 입으로 가져가려 했지만 떨어뜨렸을 때는 집으려고 하지 않았다. 심지어 닉스는 "씹는 시늉"을 했는데 이것은 그가 그 초콜릿을 원하지만 혼자서는 집을 수 없다는 것을 암시한다(Cairns et al., 1941).

16 Marin & Wilkosz(2005), Mega & Cohenour(1997), Nemeth(1988).

17 피로스의 승리란 막대한 희생을 치르고 얻은 승리를 말한다. 이 관용구는 고대 에피로스의 왕 피로스의 이야기에서 유래했다. 피로스는 기원전 280년쯤 헤라클레아 전투와 아스쿨룸 전투에서 로마군에 승리했지만 그 과정에서 커다란 손실을 입었다. 로마군도 전사자가 많았지만 손실을 좀 더 효과적으로 만회했다. 플루타르코스Plutarch는 피로스가 이런 말을 했다고 기록했다. "만약 우리가 로마군과 싸워 한 번 더 승리를 거둔다면 우리는 완전히 망하고 말 것이다."(http://penelope.uchicago.edu/Thayer/e/roman/texts/plutarch/lives/pyrrhus*.html)

18 기능주의를 비판할 생각은 없다. 그러나 우리는 지루함을 주관적인 감정으로 정의할 때 더 많은 정보를 얻을 수 있다고 믿으며 인간에게 미치는 지루함의 영향이 동물과 기계에도 똑같이 나타나는지 파악하려면 더 많은 신중한 연구가 필요하다고 생각한다.

19 Breazeal(2009). 작동 중인 키스멧의 영상은 https://www.youtube.com/watch?v=8KRZX5KL4fA에서 볼 수 있다.

20 Turing(1950). 이것은 튜링이 '모방 게임imitation game'을 소개한 논문에 나오는 내용이며 모방 게임이란 어떤 사람이 누군가와 자연스럽게 대화를 나누는 동안 그 대화 상대가 다른 사람인지 아니면 기계인지 알아내는 게임이다. 전체 인용문은 다음과 같다. "성인의 마음이 아닌 어린아이의 마음을 모방해서 프로그램을 만들어보면 어떨까?"(p.456)

21 Pitrat(2009).

22 우리는 지루함을 느낀 인공지능 시스템의 의식 작용에 대해 아무것도 알지 못한다. 우리 생각에는 아마도 CAIA와 키스멧이 지루함을 의식하는 게 아니라 지루함과 유사한 상황을 경험하는 것 같다. 즉, 지루함은 만족스러운 참여 방법을 찾도록 동기부여한다. 여기에서 언급한 인공지능 시스템들도 그와 같은 경험을 하는 것이다.

23 7장에서 지루함과 의미의 관계를 자세히 다루고 8장에서는 두 극단적인 환경인 단조로운 환경과 불규칙한 잡음이 가득한 환경에서의 지루함을 분석한다. 이 내용의 출처는 1986년 출간된 오린 클랩의 책 《과부하와 지루함Overload and Boredom》이다.

24 Burda et al.(2018).

25 Yu et al.(2018).

26 Godin(2007). "승자는 절대 포기하지 않고 포기하는 자는 절대 승리하지 못한다"는 명언은 미식축구계의 전설적 감독이자 슈퍼볼 우승 트로피 이름의 주인공이기도 한 빈스 롬바르디Vince Lombardi가 한 말이다. 롬바르디의 기록은 인상적인데 감독 시절 한 번도 루징 시즌(승률 5할 이하_옮긴이)을 기록한 적이 없었고 포스트 시즌에서는 누적 승률이 무려 90퍼센트였다. 롬바르디의 명언은 선수와 팬에게는 감동적으로 느껴질지 모르지만 고딘의 주장에 따르면 당연히 포기해야 할 상황도 분명히 존재한다. 최근 한 커플의 이야기가 좋은 예다. 10년 동안 배를 타고 세계 일주를 하겠다고 계획을 세운 한 커플이 뉴질랜드에서 오스트레일리아로 항해하던 중 거친 바다를 만났다. 키가 말을 듣지 않았고 배는 두 번 부서졌으며 "건물"의 두 배쯤 되는 높이의 파도에 한 번 뒤집히기도 했다. 그들은 조난신호를 보낸 후 배를 버렸고 컨테이너선에 구조됐다. 만약 그들이 오스트레일리아까지 항해하겠다는 계획을 고수했다면 분명 목숨을 잃었을 것이다(http://www.abc.net.au/news/2017-03-30/yacht-abandonded-after-rescue-recovered-off-eden/8402048).

27 White(1959).

4장 생애주기별 지루함

1 이것은 2014년 1월 28일 자 〈텔레그래프Telegraph〉에 보도된 "'늙는 게 지루해서' 물건을 훔친 76세 증조할머니"라는 기사 속 실제 사건을 각색한 허구다(http://www.telegraph.co.uk/news/uknews/law-and-order/10601150/Great-grandmother-76-shoplifted-because-she-was-bored-of-being-old.html).

2 이는 교육 수준이 높고Educated 산업화됐으며Industrialized 부유하고Rich 민주적인Democratic 서구 사회Western를 가리키는 용어인 '위어드WEIRD' 학문(하인리히 외, 2010)이 가진 문제와 같다. 즉, 제한적 표본으로 일반화한 결과를 얼마나 신뢰할 수 있는지가 문제다.

3 Giambra et al.(1992).

4 이는 생물학적 혹은 심리적 현실과 달리 법에서 임의로 정한 성년이다. 성년이란 미성년자가 성인이 됐고 그에 따른 권리와 의무를 행사할 수 있다고 사회가 정한 나이다. http://en.wikipedia.org//wiki/Age_of_majority와 http://en.wikipedia.org/wiki/Age_of_consent for variations in the age of consent-again에서는 생물학적 기준과 법적 기준의 차이를 강조하고 있다.

5 Riem et al.(2014).

6 Phillips(1994).

7 Lehr & Todman(2009).

8 Fogelman(1976). 이 연구는 전국아동발달연구National Child Development Study의 자료를 사용했다. 지루해하는 아이를 둔 부모들은 아이들이 여가 활동을 충분히 하지 못한 원인이 선택 가능한 활동이 부족했기 때문은 아니라고 말했다. Lehr & Todman의 연구에서처럼 학업 성적이 낮고 사회경제적 지위가 낮은 환경의 아이일수록 지루함을 더 많이 느꼈다.

9 Russo et al.(1991, 1993)

10 최근 뉴질랜드에서 수행한 자연 실험은 제약을 가할 때(혹은 없앨 때) 아이들의 행동이 어떤 영향을 받는지 강조한다. 한 학교는 (운동장에서 킥보드 금지와 같은) 운동장 이용 규칙을 없앴다. 교사들은 제약 없는 놀이가 상상력과 학습 능력을 기르고 학교 폭력을 줄인다는 사실을 발견했다. 또 어쩌면 운동장 이용 규제 철

폐가 지루함을 없애는 데 큰 도움이 될지도 모른다(http://nationalpost.com/news/when-one-new-zealand-school-tossed-its-playground-rules-and-let-students-risk-injury-the-results-surprised).

11 Steinberg(2005), Piaget(1999).

12 피아제의 인지발달이론(1999)에서 마지막 발달 단계는 형식적 조작 단계formal operational stage며 이 시기에는 추상적 사고 능력, 문제 해결 능력, 논리적 추론 능력이 향상된다.

13 Steinberg(2005).

14 Dahl(2001, 2004). 인용구(사실 부제에 해당)는 2004년 논문 17쪽에 나온다.

15 Harden & Tucker-Drob(2011).

16 Spaeth et al.(2015).

17 Harris(2000). 실험 참가자들은 지루했던 경험을 설명하면서 지루함을 느꼈던 시간의 26퍼센트는 초조함을, 22퍼센트는 산만함을 느꼈다고 말했다. 우리가 어딘가에서 주장했듯이 지루함과 불안감의 흔한 결합은 지루함이란 개인이 주관적으로 느끼는 강한 자극임을 암시한다(Danckert et al., 2018a, b와 Merrifield & Danckert, 2014 참조). 또 학습 환경에서 유발된 지루함은 일종의 항의 표시일 수 있다. 10대는 할 수 있는 것을 고의로 하지 않음으로써 자신의 독립성을 주장하고 어딘가에 몰두하고 싶은 욕구를 다스리는지도 모른다. 지루함은 어른의 세계를 거부하는 방법인 셈이다.

18 Caldwell et al.(1992).

19 Haller et al.(2013).

20 여가 권태에 관한 연구는 제약 많은 학교 환경이 10대가 느끼는 지루함의 유일한 원인이 아님을 암시한다. 한 연구 결과(Larson&Richards, 1991)에 따르면 지루함은 학교와 가정, 여가 생활 중에 일관되게 나타났다.

21 Miller et al.(2014). 여기에서 "성적 공격성이 높다"는 말의 의미는 9학년 때 자주 지루함을 느꼈던 남학생들이 10학년이 됐을 때 여자 친구의 거부 의사에도 불구하고 성행위를 멈추지 않으려 한다는 것이다.

22 Willging et al.(2014)와 Wegner & Flisher(2009)를 보라. 시골 사람들이 더 많이

지루해한다는 증거를 찾으려면 Patterson et al.(2000)의 논문을 보라.

23 Sharp & Caldwell(2005).

24 우리는 나이가 지루함의 악화를 예측할 중요한 변수가 된다는 사실을 입증했다. 즉, 나이가 들수록 지루함에 취약해진다. 이런 관계는 17~22세에서도 확인됐다 (Gerritsen et al. 2015, Isacescu et al. 2017).

25 청소년기와 마찬가지로 성인기로의 이행은 (성년과 같은) 생활연령보다 전두엽 피질의 발달과 관계가 깊다. 흥미롭게도 포르투갈에서는 25세가 될 때까지 공직 후보자가 될 수 없다. 아마도 25세 미만은 충분히 성숙하지 못했다고 생각하는 모양이다!

26 전두엽 피질이 CEO 역할을 한다는 생각은 부분적으로 1940~50년대 유행했던 전두엽 절제술에 근거를 제공했다. 전두엽 절제술은 고장 난 CEO(전두엽)를 분리해야 뇌가 방해받지 않고 제 기능을 하게 된다는 논리였다. 그러나 이 치료법은 거의 효과가 없었다(Gross & Schafer, 2011).

27 이런 집행 기능들은 서로 별개라 집행 기능이라는 포괄적 용어를 사용할 수 있는지는 논의의 여지가 있다. 집행 기능 이론 중 하나인 '통일성과 다양성' 모델에 따르면 (작동 기억, 억제 조절, 추상화 추론 등) 다양한 기능군은 분리 가능하지만 중첩돼 있는 신경망들에 의존해 각각 다른 인지 기제를 보여준다(다양성의 내용). 궁극적으로 이런 별개의 기제들이 서로 결합해 매우 수준 높은 행동을 일으킨다 (통일성의 내용, Miyake et al., 2000).

28 Taylor et al.(2017).

29 전두측두엽은 의미 파악 및 개념화, 새로운 기억 형성 등 복잡한 기능을 담당한다. 안와전두피질은 후각 자극을 처리(외상성 뇌 손상 환자들은 흔히 냄새를 구별하지 못하는 후각 상실증을 겪는다)할 때뿐만 아니라 행동과 관련된 비용과 보상을 표상화할 때도 중요한 역할을 한다.

30 Alan Baddeley(1996)는 자신이 만든 용어인 "중앙 관리자central executive"의 기능장애를 설명하기 위해 "집행 기능장애 증후군"이라는 용어를 만들었다. 이 중앙 관리자의 역할은 기억과 인지 기능을 맡는 다른 하위 체계들을 "통제"하는 것이다. 그보다 훨씬 전에 러시아 신경심리학자 알렉산더 루리아Alexander Luria는 《일

하는 뇌The Working Brain》(1973)라는 책에서 전두엽에 초점을 맞췄다. 루리아는 전두엽 피질이 "인간의 복잡한 목표 연계 활동을 통제"하는 데 중요한 역할을 한다고 썼다(1973, p.188).

31 Fleming et al.(2012).

32 우리는 중증 외상성 뇌 손상 환자 35명과 뇌진탕을 일으킨 적이 있는 340명을 대상으로 연구를 진행했다. 권태 점수는 외상성 뇌 손상 환자들이 가장 높았지만 건강한 사람들과 비교하면 뇌진탕을 입은 적이 있는 사람들 역시 높았다(Isacescu & Danckert, 2018).

33 Chin et al.(2017).

34 이 문제는 노화의 영향에 관심이 있는 연구자들에게 중요하다. 이들이 실험 대상으로 삼을 수 있는 집단은 어린이집 유아, 취학 아동, 대학생 등 한곳에 모여 있는 사람들이나 좀 더 자유 시간이 많은 은퇴자들이다. 이를 토대로 노화 연구자들은 60세가 넘으면 인지 기능이 갑자기 뚝 떨어진다고 주장한다. 그러나 우리가 40~50대를 대상으로 연구한 결과 인지 기능은 그전부터 서서히 감소하고 있었다.

35 Conroy et al.(2010).

36 인지 예비 능력이란 뇌 손상이나 기능 약화 시 인지 기능의 탄력성을 가리킨다. 인지 예비 능력이 높으면 알츠하이머와 같은 질병을 막을 수 있다고 간주된다(Medaglia et al., 2017; Valenzuela & Sachdev, 2006).

37 Best & Miller(2010), DeCarli et al.(2005), Scuteri et al.(2005)를 보라.

38 Ice(2002), Korzenny & Neuendorf(1980)를 보라. Korzenny & Neuendorf에 따르면 노인들이 텔레비전을 시청하는 이유는 정보 수집과 환상 체험이다. 여기에서 환상은 단조로움과 지루함을 해소하기 위한 수단이다.

39 Shuman-Peretsky et al.(2017).

5장 필연적 경험

1 노스웨스트 188편 사건에 관한 전체 이야기는 https://www.salon.

com/2009/12/11/askthepilot344를 보라. 이 책에 묘사된 이야기는 허구적으로 각색한 것이지만 이 사건에 관해 우리가 수집한 정보는 대체로 신뢰할 만하다.

2 Britton & Shipley(2010).

3 이 설문에서는 일반적으로 지루함의 결과로 알려진 내용만 포함했기 때문에 도박은 제외했다.

4 Berlyne(1960); Kahneman(1973).

5 Hitchcock et al.(1999), Hunter & Eastwood(2019), Mackworth(1948), Pattyn et al.(2008), Scerbo(1998), Thackray et al.(1977).

6 Kass et al.(2001), Scerbo(1998), Thackray et al.(1977).

7 Scerbo(1998).

8 Wilson et al.(2014).

9 일부는 모순된 감정을 느꼈고 일부는 그 상황을 즐겼다는 사실이 중요하다(Fox et al., 2014).

10 Havermans et al.(2015).

11 Nederkoorn et al.(2016).

12 Favazza(1998). 자살과 지루함에 관한 연구는 많지 않다. 한 연구(Ben-Zeev et al., 2012)에 따르면 우울증으로 입원한 환자들은 자살을 떠올리기 몇 시간 전부터 슬픔, 긴장감, 지루함 등을 느끼며 이 중 지루함은 이어지는 자살 충동에 대한 가장 강력한 예측 지표였다.

13 Claes et al.(2001)는 섭식 장애를 가진 여성들이 지루할 때 자기 머리카락을 뽑는다는 사실을 발견했다. Chapman & Dixon-Gordon(2007)에 따르면 여성 재소자들은 자해 충동을 촉발하는 요인으로 분노와 불안감에 이어 지루함을 세 번째로 지목했다.

14 Lee et al.(2007), McIntosh et al.(2005), Orcutt(1984), Piko et al.(2007), Wegner(2011), Ziervogel et al.(1997). 유해 물질 이용자는 그러지 않는 사람보다 더 자주 지루함을 느낀다고 말했다(Biolcati et al., 2018, Boys et al., 2001, Caldwell & Smith, 1995, Iso-Ahola & Crowley, 1991, Smith & Caldwell, 1989).

15 《The National Center on Addiction and Substance Abuse》(August 2003),

Caldwell & Smith(1995).

16 이 연구는 8~11학년 학생들을 추적 관찰했으며 첫 조사에서 자유 시간에 가장 많이 지루하다고 응답했던 아이들이 나중에 약물을 남용할 확률이 높다는 사실을 발견했다(Sharp et al., 2011). 흥미롭게도 한 연구는 지루함과 흡연 가능성의 상관관계가 초기에는 흡연 위험이 낮은 10대에게만 나타난다는 사실을 발견했다(Coffman et al., 2012).

17 Sharp et al.(2011).

18 Krotava & Todman(2014).

19 Weybright et al.(2015).

20 Biolcati et al.(2018), Blaszcynski et al.(1990), Bonnaire et al.(2004), Dickerson et al.(1987), Nower & Blaszcynski(2006), Turner et al.(2006), Carroll & Huxley(1994), Clarke et al.(2007), Coman et al.(1997), Cotte & Latour(2008), Hing & Breen(2001), Hopley et al.(2012), Hopley & Nicki(2010), McNeilly & Burke(2000), Mercer & Eastwood(2010), Trevorrow & Moore(1998), Williams & Hinton(2006), Wood et al.(2007).

21 우리는 지루함이 약물 남용이나 도박의 원인임을 입증하는 실험을 설계한 연구를 보지 못했다. 지루한 느낌과 쉽게 지루해하는 성향 모두 대부분의 연구에서 정교하게 걸러내지 못한 다수의 심리적 요인의 영향을 받는다. 한 연구에서는 충동을 통제할 경우 음주나 도박이 권태 성향과 무관한 것으로 나타났다(Mercer-Lynn et al., 2013b). 약물 남용과 도박은 권태 성향이 아닌 몇 가지 요인이 맞물린 결과일 수 있다.

22 Leon & Chamberlain(1973), Stickney et al.(1999), Walfish & Brown(2009).

23 Koball et al.(2012).

24 Crockett et al.(2015), Moynihan et al.(2015).

25 Moynihan et al.(2015).

26 Havermans et al.(2015).

27 모이니핸의 연구(2015)에서는 지루함이나 슬픔을 유도하기 위해 실험 참가자들에게 지루한 영화와 슬픈 영화를 보여줬다. 참가자들은 영화를 보는 동안 건강

에 좋거나 나쁜 간식, 흥미롭거나 뻔한 간식을 먹을 수 있었다(방울토마토는 건강에도 좋고 흥미로운 간식으로 간주되지만 크래커는 뻔한 간식이다). 건강에 좋은 간식이나 (크래커처럼) 뻔한 간식은 시청한 영화와 상관없이 모든 참가자가 비슷한 양을 먹었다. 그러나 건강에 좋든 나쁘든 (방울토마토처럼) 흥미로운 간식은 지루한 영화를 봤던 사람들이 더 많이 먹었다.

28 Abramson & Stinson(1977).

29 Meagher & Mason(2012).

30. Gill et al.(2014).

31 Dahlen et al.(2004), Gerritsen et al.(2014), Leong & Schneller(1993), Mercer-Lynn et al.(2013b), Moynihan et al.(2017), Watt & Vodanovich(1992).

32 Moynihan et al.(2017).

33 Matthies et al.(2012).

34 Pettiford et al.(2007), Witte & Donahue(2000). 이 연구 결과는 다른 연구와 달리 순간적인 지루함 때문에 위험한 의사 결정을 하는 문제가 아닌 권태 성향과의 관련성을 지적한다는 점에 주목해야 한다.

35 이 인용구는 대체로(그러나 절대적이지는 않다) 미국 철학자 폴 틸리히Paul Tillich의 견해와 연결된다.

36 Boyle et al.(1993).

37 Wink & Donahue(1995, 1997), Zondag(2013).

38 Dahlen et al.(2004), Isacescu et al.(2017), Isacescu & Danckert(2018), Joireman et al.(2003), Mercer-Lynn et al.(2013b), Rupp & Vodanovich(1997), Vodanovich et al.(1991), Zuckerman(1993).

39 Quay(1965).

40 예를 들어 Farnworth(1998)는 소년범들이 느끼는 지루함을 설명하면서 이를 반달리즘의 동인으로 취급한다. 반달리즘에 관한 연구는 매우 많다. 반달리즘과 지루함의 연관성을 설명하는 이론은 일부 있지만 그에 관한 실증 연구는 거의 없다.

41 Spaeth et al.(2015). 지루함이 개인의 성격에서 비롯된 분노에 찬 고의적 사회 거

부 표시라는 생각을 증명하는 근거는 없다. Caldwell & Smith(2006)를 보라.

42 van Tilburg & Igou(2011).

43 크리스토퍼 레인에 관한 기사의 전체 내용은 http://www.cbsnews.com/news/christopher-lane-australian-baseball-player-killed-by-bored-okla-teens-police-say/를 보라.

44 이에 관한 기사의 전체 내용은 https://www.cnn.com/2018/01/23/europe/german-nurse-charged-97-murders-intl/index.html를 보라.

45 Greenberg et al.(2004).

46 Weissinger(1995).

47 Fahlman et al.(2009), Goldberg et al.(2011), Mercer-Lynn et al.(2013b), Todman(2013), Vodanovich & Watt(2016). 물론 우울증은 지루함 외에도 부정적으로 느끼는 성향, 감정적 상처에 예민한 성격, 무관심, 쾌감 결여, 정서적 자각 능력 부족 등 여러 요인과 관련된다(Goldberg et al., 2011, Mercer-Lynn et al., 2013b).

48 연구자들이 자기보고법을 사용할 때는 권태 성향, 지루한 상태, 우울증을 각각 구분함으로써 지루해하는 사람과 우울증에 빠진 사람을 혼동하는 실수를 막는다(Fahlman et al., 2009, 2013; Goldberg et al., 2011).

49 Spaeth et al.(2015).

50 Fahlman et al.(2009).

51 Bargdill(2000).

52 Fahlman et al.(2009).

53 Gerritsen et al.(2015), Newell et al.(2012), Todman(2003), Todman et al.(2008).

54 Inman et al.(2003), Passik et al.(2003), Theobald et al.(2003).

55 Mann & Cadman(2014).

56 Tolinski & Di Perna(2016), p.218. '치틀린 서킷'은 미국의 인종차별 시대에 흑인 음악가, 코미디언, 연예인 등이 자유롭게 공연할 수 있었던 장소를 가리킨다.

57 Larson(1990).

58 Gasper & Middlewood(2014).

59 Mann & Cadman(2014).

60 Conrad(1997).

6장 극한 상황에서의 지루함

1 앞의 허구적 이야기는 헵(1957)의 연구 내용을 기초로 구성했다. 실제로는 실험 참가자들이 아무 때나 자유롭게 실험장을 떠날 수 있었으며(물론 많은 참가자가 여러 날 머물렀다) 대부분의 환각 체험도 여기에 묘사된 상황보다 덜 불길했다.

2 헵과 헤론의 연구 결과는 일부만 발표됐다. 헵은 전체 결과를 발표하겠다고 주장했지만 연구를 의뢰한 정보기관이 발표를 막았다. 결국 그들의 연구는 심리적 고문의 시초가 된 실험으로 와전됐다(Brown, 2007). 이 연구의 진짜 목적은 감각 박탈이 '프로파간다'와 결합될 때 초자연 현상에 대한 개인의 믿음이 성공적으로 변화되는지 확인하는 것이었다(헵의 연구 외에 다른 감각 박탈 연구에 대한 설명은 Raz(2013)를 보라).

3 캐나다의 애덤 숄츠Adam Shoalts는 탐험의 역사를 파헤친 최근 책에서 바이킹부터 초기 유럽의 탐험가를 두루 설명하면서 인간을 탐험에 나서게 하는 요인으로 일관되게 호기심, 욕심, 명예욕을 언급한다(Shoalts, 2017, pp.24, 53).

4 Bishop(2004).

5 Cook(1909).

6 Bishop(2004), 〈표 3〉.

7 Sandal et al.(2006).

8 Palinkas(2003), Palinkas et al.(2000).

9 Shiota et al.(2007).

10 Sandal et al.(2006).

11 이 말의 출처는 명확하지 않다. 제1차세계대전 때 영국군 기병 부대 소속 중위가 보낸 어느 편지에 적힌 말로 1914년 11월 4일 자 《타임스The Times》에 실렸다. 에드워드 아서 버로우스Edward Arthur Burroughs에 의해 알려지기도 했는데 그는 제1차세계대전에 관한 책인 《미래를 위한 싸움The Fight for the Future》(1916)을 썼다.

12 Bartone et al.(1998).

13 Arrigo & Bullock(2008).

14 '독방 수감'이라는 단어의 동의어는 https://www.muckrock.com/news/archives/2015/jun/16/solitary-confinement-may-go-different-name-your-st/를 보라.

15 Arrigo & Bullock(2008).

16 Smith(2006).

17 애슐리 스미스 사건은 http://nationalpost .com/news/canada/ashley-smith-death-ruled-a-homicide-by-inquest-jury를, 애덤 카페이 사건은 https://www.theglobeandmail.com/news/national/how-a-tweet-led-to-unlocking-adam-capays-stint-in-solitary/article34756517/를 보라.

18 이와 관련된 추가 정보는 '솔리터리 워치Solitary Watch'(2019)라는 웹사이트를 참고하라.

19 크리스토퍼 버니는 영국군 중위로 제2차세계대전 중 프랑스 레지스탕스를 돕는 임무를 맡았다. 그는 1942년 포로로 잡혀 전쟁이 끝날 무렵 비르케나우로 이송되기 전까지 프레스네스 수용소 독방에서 526일을 지냈다. 그의 이야기는 단조로운 독방 생활을 견디기 위해 규칙적인 습관을 확립할 필요성을 강조한다. 그는 자신의 습관(예를 들어 날마다 식사 중 일부를 나중에 먹으려고 남겨두는 것)대로 하지 못했을 때 기분이 나빠졌다. 자신의 책 《고독한 감금Solitary Confinement》에도 나오는 이 놀라운 이야기는 사회적 접촉과 다양한 경험을 하고 싶은 인간의 기본 욕구를 강조한다(Burney, 1952).

20 민족지학적 연구는 연구자가 특정 문화 집단으로 직접 들어가 가능한 한 집단 구성원의 생활을 방해하지 않으면서 그들의 행동을 관찰하는 조사 방법이다. 이 연구자(Bengtsson, 2012)는 두 교도소에서 상당한 시간을 보내며 수감자들을 관찰했다. 두 번째 교도소에서 그가 지루함을 연구하고 있다고 밝혔을 때 수감자들은 더 호의적으로 더 많이 참여했다. 수감자들은 그가 자신의 생활을 이해하고 있다고 느꼈을 때 더 적극적인 참여자가 됐다.

21 Bengtsson(2012)은 어린 수감자들이 질서와 무질서의 경계를 넘나들고 있다고

생각해 "에지워크edgework(기존 경계선을 뛰어넘는 시도_옮긴이)"라는 용어를 사용한다. 무질서에 가까운 행동일수록 더 흥미롭게 보인다. 결과적으로 에지워크와 무질서에 가까운 행동은 현재 상황과 권위에 대한 도전이라 할 수 있다.

22 de Viggiani(2007).

23 Lebedev(1988), 인용문은 pp.32, 60, 78에 나온다.

24 2017년 11월 22일 댄커트는 해드필드와 전화 인터뷰를 했다. 해드필드의 구체적인 우주 생활은 그가 쓴《우주비행사의 지구 생활 안내서》에 잘 나와 있으며 수많은 유튜브 영상과 언론 인터뷰에 그가 우주에서 전혀 지루함을 느끼지 않았다는 이야기가 가득하다!

25 2017년 11월 22일에 댄커트가 해드필드와 전화 통화한 내용.

26 Lebedev(1988), pp.125, 251.

27 Lebedev(1988), p.81.

28 이따금 레베데프는 우주의 장엄함과 우주에 대한 경외감을 이야기한 직후 바로 따분하고 쓸쓸한 감정을 표현했다. 우주에서 지구를 바라보며 느낀 엄숙함을 이야기한 후 그는 "우주정거장이 조용하고 적막"하다고 썼다(Lebedev, 1988, p.203). 잠시 후에는 도킹에 재도전하는 문제를 고민하면서 이렇게 말했다. "나중에 우주선에서 실제 훈련을 시작했을 때 그 일은 심지어 그리 재밌지도 않았다."(p.241)

29 Lebedev(1988), p.78.

7장 의미를 찾아서

1 Galton(1885). 골턴 경은《네이처Nature》에 발표한 짧은 논문에서 한 강연에 참석했던 일과 거기서 청중을 관찰(하고 습관처럼 그들의 행동을 측정)했던 경험을 썼다. 이 이야기는 골턴의 논문에 등장하는 경험담을 허구적으로 재구성한 것이다. 골턴도 그 강연에 몰두하지 못했음이 분명하다.

2 Barbalet(1999).

3 Svendsen(2005), 인용문은 pp.7, 30에 나온다.

4 Frankl(1959), p.129.

5 Kuhn(1976). Healy(1984)와 Raposa(1999)도 보라.

6 van Tilburg & Igou(2012, 2016).

7 Eakman(2011), Fahlman et al.(2009), Kunzendorf & Buker(2008), Weinstein et al.(1995), MacDonald & Holland(2002), McLeod & Vodanovich(1991), Melton & Schulenberg(2007), Tolor & Siegel(1989).

8 McLeod & Vodanovich(1991), Tolor & Siegel(1989).

9 Fahlman et al.(2009).

10 Drob & Bernard(1988).

11 Bargdill(2000).

12 2장에서 우리는 지루함을 유발하는 여러 요인을 살펴봤으며 삶의 의미 상실은 그중 하나였을 뿐이다. 게다가 의미를 상실했다고 해서 항상 지루해지는 것도 아니다.

13 Eastwood(미발표 자료).

14 1장에서 논했듯이 우리는 상황 의미의 결핍이 지루함을 정의하는 핵심 요소가 아닌 지루함의 특징이나 결과라고 생각한다.

15 중요하지 않은 일이라도 몰두할 수 있(고 그 덕분에 지루하지 않을 수 있)다. 그리고 대단히 의미 있는 일이라도 몰두하지 못할 수 있(고 그 때문에 지루할 수 있)다. 앞에서 예로 들었듯이 아무 생각 없이 TV 프로그램을 몰아 보거나 아이들과 '똑똑, 누구세요?' 놀이를 하는 경우를 떠올려보자. 이때 TV 시청은 무의미하지만 지루하지 않은 일이고 아이들과의 놀이는 의미 있지만 약간 따분할 수 있다.

16 van Tilburg et al.(2013).

17 van Tilburg & Igou(2017).

18 van Tilburg & Igou(2011).

19 van Tilburg & Igou(2016).

20 Coughlan et al.(2019).

21 Nels F. S. Ferre, Boehm(2006)의 책 p.160에서 재인용.

22 Kustermans & Ringmar(2011).

23 Svendsen(2005).

24 Gosselin & Schyns(2003).

25 연구자들은 내용이 뒤죽박죽인 속담들이 "의미 있는 결과를 만들기 위한 인지적 조작"을 허용하기 때문에 "…자신들의 연구 결과가 능동적 환경 조작 욕구를 강조하는 이론들을 뒷받침한다"고 말한다. Landon & Suedfeld(1969), p.248.

26 Brissett & Snow(1993).

27 이 아이디어의 출처는 사회학자인 클랩의 책 《과부하와 지루함》(1986)이며 이 내용은 8장에서 다룬다.

28 셰익스피어의 《맥베스》에 나오는 대사로 윌리엄 포크너William Faulkner의 소설 《소리와 분노》의 제목도 여기에서 나왔다.

29 Svendsen(2005), p.32.

30 Elpidorou(2014), p.2. Elpidorou(2018)도 보라.

8장 진행 중인 유행병

1 Klapp(1986), pp.1~2.

2 소크라테스에 관한 내용은 Yunis(2011), James(1900), Kracauer(1995)를 보라. 소크라테스처럼 크라카우어도 20세기 초 인간의 기억력이 기술 발전의 위협을 받고 있다고 생각했다! 오늘날 심리학자들은 소위 '인지 부하 분산cognitive offloading' 현상을 깊이 연구한다. 인지 부하 분산이란 가령 스스로 길을 익히기보다 구글 지도에 의존해 경로를 찾는 행위를 일컫는다(Risko & Gilbert, 2016). 글자가 신기술로 바뀌기는 했지만 우리는 소크라테스의 한탄에 끊임없이 관심을 기울이는 것 같다.

3 Klapp(1986), p.49.

4 권태 성향이 높은 사람이 극단적으로 단조롭게 살거나 지나친 감각 혹은 다양성을 추구한다는 가설의 실마리를 최초로 제공한 이는 아마도 Richard Smith(1981)일 것이다. 이 주장을 간접적으로 뒷받침하는 연구들도 있다. 한 연구에서는 높은 권태 성향이 지나친 감각 추구 행위와 결부된다고 주장한다(Zuckerman,

1979). 또 다른 연구에서는 권태 성향이 높은 사람은 "어떤 일을 계속하는 것"조차 힘들어한다고 말한다(Mugon et al., 2018). 이것이 바로 지루함의 난제다. 즉, 권태 성향이 높은 사람은 새롭고 유의미하며 만족스럽게 참여하고 싶은 뭔가를 원하지만 어떤 행동을 선택해야 할지 몰라 시작도 하지 못한다(Danckert et al., 2018b).

5 클랩이 제시한 전체 목록은 좀 더 자세히 검토할 가치가 있다.

(1) 큰소리(소음보다 더 크게 외치는 소리로 클랩은 "자아의 절규"라고 표현함)

(2) 난해함(전문용어에 의존해 정보를 이해하고 타자를 배제하는 것)

(3) 단절 혹은 모순(TV 화면에 표시되는 정보와 앵커가 보도하는 소식이 다름. 한 화면에서도 한쪽에는 기상 정보가, 다른 쪽에는 교통 상황이, 하단에는 새로운 뉴스가 줄지어 지나감)

(4) 부적절한 복잡성(무의미한 복잡성)

(5) 채널 혼잡(출처가 제각각인 정보를 처리하는 어려움과 정보처리 능력의 부족)

(6) 소음에서 신호를 구별하지 못하게 하는 피드백의 부족

(7) 유행을 따르는 소음(유행의 변화를 떠올려보라)

(8) 가짜 정보(클랩은 오늘날과 같은 "가짜 뉴스" 시대의 도래를 예상했다. 이와 비슷하게 위폐는 가짜로 밝혀지기 전까지 소유자를 부자처럼 느끼게 한다)

(9) 단순 급증(이용 가능한 정보량의 폭증)

6 Klapp(1986), p.106.

7 이런 분석을 한 연구자는 클랩이 최초였다(Klapp, 1986).

8 지식 배증 곡선에 관한 내용은 http://www.industrytap.com/knowledge-doubling-every-12-months-soon-to-be-every-12-hours/3950를 보라.

9 Bornmann & Mutz(2015). 1660년 이후 발표된 전체 과학 논문 수는 대략 5,000만 건인데 지금은 매년 250만 건이 추가되고 있다(http://www.cdnsciencepub.com/blog/21st-century-science-overload.aspx). 정보 폭증의 문제는 다음 두 가지 사례만 봐도 알 수 있다. 인터넷의 총정보량은 500만 테라바이트인데 그중 0.004퍼센트에 해당하는 200테라바이트가 구글 지도와 관련된 정보량이다. 평범한 사람의 두뇌로 지도를 제작하는 데 필요한 정보량은 몇 십 억 페타바이트다(1페타바이트

는 1015바이트다)!

10 플로피디스크가 실제로 가벼웠던('플로피floppy'라는 단어는 '유연한', '가벼운', '늘어진' 등의 의미다_옮긴이) 시절을 기억하는데 당시에 박사 논문 한 편을 저장하기 위해서는 플로피디스크 3.25개(가볍지 않은 양)가 필요했다. 오늘날은 비슷한 분량의 논문 한 편을 평범한 USB에 저장해도 총저장공간에 거의 영향을 미치지 않는다.

11 "인터넷이 내 두뇌를 파괴했다", "인터넷이 우리를 바보로 만들고 있다" 등의 주장은 글이 유해하다는 소크라테스의 우려에 귀를 기울이게 한다. 니콜라스 카Nicholas Carr는 《생각하지 않는 사람들: 인터넷이 우리의 뇌 구조를 바꾸고 있다》에서 이 내용을 깊이 다룬 바 있다. 이런 주장은 (지루함이 유행할 가능성만큼이나) 과장되고 근거가 없다. 그럼에도 불구하고 석판에 새긴 상형문자부터 인터넷에 이르기까지 새로운 발명품이 등장할 때마다 그것의 영향이 긍정적일지 부정적일지는 질문할 가치가 있다.

12 인터넷의 역사에 관해서는 Hafner & Lyon(1988)을 보라.

13 초기에 Young 등(Young, 1998, Young & Rogers, 1998)이 지적한 인터넷 중독의 특징은 유해 물질 남용보다는 충동 조절 문제와 관련된다. 이는 의미 있는 활동에 참여하지 못한 사람들은 인터넷이 제공하는 (손쉽게 이용 가능하지만 궁극적으로 만족을 주지 못하는) 오락거리에 점점 의존한다는 우리의 설명과 일치한다. 인터넷 중독은 미국의 《정신장애 진단 및 통계 편람Diagnostic and Statistical Manual of Mental Disorders, DSM》에는 등재되지 않았는데 이는 학계가 인터넷 중독을 정신 질환의 일종으로 보는 견해에 회의적이라는 사실을 보여준다. 인터넷 게임 장애Internet Gaming Disorder는 (DSM의 최신판) 《DSM-V》에 근거가 필요한 연구 분야로 표시돼 있다. 초기 연구 중 일부는 인터넷을 남용하는 사람들이 관용 현상(만족하기 위해 필요한 인터넷 사용 시간이 점점 늘어나는 현상)과 금단 현상(오프라인에서 우울증과 짜증 표출)을 보인다고 주장했는데 두 가지 모두 전형적인 유해 물질 중독 증상이다(Scherer, 1997).

14 Bernardi & Pallanti(2009), Nichols & Nicki(2004). 이 연구들은 인터넷 중독이 (우울증이나 충동 조절 장애와 같은) 다른 정신 질환과 동시에 일어나는 현상을 의미하는 동시이환현상comorbidities을 강조한다. Bernardi & Pallanti 연구에 따르면 사람

들은 인터넷에 접속할 수 없을 때 더 많이 지루함을 느꼈다고 말했는데 이는 확실히 중독 증상이다.

15 Elhai et al.(2017).

16 진 트웬지는 스마트폰 및 소셜 미디어 사용량과 정신 질환 발병율의 연관성을 밝히기 위해 다수의 미국 청소년을 대상으로 설문 조사를 하고 그 결과를 발표했다(Jean Twenge, 2017). (트웬지도 밝혔듯이) 둘 사이에는 상관관계가 존재했지만 그것이 인과관계를 의미하지는 않는다는 점에 주목할 필요가 있다.

17 Whiting & Williams(2013). 1980년대 발표된 한 논문에 따르면 과거에 사람들이 지루함을 덜기 위해 텔레비전에 의존했던 것처럼 이제는 (기본적으로 시간을 보내기 위해서) 인터넷에 의존한다(Bryant & Zillmann, 1984).

18 여기서 '복제물'이라는 단어는 프랑스 철학자 장 보드리야르Jean Baudrillard가 만든 용어다. 그는 복제물이 원본을 대체하는 하이퍼리얼리티hyper-reality 사회를 다룬다. 그의 사상을 아주 단순하게 표현하면 실제 세계가 실제보다 더 진짜처럼 느껴지는 가상의 하이퍼리얼리티 세계로 대체된다는 내용이다. 인터넷과 소셜 미디어 그리고 모순적인 단어인 '리얼리티 TV' 등이 모두 이런 복제물이다.

19 Thiele(1997). 이와 유사한 분석 내용을 보려면 Aho(2007)의 논문을 보라.

20 Thiele(1997), p.505.

21 Cushman(1995).

22 Simmel(2012), p.31.

23 Twenge(2017).

24 Arad et al.(2017); Tromholt(2016).

25 Yeykelis et al.(2014).

26 Damrad-Frye & Laird(1989).

27 성적 지루함을 측정하기 시작한 때는 1990년대 중반부터다(Watt & Ewing, 1996). 이 책이 참고한 연구들은 Chaney & Chang(2005)와 Gana et al.(2000)이다. 한 연구에 따르면 남성들이 성적 지루함을 일부일처제의 유지를 위해 치러야 할 대가로 생각한다고 한다(Tunariu & Reavey, 2007).

28 관련 내용은 https://www.nytimes.com/2018/01/17/world/europe/uk-britainloneliness.html를 보라.

29 '조 콕스 외로움 위원회Jo Cox Commission on Loneliness'는 브렉시트 찬반 투표 운동 기간에 살해당한 콕스 하원 의원을 기리기 위해 영국 의회가 설립했다. 살해당하기 전 콕스 의원은 여러 비정부기구와 협력해 외로움 문제를 다루는 위원회의 설립을 준비하고 있었다. https://www.jocoxloneliness.org/.

30 Chin et al.(2017). 이 연구 전에도 Farmer & Sundberg(1986), Reissman et al.(1993), Spaeth et al.(2015). 여러 논문에서 지루함과 외로움을 다뤘다.

31 Chin et al.(2018).

9장 그저 몰입하라

1 영화 〈프리 솔로Free Solo〉는 호놀드가 엘카피탄을 등반하는 모습을 촬영했다.

2 Csikszentmihalyi(1975).

3 Csikszentmihalyi & Larson(2014). 경험을 표집할 방법은 많다. 장기적으로는 스마트폰을 이용해 지금 하고 있는 일과 하루, 일주일, 한 달 동안의 기분 상태 등을 수시로 물어볼 수 있고 단기적으로는 최근에 과제를 중단시킨 요인 같은 것들을 질문하면 된다.

4 실제로 칙센트미하이는 실험 참가자들에게서 "몸이 떠 있는 기분"과 "흐름에 따르고 있다는 기분"을 느낀 경험을 들었을 때 "몰입"이라는 용어를 얻었다고 했다(Csikszentmihalyi, 1990 p.40).

5 Marty-Dugas & Smilek(2019).

6 Struk et al.(2015).

7 Fahlman et al.(2013).

8 Pekrun et al.(2010, 2014). 8장에서는 복잡성이나 새로움의 한도가 초과될 때 지루함이 유발된다고 밝힌 바 있다. 일이 너무 어려우면 지루해질 수 있다고 믿을 만한 충분한 이유가 있다. 물론 일이 너무 어려우면 불안감도 느끼기 마련이다.

9 Blunt & Pychyl(2005), Ferrari(2000), Vodanovich & Rupp(1999).

10 Cheyne et al.(2006), Carriere et al. 2008, Hunter & Eastwood(2018, 2019),

Malkovsky et al.(2012).

11 LeDoux & Pine(2016).

12 Ferriss(2018)에 인용된 호놀드의 전체 발언 내용은 이렇다. "일반적으로 어려운 경로는 두려움이 사라졌을 때 등반을 시작한다. 그러나 두려움과 위험은 구분해야 한다. 위험성이 크면 두려움을 느끼기 마련이다. 두려움은 정말로 위험하다는 경고 신호다. 보통 나는 많이 두려울 때는 여유 있게 준비를 더 많이 하고 최선을 다해 두려움을 없앤 후 마음이 편안해졌을 때 등반을 시작한다."

13 Fahlman et al.(2013), Gana et al.(2000), Harris(2000), Mercer-Lynn et al.(2013a), Seib & Vodanovich(1998).

14 호놀드의 등반 기록에 대해 더 많이 알고 싶다면 http://www.alexhonnold.com 를 보라.

15 Chancellor(2014)에 인용된 말이다.

16 Damrad-Frye & Laird(1989), Danckert & Allman(2005), Watt(1991).

17 Zakay(2014).

18 Renninger & Hidi(2015)에는 이렇게 나와 있다. "흥미는… 만족스럽게 참여하는 순간에 느끼는 감정이며… **또** 시간이 지나도 다시 참여할 수 있도록 인지적·정서적 동기를 유발한다."(p.8, 굵은 글씨는 원문 강조)

19 Dennett(2009).

20 데닛은 예상치 못한 농담의 결과를 이용해 세상이 정상적으로 작동하도록 사고 모형을 정교하게 조정한다는 의미에서 "오류 수정의 즐거움"이라고 부른다(Hurley et al., 2011).

21 '덜 맨'에 관해 더 알고 싶다면 자체 제작한 달력과 더불어 자체 발간한 안내서를 읽으면 된다. Carlson(2015)을 보라.

22 Gerstein(2003).

23 어떤 사람들은 인간이 복잡성, 애매함, 뜻밖의 재미 같은 것들을 추구하는 경향을 타고난다고 주장한다. 물론 거기에 도로표지판은 포함되지 않는다(Berlyne, 1954, 1960, 1966, 1974; Hidi, 1990)

24 Nunoi and Yoshikawa(2016).

25 Zajonc(1968), Peretz et al.(1998)은 처음에는 낮은 점수를 받았던 노래도 두 번째 들려주면 더 높은 점수를 받는다는 사실을 증명했다.

26 인용문 출처는 Schwarz(2018, p.37)며, Zajonc(1968)도 참고하라. 중요한 점은 뭔가가 지나치게 익숙해지면 더는 정신 활동을 일으키지 못하므로 지루해질 위험이 있다는 사실이다(e.g., Bornstein, 1989, Van den Bergh & Vrana, 1998).

27 지루함이 압박할 때 우리 앞에 일어난 사건들은 우연이 아닐 수도 있다. 모건이 도로표지판에 관심을 갖게 된 데는 그가 하는 일과 특허 분쟁을 해결하고 싶은 외재적 동기도 작용했다.

28 널리 인용되는 이 문장들은 도로시 파커Dorothy Parker가 한 말이다.

29 Charnov(1976), Kurzban et al.(2013), Northcraft & Neale(1986).

30 최근 계산적 접근법computational approach을 이용해 지루함, 호기심, 탐구욕 등을 분석한 연구자들은 지루함 알고리즘이 호기심 알고리즘보다 새로운 환경에 대한 학습 능력을 더 많이 높인다는 사실을 증명했다. 지루함과 호기심 모두 탐구욕을 자극하지만 학습에는 지루함이 더 효과적인 것 같다(Yu et al., 2018).

31 호기심과 흥미를 혼용하려는 의도는 아니다. 아마도 호기심이 탐구욕을 자극하고 이 탐구욕이 우리가 흥미를 느낀 활동들을 하게 하는 것 같다. 이와 비슷하게 관심이 가는 활동은 호기심을 자극할 것이다. (가령 우표 수집처럼) 취미는 시간이 지나면 굳이 호기심이 생기지 않아도 계속 유지된다. 요점은 마음이 분주할 방법은 여러 가지가 있으며 그중 상당수는 몰입을 요구하지 않는다. 호기심의 유형에 관해서는 Berlyne(1954, 1966), Litman & Spielberger(2003), Reio et al.(2006)를 보라. 연구자마다 사용하는 용어는 다르지만 이분법으로 설명하는 방식은 동일하다. 가령 Litman & Spielberger는 정보 추구형 대 감각 추구형으로, Berlyne은 인식형 대 지각형으로 호기심을 분류한다.

32 Hunter et al.(2016), Kashdan et al.(2004), Pekrun et al.(2017), Reio et al.(2006).

33 무관심은 욕구 자체가 없는 상태고 휴식은 채우지 못한 욕구가 없는 상태다.

34 Sawin & Scerbo(1995)는 권태 성향이 높은 집단과 낮은 집단 모두에게 드물게 깜빡이는 불빛을 탐지하라는 지루한 과제를 주고 "주목하세요" 혹은 "쉬세요"라고 말했다. 권태 성향이 높은 사람들은 휴식하라는 말만 듣고도 권태 성향이 낮

은 사람들과 비슷한 수준으로 지루함을 느꼈다!

35 Morita et al.(2007), Park et al.(2010).

나가며

1 고르디우스의 매듭은 불가능할 정도로 풀기 어렵지만 틀을 깨고 생각하면 의외로 답이 단순한 문제를 의미하며 그 전설은 고대 그리스까지 거슬러 올라간다. 전설에 따르면 고르디우스 왕의 소달구지는 대단히 복잡한 매듭으로 기둥에 묶여 있었다. 이 매듭을 풀 수 있는 사람은 다음 왕이 될 수 있었다. 알렉산더 왕은 매듭을 풀 수 있을지 확인도 하기 전에 단칼에 베어서 그 매듭을 풀었다고 한다.

2 주체적 행동이 늘 바람직한 결과만 낳는 것은 아니다. 사이코패스는 주체성이 강하지만 용서받기 어려운 행동들을 저지른다. 우리는 지루함이 습관화되거나 문제를 일으키지 않게 해주는 최선의 방법이 주체적 행동이라고 주장한다. 행동이 윤리적인가 하는 질문은 또 다른 주제다.

3 Russell(2018). "지루함을 견디지 못하는 세대는 소인배의 세대가 될 것이며 천천히 진행되는 자연의 섭리에서 부당하게 벗어난 사람들과 꽃병에 꽂아둔 꽃처럼 서서히 활력을 잃어가는 사람들의 세대가 될 것이다."

4 Dixon et al.(2010, 2014). 딕슨과 그의 동료들은 슬롯머신에서 돈을 따면 나오는 "종과 휘파람 소리"가 사람들을 현혹한다는 사실을 증명했다. 만약 도박꾼이 멀티 라인 슬롯머신multiline slot machine에서 일곱 줄에 돈을 걸었고 그중 한 줄에서만 돈을 따더라도 기계에는 불이 들어오고 즐거운 노래가 흘러나온다. 그러면 이 불쌍한 도박꾼은 자신이 걸었던 돈보다 더 많은 돈을 땄다고 착각해 게임을 계속하게 된다. 딕슨 등은 이를 "승리를 가장한 패배"라고 부르며 이것은 사람들을 "사악한 몰입"의 상태로 밀어 넣는다(Dixon et al., 2018).

5 LePera(2011).

6 Koval & Todman(2015). 마음 챙김 명상을 규칙적으로 훈련하고 훌륭한 마음 챙김 기술을 가졌다고 말하는 사람들은 지루함에 빠지지 않고 따분한 업무를 잘 참아낼 수 있다(Hallard, 2014; Petranker, 2018).

7 불교에서는 고통을 (육체적이든 감정적이든) 아픔에 대한 반응의 결과라고 말한다. 이 생각은 "아픔은 피할 수 없지만 고통은 선택할 수 있다"라는 명언에 잘 표현돼 있다. 이 명언은 다른 괴로운 감정뿐만 아니라 지루함에도 적용할 수 있다.

8 5장에서 다룬 지루함과 공격성의 관계는 구체적으로 적대감에서 가장 두드러지게 나타난다(Isacescu et al., 2017). 이에 대한 한 가지 해석은 지루할 때 사람들이 세상을 향해 적의를 드러내는데 말하자면 지루함의 원인을 세상이 부족한 데서 찾는다는 것이다.

9 Warhol & Hackett(1988, p.8).

10 칼 오너리Carl Honore의 책 《느린 것이 아름답다》도 유사한 메시지를 전달한다. 무엇보다 그는 슬로푸드 운동과 탄트라 섹스를 분석하면서 모든 것을 천천히 하지 않아도 된다고 말한다. 그보다는 각자 자신의 속도에 맞게 사는 것이 좋다.

11 Kierkegaard(1992, p.214). "불행한 사람은 자신의 이상과 삶의 내용과 의식의 충만함과 존재의 본질을 어떤 식으로든 자신의 외부에 갖고 있는 사람이다. 그는 항상 자기 자신에게 부재하는 사람이고 결코 자기 자신 안에 존재하지 못하는 사람이다."

12 Brodsky(1995, pp.109~110).

13 Wallace(2011). 데이비드 포스터 월리스David Foster Wallace는 지루함에 관한 소설 《창백한 왕》에서 이렇게 혼잣말을 했다. "한마디로 지루할 틈이 없다는 것… 그것이 현대 생활의 핵심이다. 만약 당신이 지루함에 면역이 돼 있다면 말 그대로 당신이 이룰지 못할 것은 없다."

14 Brodsky(1995, pp.110~111).

15 Nietzsche(2006, p.385).

참고문헌

Abramson, Edward E., and Shawn G. Stinson. 1977. "Boredom and eating in obese and non-obese individuals." *Addictive Behaviors* 2, no. 4: 181–185.

Aho, Kevin. 2007. "Simmel on acceleration, boredom, and extreme aesthesia." *Journal for the Theory of Social Behaviour* 37, no. 4: 447–462.

Arad, Ayala, Ohad Barzilay, and Maayan Perchick. 2017. "The impact of Facebook on social comparison and happiness: Evidence from a natural experiment." Unpublished manuscript, February 13. https://papers.ssrn.com/sol3/papers.cfm?abstract_id=2916158.

Arrigo, Bruce A., and Jennifer Leslie Bullock. 2008. "The psychological effects of solitary confinement on prisoners in supermax units: Reviewing what we know and recommending what should change." *International Journal of Offender Therapy and Comparative Criminology* 52, no. 6: 622–640.

Baddeley, Alan. 1996. "Exploring the central executive." *Quarterly Journal of*

Experimental Psychology Section A 49, no. 1: 5–28.
Barbalet, Jack M. 1999. "Boredom and social meaning." *British Journal of Sociology* 50, no. 4: 631–646.
Bargdill, Richard. 2000. "The study of life boredom." *Journal of Phenomenological Psychology* 31, no. 2: 188–219.
Barmack, Joseph E. 1937. "Boredom and other factors in the physiology of mental effort: An exploratory study." *Archives of Psychology* 31: 1–83.
Barmack, Joseph E. 1938. "The effect of benzedrine sulfate (benzyl methyl carbinamine) upon the report of boredom and other factors." *Journal of Psychology* 5, no. 1: 125–133.
Barmack, Joseph E. 1939. "Studies on the psychophysiology of boredom: Part I. The effect of 15 mgs. of benzedrine sulfate and 60 mgs. of ephedrine hydrochloride on blood pressure, report of boredom and other factors." *Journal of Experimental Psychology* 25, no. 5: 494.
Barnett, Lynn A., and Sandra Wolf Klitzing. 2006. "Boredom in free time: Relationships with personality, affect, and motivation for different gender, racial and ethnic student groups." *Leisure Sciences* 28, no. 3: 223–244.
Bartone, Paul T., Amy B. Adler, and Mark A. Vaitkus. 1998. "Dimensions of psychological stress in peacekeeping operations." *Military Medicine* 163, no. 9: 587–593.
Baudrillard, Jean. 1994. *Simulacra and Simulation*. Ann Arbor: University of Michigan Press.
Bench, Shane W., and Heather C. Lench. 2013. "On the function of boredom." *Behavioral Sciences* 3, no. 3: 459–472.
Bengtsson, Tea Torbenfeldt. 2012. "Boredom and action: Experiences from youth confinement." *Journal of Contemporary Ethnography* 41, no. 5: 526–553.
Ben-Zeev, Dror, Michael A. Young, and Colin A. Depp. 2012. "Real-time

predictors of suicidal ideation: Mobile assessment of hospitalized depressed patients." *Psychiatry Research* 197, no. 1–2: 55–59.

Berlyne, Daniel E. 1960. *Conflict, Arousal, and Curiosity*. New York: McGraw-Hill.

Berlyne, Daniel E. 1966. "Curiosity and exploration." *Science* 153, no. 3731: 25–33.

Berlyne, Daniel E. 1974. *Studies in the New Experimental Aesthetics: Steps toward an Objective Psychology of Aesthetic Appreciation*. Washington, DC: Hemisphere.

Berlyne, Daniel Ellis. 1954. "A theory of human curiosity." *British Journal of Psychology: General Section* 45, no. 3: 180–191.

Bernardi, Sylvia, and Stefano Pallanti. 2009. "Internet addiction: A descriptive clinical study focusing on comorbidities and dissociative symptoms." *Comprehensive Psychiatry* 50, no. 6: 510–516.

Bernstein, Haskell E. 1975. "Boredom and the ready-made life." *Social Research*: 512–537.

Best, John R., and Patricia H. Miller. 2010. "A developmental perspective on executive function." *Child Development* 81, no. 6: 1641–1660.

Biolcati, Roberta, Giacomo Mancini, and Elena Trombini. 2018. "Proneness to boredom and risk behaviors during adolescents' free time." *Psychological Reports* 121, no. 2: 303–323.

Bishop, Sheryl L. 2004. "Evaluating teams in extreme environments: From issues to answers." *Aviation, Space, and Environmental Medicine* 75, no. 7: C14–C21.

Blaszczynski, Alex, Neil McConaghy, and Anna Frankova. 1990. "Boredom proneness in pathological gambling." *Psychological Reports* 67, no. 1: 35–42.

Blunt, Allan, and Timothy A. Pychyl. 2005. "Project systems of procrastinators: A personal project-analytic and action control perspective." *Personality and*

Individual Differences 38, no. 8: 1771–1780.

Blunt, Allan, and Timothy A. Pychyl. 1998. "Volitional action and inaction in the lives of undergraduate students: State orientation, procrastination and proneness to boredom." *Personality and Individual Differences* 24, no. 6: 837–846.

Boehm, Jim. 2006. *The Handbook for Exploding the Economic Myths of the Political Sound Bite.* West Conshohocken, PA: self published (Infinity Press).

Bolhuis, Jantina Elizabeth, Willem G. P. Schouten, Johan W. Schrama, and Victor M. Wiegant. 2006. "Effects of rearing and housing environment on behaviour and performance of pigs with different coping characteristics." *Applied Animal Behaviour Science* 101, no. 1–2: 68–85.

Bond, Frank W., Steven C. Hayes, Ruth A. Baer, Kenneth M. Carpenter, Nigel Guenole, Holly K. Orcutt, Tom Waltz, and Robert D. Zettle. 2011. "Preliminary psychometric properties of the Acceptance and Action Questionnaire–II: A revised measure of psychological inflexibility and experiential avoidance." *Behavior Therapy* 42, no. 4: 676–688.

Bonnaire, Celine, Michel Lejoyeux, and Roland Dardennes. 2004. "Sensation seeking in a French population of pathological gamblers: Comparison with regular and nongamblers." *Psychological Reports* 94, no. 3, suppl.: 1361–1371.

Bornmann, Lutz, and Rudiger Mutz. 2015. "Growth rates of modern science: A bibliometric analysis based on the number of publications and cited references." *Journal of the Association for Information Science and Technology* 66, no. 11: 2215–2222.

Bornstein, Robert F. 1989. "Exposure and affect: Overview and meta-analysis of research, 1968–1987." *Psychological Bulletin* 106, no. 2: 265–289.

Boyle, Gregory J., Lisa M. Richards, and Anthony J. Baglioni Jr. 1993. "Children's Motivation Analysis Test (CMAT): An experimental manipulation of curiosity and boredom." *Personality and Individual Differences* 15, no. 6: 637–643.

Boys, Annabel, John Marsden, and John Strang. 2001. "Understanding reasons for drug use amongst young people: a functional perspective." *Health Education Research* 16, no. 4: 457–469.

Bradshaw, John W., Anne J. Pullen, and Nicola J. Rooney. 2015. "Why do adult dogs 'play'?" *Behavioural Processes* 110: 82–87.

Breazeal, Cynthia. 2009. "Role of expressive behaviour for robots that learn from people." *Philosophical Transactions of the Royal Society B: Biological Sciences* 364, no. 1535: 3527–3538.

Brissett, Dennis, and Robert P. Snow. 1993. "Boredom: Where the future isn't." *Symbolic Interaction* 16, no. 3: 237–256.

Britton, Annie, and Martin J. Shipley. 2010. "Bored to death?" *International Journal of Epidemiology* 39, no. 2: 370–371.

Brodsky, Joseph. 1995. "In praise of boredom." In *On Grief and Reason*. New York: Farrar Straus and Giroux.

Brown, Richard E. 2007. "Alfred McCoy, Hebb, the CIA and torture." *Journal of the History of the Behavioral Sciences* 43, no. 2: 205–213.

Bryant, Jennings, and Dolf Zillmann. 1984. "Using television to alleviate boredom and stress: Selective exposure as a function of induced excitational states." *Journal of Broadcasting and Electronic Media* 28, no. 1: 1–20.

Burda, Yuri, Harri Edwards, Deepak Pathak, Amos Storkey, Trevor Darrell, and Alexei A. Efros. 2018. "Large-scale study of curiosity-driven learning." Unpublished manuscript, August 13. https://arxiv.org/abs/1808.04355.

Burn, Charlotte C. 2017. "Bestial boredom: A biological perspective onanimal boredom and suggestions for its scientific investigation." *Animal Behaviour* 130: 141–151.

Burney, C. 1952. *Solitary Confinement*. New York: Coward-McCann.

Burroughs, E. A. 1916. *The Fight for the Future*. London: Nisbet.

Byron, George Gordon, Lord. 2005. *Don Juan*. Rpt. ed., New York: Penguin Classics, 2005.

Cairns, Hugh, R. C. Oldfield, J. B. Pennybacker, and D. Whitteridge. 1941. "Akinetic mutism with an epidermoid cyst of the 3rd ventricle." Brain 64, no. 4: 273–290.

Caldwell, Linda L., Nancy Darling, Laura L. Payne, and Bonnie Dowdy. 1999. " 'Why are you bored?': An examination of psychological and social control causes of boredom among adolescents." *Journal of Leisure Research* 31, no. 2: 103–121.

Caldwell, Linda L., and Edward A. Smith. 1995. "Health behaviors of leisure alienated youth." Loisir et Societé / Society and Leisure 18, no. 1: 143–156.

Caldwell, L. L., and E. A. Smith. 2006. "Leisure as a context for youth development and delinquency prevention." *Australian and New Zealand Journal of Criminology* 39: 398–418.

Caldwell, Linda L., Edward A. Smith, and Ellen Weissinger. 1992. "Development of a leisure experience battery for adolescents: Parsimony, stability, and validity." *Journal of Leisure Research* 24, no. 4: 361–376.

Carlstead, Kathy. 1996. "Effects of captivity on the behavior of wild mammals." In *Wild Mammals in Captivity: Principles and Techniques*, ed. Devra Kleiman, Mary Allen, Susan Lumpkin, and Katerina Thompson. Chicago: University of Chicago Press.

Carlson, Leland. 2015. *Dull Men of Great Britain*. London: Ebury Press.

Carr, Nicholas. 2011. *The Shallows: What the Internet Is Doing to Our Brains*. New York: W. W. Norton.

Carriere, Jonathan S. A., J. Allan Cheyne, and Daniel Smilek. 2008. "Everyday attention lapses and memory failures: The affective consequences of mindlessness." *Consciousness and Cognition* 17, no. 3: 835–847.

Carroll, Douglas, and Justine A. A. Huxley. 1994. "Cognitive, dispositional, and psychophysiological correlates of dependent slot machine gambling in young people." *Journal of Applied Social Psychology* 24, no. 12: 1070–1083.

Chan, Christian S., Wijnand A. P. van Tilburg, Eric R. Igou, Cyanea Y. S. Poon, Katy Y. Y. Tam, Venus U. T. Wong, and S. K. Cheung. 2018. "Situational meaninglessness and state boredom: Cross-sectional and experience-sampling findings." *Motivation and Emotion* 42, no. 4: 555–565. Chancellor, Will. 2014. "Alex Honnold." https://www.interviewmagazine.com/culture/alex-honnold.

Chaney, Michael P., and Catherine Y. Chang. 2005. "A trio of turmoil for Internet sexually addicted men who have sex with men: Boredom proneness, social connectedness, and dissociation." *Sexual Addiction and Compulsivity* 12, no. 1: 3–18.

Chapman, Alexander L., and Katherine L. Dixon-Gordon. 2007. "Emotional antecedents and consequences of deliberate self-harm and suicide attempts." *Suicide and Life-Threatening Behavior* 37, no. 5: 543–552.

Charnov, Eric L. 1976. "Optimal foraging, the marginal value theorem." *Theoretical Population Biology* 9, no. 2: 129–136.

Cheyne, James Allan, Jonathan S. A. Carriere, and Daniel Smilek. 2006. "Absent-mindedness: Lapses of conscious awareness and everyday cognitive failures." *Consciousness and Cognition* 15, no. 3: 578–592.

Chin, Alycia, Amanda Markey, Saurabh Bhargava, Karim S. Kassam, and George Loewenstein. 2017. "Bored in the USA: Experience sampling and boredom in everyday life." *Emotion* 17, no. 2: 359–368.

Ciocan, Cristian. 2010. "Heidegger and the problem of boredom." *Journal of the British Society for Phenomenology* 41, no. 1: 64–77.

Claes, Laurence, Walter Vandereycken, and Hans Vertommen. 2001. "Self-injurious behaviors in eating-disordered patients." *Eating Behaviors* 2, no. 3:

263–272.

Clarke, Dave, Samson Tse, Max W. Abbott, Sonia Townsend, Pefi Kingi, and Wiremu Manaia. 2007. “Reasons for starting and continuing gambling in a mixed ethnic community sample of pathological and non-problem gamblers.” *International Gambling Studies* 7, no. 3: 299–313.

Coffman, Donna L., Linda L. Caldwell, and Edward A. Smith. 2012. “Introducing the at-risk average causal effect with application to HealthWise South Africa.” *Prevention Science* 13, no. 4: 437–447.

Coman, Greg J., Graham D. Burrows, and Barry J. Evans. 1997. “Stress and anxiety as factors in the onset of problem gambling: Implications for treatment.” *Stress Medicine* 13, no. 4: 235–244.

Conrad, Peter. 1997. “It's boring: Notes on the meanings of boredom in everyday life.” *Qualitative Sociology* 20, no. 4: 465–475.

Conroy, Ronan M., Jeannette Golden, Isabelle Jeffares, Desmond O'Neill, and Hannah McGee. 2010. “Boredom-proneness, loneliness, social engagement and depression and their association with cognitive function in older people: A population study.” *Psychology, Health and Medicine* 15, no. 4: 463–473.

Cook, Frederick Albert. 1909. *Through the First Antarctic Night*, 1898–1899. New York: Doubleday, Page.

Cotte, June, and Kathryn A. Latour. 2008. “Blackjack in the kitchen: Understanding online versus casino gambling.” *Journal of Consumer Research* 35, no. 5: 742–758.

Coughlan, Gillian, Eric R. Igou, Wijnand A. P. van Tilburg, Elaine L. Kinsella, and Timothy D. Ritchie. 2019. “On boredom and perceptions of heroes: A meaning-regulation approach to heroism.” *Journal of Humanistic Psychology* 59, no. 4: 455–473.

Craig, Arthur D. 2009. “How do you feel—now? The anterior insula and human awareness." *Nature Reviews Neuroscience* 10, no. 1: 59–70.

Crockett, Amanda C., Samantha K. Myhre, and Paul D. Rokke. 2015. "Boredom proneness and emotion regulation predict emotional eating." *Journal of Health Psychology* 20, no. 5: 670–680.

Csikszentmihalyi, Mihaly, with contributions by I. Csikszentmihalyi. 1975. *Beyond Boredom and Anxiety*. San Francisco: Jossey-Bass.

Csikszentmihalyi, Mihaly. 1990. *Flow: The Psychology of Optimal Experience*. New York: Harper and Row

Csikszentmihalyi, Mihaly, and Reed Larson. 2014. "Validity and reliability of the experience-sampling method." In *Flow and the Foundations of Positive Psychology*, 35–54. Dordrecht, NL: Springer.

Cushman, Philip. 1995. Constructing the Self, *Constructing America: A Cultural History of Psychotherapy*. Reading, MA: Addison-Wesley.

Dahl, Ronald E. 2004. "Adolescent brain development: A period of vulnerabilities and opportunities. Keynote address." *Annals of the New York Academy of Sciences* 1021, no. 1: 1–22.

Dahl, Ronald E. 2001. "Affect regulation, brain development, and behavioral / emotional health in adolescence." *CNS Spectrums* 6, no. 1: 60–72.

Dahlen, Eric R., Ryan C. Martin, Katie Ragan, and Myndi M. Kuhlman. 2004. "Boredom proneness in anger and aggression: Effects of impulsiveness and sensation seeking." *Personality and Individual Differences* 37, no. 8: 1615–1627.

Dal Mas, Dennis E., and Bianca C. Wittmann. 2017. "Avoiding boredom: Caudate and insula activity reflects boredom-elicited purchase bias." *Cortex* 92: 57–69.

Damrad-Frye, Robin, and James D. Laird. 1989. "The experience of boredom: The role of the self-perception of attention." *Journal of Personality and Social Psychology* 57, no. 2: 315.

Danckert, James A., and Ava-Ann A. Allman. 2005. "Time flies when you're having fun: Temporal estimation and the experience of boredom." *Brain and Cognition* 59, no. 3: 236–245.

Danckert, James, Tina Hammerschmidt, Jeremy Marty-Dugas, and Daniel Smilek. 2018a. "Boredom: Under-aroused and restless." *Consciousness and Cognition* 61: 24–37.

Danckert, James, and Julia Isacescu. 2017. "The bored brain: Insular cortex and the default mode network." Unpublished manuscript, September 27. https://psyarxiv .com/aqbcd/.

Danckert, James, and Colleen Merrifield. 2018. "Boredom, sustained attention and the default mode network." *Experimental Brain Research* 236, no. 9: 2507–2518.

Danckert, James, Jhotisha Mugon, Andriy Struk, and John D. Eastwood. 2018b. "Boredom: What is it good for?" In *The Function of Emotions*, ed. Heather C. Lench, 93–119. Cham: Springer.

Davies, A. Hudson. 1926. "Discussion on the physical and mental effects of monotony in modern industry." *British Medical Journal* 2, no. 3427: 472–479.

Dearborn, G. van N. 1932. "A case of congenital general pure analgesia." *Journal of Nervous and Mental Disease* 75: 612–615.

DeCarli, Charles, Joseph Massaro, Danielle Harvey, John Hald, Mats Tullberg, Rhoda Au, Alexa Beiser, Ralph D'Agostino, and Philip A. Wolf. 2005. "Measures of brain morphology and infarction in the Framingham heart study: Establishing what is normal." *Neurobiology of Aging* 26, no. 4: 491–510.

Deci, Edward L., and Richard M. Ryan. 1985. *Intrinsic Motivation and Self-Determination in Human Behavior*. New York: Plenum.

Deci, Edward L., and Richard M. Ryan. 2008. "Self-determination theory: A macrotheory of human motivation, development, and health." *Canadian Psychology/ Psychologie canadienne* 49, no. 3: 182–185.

Dennett, Daniel. 2009. "Cute, Sexy, Sweet, Funny." Filmed March 15. TED video, 7:45. https://www.ted.com/talks/dan_dennett_cute_sexy_sweet_funny.

de Viggiani, Nick. 2007. "Unhealthy prisons: Exploring structural determinants of prison health." *Sociology of Health and Illness* 29, no. 1: 115–135.

Diamond, Adele. 2005. "Attention-deficit disorder (attention-deficit/hyperactivity disorder without hyperactivity): A neurobiologically and behaviorally distinct disorder from attention-deficit/ hyperactivity disorder (with hyperactivity)." *Development and Psychopathology* 17, no. 3: 807–825.

Dickens, Charles. 2003. *Bleak House*. New York: Penguin Classics.

Dickens, Charles. 2005. *Bleak House*. Directed by Justin Chadwick and Susan White, screenplay by Andrew Davies, produced by Sally Haynes and Laura Mackie. BBC One, television serial.

Dickerson, Mark, John Hinchy, and John Fabre. 1987. "Chasing, arousal and sensation seeking in off-course gamblers." *British Journal of Addiction* 82, no. 6: 673–680.

Dixon, Mike J., Candice Graydon, Kevin A. Harrigan, Lisa Wojtowicz, Vivian Siu, and Jonathan A. Fugelsang. 2014. "The allure of multi-line games in modern slot machines." *Addiction* 109, no. 11: 1920–1928.

Dixon, Mike J., Kevin A. Harrigan, Rajwant Sandhu, Karen Collins, and Jonathan A. Fugelsang. 2010. "Losses disguised as wins in modern multi-line video slot machines." *Addiction* 105, no. 10: 1819–1824.

Dixon, Mike J., Madison Stange, Chanel J. Larche, Candice Graydon, Jonathan A. Fugelsang, and Kevin A. Harrigan. 2018. "Dark flow, depression and multiline slot machine play." *Journal of Gambling Studies* 34, no. 1: 73–84.

Drob, Sanford L., and Harold S. Bernard. 1988. "The bored patient: A developmental / existential perspective." *Psychotherapy Patient* 3, no. 3–4:

63–73.
Eakman, Aaron M. 2011. "Convergent validity of the Engagement in Meaningful Activities Survey in a college sample." *OTJR: Occupation, Participation and Health* 31, no. 1: 23–32.
Eastwood, John D., Carolina Cavaliere, Shelley A. Fahlman, and Adrienne E. Eastwood. 2007. "A desire for desires: Boredom and its relation to alexithymia." *Personality and Individual Differences* 42, no. 6: 1035–1045.
Eastwood, John D., Alexandra Frischen, Mark J. Fenske, and Daniel Smilek. 2012. "The unengaged mind: Defining boredom in terms of attention." *Perspectives on Psychological Science* 7, no. 5: 482–495.
Eastwood, John D., and Dana Gorelik. 2019. "Boredom is a feeling of thinking and a double-edged sword." In *Boredom Is in Your Mind*, ed. Josefa Ros Velasco, 55–70. Cham: Springer.
Eccleston, Chris, and Geert Crombez. 1999. "Pain demands attention: A cognitive–affective model of the interruptive function of pain." *Psychological Bulletin* 125, no. 3: 356–366.
Elhai, Jon D., Juanita K. Vasquez, Samuel D. Lustgarten, Jason C. Levine, and Brian J. Hall. 2018. "Proneness to boredom mediates relationships between problematic smartphone use with depression and anxiety severity." *Social Science Computer Review* 36, no. 6: 707–720.
Elpidorou, Andreas. 2014. "The bright side of boredom." *Frontiers in Psychology* 5: article 1245.
Elpidorou, Andreas. 2018. "The good of boredom." *Philosophical Psychology* 31, no. 3: 323–351.
Elpidorou, Andreas. 2017. "The moral dimensions of boredom: A call for research." *Review of General Psychology* 21, no. 1: 30–48.
Emerson, R. W. 1971. "Lecture on the Times," in *Collected Works of Ralph Waldo Emerson. Vol. 1: Nature, Addresses, and Lectures*, ed. R. E. Spiller and A. R.

Ferguson. Cambridge, MA: Harvard University Press.

Fahlman, Shelley A., Kimberley B. Mercer-Lynn, David B. Flora, and John D. Eastwood. 2013. "Development and validation of the multidimensional state boredom scale." *Assessment* 20, no. 1: 68–85.

Fahlman, Shelley A., Kimberley B. Mercer, Peter Gaskovski, Adrienne E. Eastwood, and John D. Eastwood. 2009. "Does a lack of life meaning cause boredom? Results from psychometric, longitudinal, and experimental analyses." *Journal of Social and Clinical Psychology* 28, no. 3: 307–340.

Farmer, Richard, and Norman D. Sundberg. 1986. "Boredom proneness: The development and correlates of a new scale." *Journal of Personality Assessment* 50, no. 1: 4–17.

Farnworth, Louise. 1998. "Doing, being, and boredom." *Journal of Occupational Science* 5, no. 3: 140–146.

Favazza, Armando R. 1998. "The coming of age of self-mutilation." *Journal of Nervous and Mental Disease* 186, no. 5: 259–268.

Fenichel, Otto. 1953. *The Collected Papers of Otto Fenichel*. New York: W. W. Norton.

Fenichel, Otto. 1951. "On the psychology of boredom." *Organization and Pathology of Thought*: 349–361.

Ferrari, Joseph R. 2000. "Procrastination and attention: Factor analysis of attention deficit, boredomness, intelligence, self-esteem, and task delay frequencies." *Journal of Social Behavior and Personality* 15, no. 5, SPI: 185–196.

Ferrell, Jeff. 2004. "Boredom, crime and criminology." *Theoretical Criminology* 8, no. 3: 287–302.

Ferriss, Tim. 2018. "Alex Honnold talks to Tim Ferriss about fear and risk." https://www.outsideonline.com/2334851/alex-honnold-talks-tim-ferriss-about-fear-and-risk#close.

Fiske, Susan T., and Shelley E. Taylor. 1984. Social Cognition: *Topics in Social Psychology*. New York: Random House.

Fleming, Jennifer, Jennifer Sampson, Petrea Cornwell, Ben Turner, and Janell Griffin. 2012. "Brain injury rehabilitation: The lived experience of inpatients and their family caregivers." *Scandinavian Journal of Occupational Therapy* 19, no. 2: 184–193.

Fogelman, Ken. 1976. "Bored eleven-year-olds." *British Journal of Social Work* 6, no. 2: 201–211.

Fox, Kieran C. R., Evan Thompson, Jessica R. Andrews-Hanna, and Kalina Christoff. 2014. "Is thinking really aversive? A commentary on Wilson et al.'s 'Just think: The challenges of the disengaged mind.'" *Frontiers in Psychology* 5: article 1427.

Frankl, Viktor. 1959. *Man's Search for Meaning*. Trans. Ilse Lasch. Boston: Beacon Press.

Frankl, Victor. 1978. *The Unheard Cry for Meaning: Psychotherapy and Humanism*. New York: Simon and Schuster.

Freeman, Frederick G., Peter J. Mikulka, Mark W. Scerbo, and Lorissa Scott. 2004. "An evaluation of an adaptive automation system using a cognitive vigilance task." *Biological Psychology* 67, no. 3: 283–297.

Frijda, Nico H. 2005. "Emotional experience." *Cognition and Emotion* 19: 473–497. Frolova-Walker, Marina. 2004. "Stalin and the art of boredom." *Twentieth-century Music* 1, no. 1: 101–124.

Fromm, Erich. 1963. *The Dogma of Christ: And Other Essays on Religion, Psychology and Culture*. New York: Holt, Rinehart and Winston.

Fromm, Erich. 1955. *The Sane Society*. New York: Rinehart.

Galton, Francis. 1885. "The measure of fidget." *Nature* 32, no. 817: 174–175.

Gana, Kamel, Benedicte Deletang, and Laurence Metais. 2000. "Is boredom proneness associated with introspectiveness?" *Social Behavior and*

Personality: An International Journal 28, no. 5: 499–504.

Gana, Kamel, Raphael Trouillet, Bettina Martin, and Leatitia Toffart. 2001. "The relationship between boredom proneness and solitary sexual behaviors in adults." *Social Behavior and Personality: An International Journal* 29, no. 4: 385–389.

Gasper, Karen, and Brianna L. Middlewood. 2014. "Approaching novel thoughts: Understanding why elation and boredom promote associative thought more than distress and relaxation." *Journal of Experimental Social Psychology* 52: 50–57.

Gerritsen, Cory J., Joel O. Goldberg, and John D. Eastwood. 2015. "Boredom proneness predicts quality of life in outpatients diagnosed with schizophrenia-spectrum disorders." *International Journal of Social Psychiatry* 61, no. 8: 781–787.

Gerritsen, Cory J., Maggie E. Toplak, Jessica Sciaraffa, and John Eastwood. 2014. "I can't get no satisfaction: Potential causes of boredom." *Consciousness and Cognition* 27: 27–41.

Gerstein, Mordicai. 2003. *The Man Who Walked between the Towers*. Brook–field, CT: Roaring Brook Pre

Giambra, Leonard M., Cameron J. Camp, and Alicia Grodsky. 1992. "Curiosity and stimulation seeking across the adult life span: Cross-sectional and 6-to 8-year longitudinal findings." *Psychology and Aging* 7, no. 1: 150–157.

Gill, Richard, Qixuan Chen, Debra D'Angelo, and Wendy K. Chung. 2014. "Eating in the absence of hunger but not loss of control behaviors are associated with 16p11. 2 deletions." *Obesity* 22, no. 12: 2625–2631.

Godin, Seth. 2007. *The Dip: A Little Book That Teaches You When to Quit (And When to Stick)*. New York: Penguin

Goetz, Thomas, Anne C. Frenzel, Nathan C. Hall, Ulrike E. Nett, Reinhard Pekrun, and Anastasiya A. Lipnevich. 2014. "Types of boredom: An experience sampling approach." *Motivation and Emotion* 38, no. 3: 401–419.

Goldberg, Yael K. and James Danckert. 2013. "Traumatic brain injury, boredom and depression." *Behavioral Sciences* 3, no. 3: 434–444.

Goldberg, Yael K., John D. Eastwood, Jennifer LaGuardia, and James Danckert. "Boredom: An emotional experience distinct from apathy, anhedonia, or depression." 2011. *Journal of Social and Clinical Psychology* 30, no. 6: 647–666.

Gosselin, Frederic, and Philippe G. Schyns. 2003. "Superstitious perceptions reveal properties of internal representations." *Psychological Science* 14, no. 5: 505–509.

Greenberg, Jeff, Sander Leon Koole, and Thomas A. Pyszczynski, eds. 2004. *Handbook of Experimental Existential Psychology*. New York: Guilford Press.

Greenson, Ralph R. 1953. "On boredom." *Journal of the American Psychoanalytic Association* 1, no. 1: 7–21.

Gross, Dominik, and Gereon Schafer. 2011. "Egas Moniz (1874–1955) and the 'invention' of modern psychosurgery: A historical and ethical reanalysis under special consideration of Portuguese original sources." *Neurosurgical Focus* 30, no. 2: E8.

Hadfield, Chris. 2013. *An Astronaut's Guide to Life on Earth*. New York: Little, Brown.

Hafner, Katie, and Matthew Lyon. 1998. *Where wizards stay up late: The origins of the Internet*. Simon and Schuster, 1998.

Hallard, Robert Ian. 2014. "Mindfulness meditation practice can make concentration feel a little easier." *Cumbria Partnership Journal of Research Practice and Learning* 4: 17–22.

Haller, Max, Markus Hadler, and Gerd Kaup. 2013. "Leisure time in modern societies: A new source of boredom and stress?" *Social Indicators Research* 111, no. 2: 403–434.

Hamilton, Jean A. 1981. "Attention, personality, and the self-regulation of mood: Absorbing interest and boredom." *Progress in Experimental Personality Research* 10, no. 28: 281–315.

Hamilton, Jean A., Richard J. Haier, and Monte S. Buchsbaum. 1984. "Intrinsic enjoyment and boredom coping scales: Validation with personality, evoked potential and attention measures." *Personality and Individual Differences* 5, no. 2: 183–193.

Harden, K. Paige, and Elliot M. Tucker-Drob. 2011. "Individual differences in the development of sensation seeking and impulsivity during adolescence: Further evidence for a dual systems model." *Developmental Psychology* 47, no. 3: 739–746.

Harris, Mary B. 2000. "Correlates and characteristics of boredom proneness and boredom 1." *Journal of Applied Social Psychology* 30, no. 3: 576–598.

Havermans, Remco C., Linda Vancleef, Antonis Kalamatianos, and Chantal Nederkoorn. 2015. "Eating and inflicting pain out of boredom." *Appetite* 85: 52–57.

Hayes, Steven C., Kirk Strosahl, Kelly G. Wilson, Richard T. Bissett, Jacqueline Pistorello, Dosheen Toarmino, Melissa A. Polusny, et al. 2004. "Measuring experiential avoidance: A preliminary test of a working model." *Psychological Record* 54, no. 4: 553–578.

Healy, Sean Desmond. 1984. *Boredom, Self, and Culture*. Rutherford, NJ: Fairleigh Dickinson University Press.

Hebb, Donald O. 1980. "Donald O. Hebb." In *A History of Psychology in Autobiography*, vol. 7, ed. Gardner Lindzey, 273–303 (San Francisco: W. H. Freeman).

Heinrich, Joseph, Steven J. Heine, and Ara Norenzayan. 2010. "The weirdest people in the world." *Behavioral and Brain Sciences* 33, no. 2–3: 61–83.

Heron, Woodburn. 1957. "The pathology of boredom." *Scientific American* 196: 52–57.

Hesse, Hermann. 1951. *Siddhartha*. Trans. Hilda Rosner. New York: New Directions

Hidi, Suzanne. 1990. "Interest and its contribution as a mental resource for learning." *Review of Educational Research* 60, no. 4: 549–571.

Hing, Nerilee, and Helen Breen. 2001. "Profiling lady luck: An empirical study of gambling and problem gambling amongst female club members." *Journal of Gambling Studies* 17, no. 1: 47–69.

Hitchcock, Edward M., William N. Dember, Joel S. Warm, Brian W. Moroney, and Judi E. See. 1999. "Effects of cueing and knowledge of results on workload and boredom in sustained attention." *Human Factors* 41, no. 3: 365–372.

Homer. 1962/1990. *The Odyssey*. Trans. Robert Fitzgerald. New York: Knopf Doubleday.

Honoré, Carl. 2004. *In Praise of Slowness: How a Worldwide Movement Is Challenging the Cult of Speed*. San Francisco: HarperSanFrancisco.

Hopley, Anthony A. B., Kevin Dempsey, and Richard Nicki. 2012. "Texas Hold'em online poker: A further examination." *International Journal of Mental Health and Addiction* 10, no. 4: 563–572.

Hopley, Anthony A. B., and Richard M. Nicki. 2010. "Predictive factors of excessive online poker playing." *Cyberpsychology, Behavior, and Social Networking* 13, no. 4: 379–385.

Hunt, Laurence T., and Benjamin Y. Hayden. 2017. "A distributed, hierarchical and recurrent framework for reward-based choice." *Nature Reviews Neuroscience* 18, no. 3: 172–182.

Hunter, Andrew G., and John D. Eastwood. 2018. "Does state boredom cause failures of attention? Examining the relations between trait boredom, state boredom, and sustained attention." *Experimental Brain Research* 236, no. 9: 2483–2492.

Hunter, Andrew G., and John D. Eastwood. 2019. "Idle hands, listless minds: Unpacking the dynamics of boredom and attention." Paper presented at the 29th meeting of the Canadian Society for Brain, Behaviour and Cognitive Science, Waterloo, ON, June.

Hunter, Jennifer A., E. H. Abraham, A. G. Hunter, L. C. Goldberg, and J. D. Eastwood. 2016. "Personality and Boredom Proneness in the Prediction of Creativity and Curiosity." *Thinking Skills and Creativity* 22: 48–57.

Hurley, Matthew M., Daniel C. Dennett, and Reginald B. Adams Jr. 2011. *Inside Jokes: Using Humor to Reverse-Engineer the Mind*. Cambridge, MA: MIT Press.

Ice, Gillian Harper. 2002. "Daily life in a nursing home: Has it changed in 25 years?" *Journal of Aging Studies* 16, no. 4: 345–359.

Inman, Alice, Kenneth L. Kirsh, and Steven D. Passik. 2003. "A pilot study to examine the relationship between boredom and spirituality in cancer patients." *Palliative and Supportive Care* 1, no. 2: 143–151.

Inzlicht, Michael, and Lisa Legault. 2014. "No pain, no gain: How distress underlies effective self-control (and unites diverse social psychological phenomena)." In *Motivation and Its Regulation: The Control Within*, ed. Joseph P. Forgas and Eddie Harmon-Jones, 115–132. New York: Psychology Press.

Isacescu, Julia, and James Danckert. 2018. "Exploring the relationship between boredom proneness and self-control in traumatic brain injury(TBI)." *Experimental Brain Research* 236, no. 9: 2493–2505.

Isacescu, Julia, Andriy A. Struk, and James Danckert. 2017. "Cognitive and affective predictors of boredom proneness." *Cognition and Emotion* 31, no.

8: 1741–1748.

Iso-Ahola, Seppo E., and Edward D. Crowley. 1991. “Adolescent substance abuse and leisure boredom.” *Journal of Leisure Research* 23, no. 3: 260–271.

James, William. 1900. *On Some of Life's Ideals*. New York: H. Holt.

Jiang, Yang, Joann Lianekhammy, Adam Lawson, Chunyan Guo, Donald Lynam, Jane E. Joseph, Brian T. Gold, and Thomas H. Kelly. 2009. “Brain responses to repeated visual experience among low and high sensation seekers: Role of boredom susceptibility.” *Psychiatry Research: Neuroimaging* 173, no. 2: 100–106.

Joireman, Jeff, Jonathan Anderson, and Alan Strathman. 2003. “The aggression paradox: Understanding links among aggression, sensation seeking, and the consideration of future consequences.” *Journal of Personality and Social Psychology* 84, no. 6: 1287–1302.

Kahneman, Daniel. 1973. *Attention and Effort*. Englewood Cliffs, NJ: Prentice-Hall.

Kangas, David. 2008. “Kierkegaard.” In *The Oxford Handbook of Religion and Emotion*, ed. John Corrigan. New York: Oxford University Press.

Kashdan, Todd B., Paul Rose, and Frank D. Fincham. 2004. “Curiosity and exploration: Facilitating positive subjective experiences and personal growth opportunities.” *Journal of Personality Assessment* 82, no. 3: 291–305.

Kass, Steven J., and Stephen J. Vodanovich. 1990. “Boredom proneness: Its relationship to Type A behavior pattern and sensation seeking.” *Psychology: A Journal of Human Behavior*: 7–16.

Kass, Steven J., Stephen J. Vodanovich, Claudia J. Stanny, and Tiffany M. Taylor. 2001. “Watching the clock: Boredom and vigilance performance.” *Perceptual and Motor Skills* 92, no. 3 suppl.: 969–976.

Kass, Steven J., J. Craig Wallace, and Stephen J. Vodanovich. 2003. “Boredom proneness and sleep disorders as predictors of adult attention deficit scores." *Journal of Attention Disorders* 7, no. 2: 83–91.

Kenah, Katrina, Julie Bernhardt, Toby Cumming, Neil Spratt, Julie Luker, and Heidi Janssen. 2018. "Boredom in patients with acquired brain injuries during inpatient rehabilitation: A scoping review." *Disability and Rehabilitation* 40, no. 22: 2713–2722.

Kierkegaard, Søren. 1992. *Either /Or: A Fragment of Life*. Ed. Victor Eremita, abridged and trans. Alastair Hannay. London: Penguin.

Klapp, Orrin Edgar. 1986. *Overload and Boredom: Essays on the Quality of Life in the Information Society*. New York: Greenwood Press.

Koball, Afton M., Molly R. Meers, Amy Storfer-Isser, Sarah E. Domoff, and Dara R. Musher-Eizenman. 2012. "Eating when bored: Revision of the Emotional Eating Scale with a focus on boredom." *Health Psychology* 31, no. 4: 521.

Korzenny, Felipe, and Kimberly Neuendorf. 1980. "Television viewing and self-concept of the elderly." *Journal of Communication* 30, no. 1: 71–80.

Koval, Samuel R., and McWelling Todman. 2015. "Induced boredom constrains mindfulness: An online demonstration." *Psychology and Cognitive Science—Open Journal* 1, no. 1: 1–9.

Kracauer, Siegfried. 1995. *The Mass Ornament: Weimar Essays*. Ed. and trans. Thomas Y. Levin. Cambridge, MA: Harvard University Press.

Kreutzer, Jeffrey S., Ronald T. Seel, and Eugene Gourley. 2001. "The prevalence and symptom rates of depression after traumatic brain injury: a comprehensive examination." *Brain Injury* 15, no. 7: 563–576.

Krotava, Iryna, and McWelling Todman. 2014. "Boredom severity, depression and alcohol consumption in Belarus." *Journal of Psychology and Behavioral Science* 2, no. 1: 73–83.

Kruglanski, Arie W., Erik P. Thompson, E. Tory Higgins, Nadir Atash, Antonia Pierro, James Y. Shah, and Scott Spiegel. 2000. "To 'do the right thing' or to 'just do it': Locomotion and assessment as distinct self-regulatory imperatives." *Journal of Personality and Social Psychology* 79: 793–815.

Kuhl, Julius. 1994. "Action versus state orientation: Psychometric properties of the Action Control Scale (ACS-90)." *Volition and Personality: Action versus State Orientation* 47: 47–59.

Kuhl, Julius. 1981. "Motivational and functional helplessness: The moderating effect of state versus action orientation." *Journal of Personality and Social Psychology* 40, no. 1: 155–170.

Kuhl, Julius. 1985. "Volitional mediators of cognition-behavior consistency: Self-regulatory processes and action versus state orientation." In *Action Control, from Cognition to Behavior*, ed. Julius Kuhl and Jurgen Beckmann, 101–128. Berlin: Springer.

Kuhn, Reinhard Clifford. 1976. *The Demon of Noontide: Ennui in Western Literature*. Princeton: Princeton University Press.

Kunzendorf, Robert G., and Franz Buker. 2008. "Does existential meaning require hope, or is interest enough?" *Imagination, Cognition and Personality* 27, no. 3: 233–243.

Kurzban, Robert, Angela Duckworth, Joseph W. Kable, and Justus Myers. 2013. "An opportunity cost model of subjective effort and task performance." *Behavioral and Brain Sciences* 36, no. 6: 661–679.

Kustermans, Jorg, and Erik Ringmar. 2011. "Modernity, boredom, and war: a suggestive essay." *Review of International Studies* 37, no. 4: 1775–1792.

Landon, P. Bruce, and Peter Suedfeld. 1969. "Information and meaningfulness needs in sensory deprivation." *Psychonomic Science* 17, no. 4: 248.

Larson, Reed W. 1990. "Emotions and the creative process; anxiety, boredom, and enjoyment as predictors of creative writing." *Imagination, Cognition and Personality* 9, no. 4: 275–292.

Larson, Reed W., and Maryse H. Richards. 1991. "Boredom in the middle school years: Blaming schools versus blaming students." *American Journal of*

Education 99, no. 4: 418–443.

Lebedev, Valentin Vital'evich. 1988. Diary of a Cosmonaut: 211 *Days in Space*. Trans. Luba Diangar, ed. Daniel Puckett and C. W. Harrison. College Station, TX: PhytoResource Research, Inc., Information Service.

LeDoux, Joseph E., and Daniel S. Pine. 2016. "Using neuroscience to help understand fear and anxiety: a two-system framework." *American Journal of Psychiatry* 173: 1083–1093.

Lee, Christine M., Clayton Neighbors, and Briana A. Woods. 2007. "Marijuana motives: Young adults' reasons for using marijuana." *Addictive Behaviors* 32, no. 7: 1384–1394.

Lehr, Evangeline, and McWelling Todman. 2009. "Boredom and boredom proneness in children: Implications for academic and social adjustment." *Self-Regulation and Social Competence: Psychological Studies in Identity, Achievement and Work-Family Dynamics*, ed. M. Todman, 75–90. Athens: ATNIER Press.

Leon, Gloria R., and Karen Chamberlain. 1973. "Emotional arousal, eating patterns, and body image as differential factors associated with varying success in maintaining a weight loss." *Journal of Consulting and Clinical Psychology* 40, no. 3: 474–480.

Leong, Frederick T. L., and Gregory R. Schneller. 1993. "Boredom proneness: Temperamental and cognitive components." *Personality and Individual Differences* 14, no. 1: 233–239.

LePera, Nicole. 2011. "Relationships between boredom proneness, mindfulness, anxiety, depression, and substance use." *New School Psychology Bulletin* 8, no. 2: 15–25.

Lewinsky, Hilde. 1943. "Boredom." *British Journal of Educational Psychology* 13, no. 3: 147–152.

Lewis, Kerrie P. 2000. "A comparative study of primate play behaviour:

Implications for the study of cognition." *Folia Primatologica* 71, no. 6:417–421.

Lipps, Theodor. 1906. *Leitfaden der Psychologie*. Leipzig: Wilhelm Engelmann.

Litman, Jordan A., and Charles D. Spielberger. 2003. "Measuring epistemic curiosity and its diversive and specific components." *Journal of Personality Assessment* 80, no. 1: 75–86.

Lowenstein, Otto, and Irene E. Loewenfeld. 1952. "Disintegration of central autonomic regulation during fatigue and its reintegration by psychosensory controlling mechanisms. I. Disintegration. Pupillographic studies." *Journal of Nervous and Mental Disease* 115: 121–145.

Lowenstein, Otto, and Irene E. Loewenfeld. 1951. "Types of central autonomic innervation and fatigue: Pupillographic studies." *AMA Archives of Neurology and Psychiatry* 66, no. 5: 580–599.

Luria, Aleksandr R. 1973. *The Working Brain: An Introduction to Neuropsychology. Trans. Basil Haigh*. New York: Basic Books.

MacDonald, Douglas A., and Daniel Holland. 2002. "Spirituality and boredom proneness." *Personality and Individual Differences* 32, no. 6: 1113–1119.

Mackworth, Norman H. 1948. "The breakdown of vigilance during prolonged visual search." *Quarterly Journal of Experimental Psychology* 1, no. 1: 6–21.

Maddi, Salvatore R. 1967. "The existential neurosis." *Journal of Abnormal Psychology* 72, no. 4: 311–325.

Maddi, Salvatore R. 1970. "The search for meaning." In *Nebraska Symposium on Motivation*, vol. 17, 134–183. Lincoln: University of Nebraska Press.

Malkovsky, Ela, Colleen Merrifield, Yael Goldberg, and James Danckert. 2012. "Exploring the relationship between boredom and sustained attention." *Experimental Brain Research* 221, no. 1: 59–67.

Mann, Sandi, and Rebekah Cadman. 2014. "Does being bored make us more creative?" *Creativity Research Journal* 26, no. 2: 165–173.

Marin, Robert S., and Patricia A. Wilkosz. 2005. "Disorders of diminished motivation." *Journal of Head Trauma Rehabilitation* 20, no. 4: 377–388.

Martin, Marion, Gaynor Sadlo, and Graham Stew. 2006. "The phenomenon of boredom." *Qualitative Research in Psychology* 3, no. 3: 193–211.

Marty-Dugas, Jeremy, and Daniel Smilek. 2019. "Deep, effortless concentration: Re-examining the flow concept and exploring relations with inattention, absorption, and personality." *Psychological Research* 83, no. 8: 1760–1777.

Mathiak, Krystyna Anna, Martin Klasen, Mikhail Zvyagintsev, Rene Weber, and Klaus Mathiak. 2013. "Neural networks underlying affective states in a multimodal virtual environment: contributions to boredom." *Frontiers in Human Neuroscience* 7: article 820.

Matthies, Swantje, Alexandra Philipsen, and Jennifer Svaldi. 2012. "Risky decision making in adults with ADHD." *Journal of Behavior Therapy and Experimental Psychiatry* 43, no. 3: 938–946.

McDonald, William. 2009. "Kierkegaard's Demonic Boredom." In *Essays on Boredom and Modernity*, ed. Barbara Dalle Pezze and Carlo Salzani, 61–85. Leiden, NL: Brill.

McIntosh, James, Fiona MacDonald, and Neil McKeganey. 2005. "The reasons why children in their pre and early teenage years do or do not use illegal drugs." *International Journal of Drug Policy* 16, no. 4: 254–261.

McIvor, Arthur J. 1987a. "Employers, the government, and industrial fatigue in Britain, 1890–1918." *Occupational and Environmental Medicine* 44, no. 11: 724–732.

McIvor, Arthur J. 1987b. "Manual work, technology, and industrial health, 1918–39." *Medical History* 31, no. 2: 160–189.

McLeod, Carol R., and Stephen J. Vodanovich. 1991. "The relationship between self-actualization and boredom proneness." *Journal of Social Behavior and Personality* 6, no. 5: 137–146.

McNeilly, Dennis P., and William J. Burke. 2000. "Late life gambling: The attitudes and behaviors of older adults." *Journal of Gambling Studies* 16, no. 4: 393–415.

Meagher, Rebecca K., Dana L. M. Campbell, and Georgia J. Mason. 2017. "Boredom-like states in mink and their behavioural correlates: A replicate study." *Applied Animal Behaviour Science* 197: 112–119.

Meagher, Rebecca K., and Georgia J. Mason. 2012. "Environmental enrichment reduces signs of boredom in caged mink." *PLoS One* 7, no. 11: e49180.

Medaglia, John Dominic, Fabio Pasqualetti, Roy H. Hamilton, Sharon L. Thompson-Schill, and Danielle S. Bassett. 2017. "Brain and cognitive reserve: Translation via network control theory." *Neuroscience and Biobehavioral Reviews* 75: 53–64.

Mega, Michael S., and Robert C. Cohenour. 1997. "Akinetic mutism: Disconnection of frontal-subcortical circuits." *Neuropsychiatry, Neuropsychology, and Behavioral Neurology* 10: 254–259.

Melton, Amanda M. A., and Stefan E. Schulenberg. 2009. "A confirmatory factor analysis of the boredom proneness scale." *Journal of Psychology* 143, no. 5: 493–508.

Melton, Amanda M. A., and Stefan E. Schulenberg. 2007. "On the relationship between meaning in life and boredom proneness: Examining a logotherapy postulate." *Psychological Reports* 101, no. 3, suppl.: 1016–1022.

Mercer, Kimberley B., and John D. Eastwood. 2010. "Is boredom associated with problem gambling behaviour? It depends on what you mean by 'boredom.'" *International Gambling Studies* 10, no. 1: 91–104.

Mercer-Lynn, Kimberley B., Rachel J. Bar, and John D. Eastwood. 2014. "Causes of boredom: The person, the situation, or both?" *Personality and Individual Differences* 56: 122–126.

Mercer-Lynn, Kimberley B., David B. Flora, Shelley A. Fahlman, and John D.

Eastwood. 2013a. "The measurement of boredom: Differences between existing self-report scales." *Assessment* 20, no. 5: 585–596.

Mercer-Lynn, Kimberley B., Jennifer A. Hunter, and John D. Eastwood. 2013b. "Is trait boredom redundant?" *Journal of Social and Clinical Psychology* 32, no. 8: 897–916.

Merrifield, Colleen, and James Danckert. 2014. "Characterizing the psychophysiological signature of boredom." *Experimental Brain Research* 232, no. 2: 481–491.

Miller, Jacqueline A., Linda L. Caldwell, Elizabeth H. Weybright, Edward A. Smith, Tania Vergnani, and Lisa Wegner. 2014. "Was Bob Seger right? Relation between boredom in leisure and [risky] sex." *Leisure Sciences* 36, no. 1: 52–67.

Miyake, Akira, Naomi P. Friedman, Michael J. Emerson, Alexander H. Witzki, Amy Howerter, and Tor D. Wager. 2000. "The unity and diversity of executive functions and their contributions to complex "frontal lobe" tasks: A latent variable analysis." *Cognitive Psychology* 41, no. 1: 49–100.

Morita, Emi, S. Fukuda, Jun Nagano, N. Hamajima, H. Yamamoto, Y. Iwai, T. Nakashima, H. Ohira, and T. J. P. H. Shirakawa. 2007. "Psychological effects of forest environments on healthy adults: Shinrin-yoku (forest-air bathing, walking) as a possible method of stress reduction." *Public Health* 121, no. 1: 54–63.

Moynihan, Andrew B., Eric R. Igou, and Wijnand A. P. van Tilburg. 2017. "Boredom increases impulsiveness." *Social Psychology* 48, no. 5: 293–309.

Moynihan, Andrew B., Wijnand A. P. van Tilburg, Eric R. Igou, Arnaud Wisman, Alan E. Donnelly, and Jessie B. Mulcaire. 2015. "Eaten up by boredom: Consuming food to escape awareness of the bored self." *Frontiers in Psychology* 6: article 369.

Mugon, Jhotisha, Andriy Struk, and James Danckert. 2018. "A failure to launch:

Regulatory modes and boredom proneness." *Frontiers in Psychology* 9: article 1126.

Munsterberg, Hugo. 1913. *Psychology and Industrial Efficiency.* Boston: Mifflin.

"National Survey of American Attitudes on Substance Abuse VIII: Teens and Parents." 2003. National Center on Addiction and Substance Abuse, Columbia University, August.

Nault, Jean-Charles. 2015. *The Noonday Devil: Acedia, the Unnamed Evil of Our Times.* San Francisco: Ignatius Press.

Nederkoorn, Chantal, Linda Vancleef, Alexandra Wilkenhoner, Laurence Claes, and Remco C. Havermans. 2016. "Self-inflicted pain out of boredom." *Psychiatry Research* 237: 127–132.

Nemeth, G. 1988. "Some theoretical and practical aspects of the disturbances of consciousness with special reference to akinetic mutism." *Functional Neurology* 3, no. 1: 9–28.

Nett, Ulrike E., Thomas Goetz, and Lia M. Daniels. 2010. "What to do when feeling bored? Students' strategies for coping with boredom." *Learning and Individual Differences* 20, no. 6: 626–638.

Nett, Ulrike E., Thomas Goetz, and Nathan C. Hall. 2011. "Coping with boredom in school: An experience sampling perspective." *Contemporary Educational* Psychology 36, no. 1: 49–59.

Newell, Susan E., Priscilla Harries, and Susan Ayers. 2012. "Boredom proneness in a psychiatric inpatient population." *International Journal of Social Psychiatry* 58, no. 5: 488–495.

Ng, Andy H., Yong Liu, Jian-zhi Chen, and John D. Eastwood. 2015. "Culture and state boredom: A comparison between European Canadians and Chinese." *Personality and Individual Differences* 75: 13–18.

Nichols, Laura A., and Richard Nicki. 2004. "Development of a psychometrically sound internet addiction scale: A preliminary step." *Psychology of Addictive*

Behaviors 18, no. 4: 381.

Nietzsche, Friedrich. 2006. *Human, All-Too-Human*. Trans. Helen Zimmern and Paul V. Cohn. Mineola, NY: Dover.

Northcraft, Gregory B., and Margaret A. Neale. 1986. "Opportunity costs and the framing of resource allocation decisions." *Organizational Behavior and Human Decision Processes* 37, no. 3: 348–356.

Nower, Lia, and Alex Blaszczynski. 2006. "Impulsivity and pathological gambling: A descriptive model." *International Gambling Studies* 6, no. 1: 61–75.

Nunoi, Masato, and Sakiko Yoshikawa. 2016. "Deep processing makes stimuli more preferable over long durations." *Journal of Cognitive Psychology* 28, no. 6: 756–763.

Oddy, Michael, Michael Humphrey, and David Uttley. 1978. "Subjective impairment and social recovery after closed head injury." *Journal of Neurology, Neurosurgery and Psychiatry* 41, no. 7: 611–616.

O'Hanlon, James F. 1981. "Boredom: Practical consequences and a theory." *Acta Psychologica* 49, no. 1: 53–82.

Orcutt, James D. 1984. "Contrasting effects of two kinds of boredom on alcohol use." *Journal of Drug Issues* 14, no. 1: 161–173.

Palinkas, Lawrence A. 2003. "The psychology of isolated and confined environments: Understanding human behavior in Antarctica." *American Psychologist* 58, no. 5: 353–363.

Palinkas, Lawrence A., Eric Gunderson, Albert W. Holland, Christopher Miller, and Jeffrey C. Johnson. 2000. "Predictors of behavior and performance in extreme environments: The Antarctic space analogue program." *Aviation, Space, and Environmental Medicine* 71: 619–625.

Paliwoda, Daniel. 2010. *Melville and the Theme of Boredom*. Jefferson, NC: McFarland.

Park, Bum Jin, Yuko Tsunetsugu, Tamami Kasetani, Takahide Kagawa, and Yoshifumi Miyazaki. 2010. "The physiological effects of Shinrin-yoku (taking in the forest atmosphere or forest bathing): Evidence from field experiments in 24 forests across Japan." *Environmental Health and Preventive Medicine* 15, no. 1: 18–26.

Passik, Steven D., Alice Inman, Kenneth Kirsh, Dale Theobald, and Pamela Dickerson. 2003. "Initial validation of a scale to measure purposelessness, understimulation, and boredom in cancer patients: Toward a redefinition of depression in advanced disease." *Palliative and Supportive Care* 1, no. 1: 41–50.

Patterson, Ian, Shane Pegg, and Roberta Dobson-Patterson. 2000. "Exploring the links between leisure boredom and alcohol use among youth in rural and urban areas of Australia." *Journal of Park and Recreation Administration* 18, no. 3: 53–75.

Pattyn, Nathalie, Xavier Neyt, David Henderickx, and Eric Soetens. 2008. "Psychophysiological investigation of vigilance decrement: boredom or cognitive fatigue?" *Physiology and Behavior* 93, no. 1–2: 369–378.

Pekrun, Reinhard, Thomas Goetz, Lia M. Daniels, Robert H. Stupnisky, and Raymond P. Perry. 2010. "Boredom in achievement settings: Exploring control–value antecedents and performance outcomes of a neglected emotion." *Journal of Educational Psychology* 102, no. 3: 531–549.

Pekrun, Reinhard, Nathan C. Hall, Thomas Goetz, and Raymond P. Perry. 2014. "Boredom and academic achievement: Testing a model of reciprocal causation." *Journal of Educational Psychology* 106, no. 3: 696–710.

Pekrun, Reinhard, Elisabeth Vogl, Krista R. Muis, and Gale M. Sinatra. 2017. "Measuring emotions during epistemic activities: The Epistemically-Related Emotion Scales." *Cognition and Emotion* 31, no. 6: 1268–1276.

Pellis, Sergio, and Vivien Pellis. 2009. *The Playful Brain: Venturing to the Limits of Neuroscience*. Oxford: Oneworld.

Peretz, Isabelle, Lise Gagnon, and Bernard Bouchard. 1998. "Music and emotion: Perceptual determinants, immediacy, and isolation after brain damage." *Cognition* 68, no. 2: 111–141.

Petranker, Rotem. 2018. "Sitting with it: Examining the relationship between mindfulness, sustained attention, and boredom." M.A. thesis, York University.

Pettiford, Jasmine, Rachel V. Kozink, Avery M. Lutz, Scott H. Kollins, Jed E. Rose, and F. Joseph McClernon. 2007. "Increases in impulsivity following smoking abstinence are related to baseline nicotine intake and boredom susceptibility." *Addictive Behaviors* 32, no. 10: 2351–2357.

Phillips, Adam. 1994. On Kissing, *Tickling, and Being Bored: Psychoanalytic Essays on the Unexamined Life*. Cambridge, MA: Harvard University Press.

Piaget, Jean. 1999. *Judgment and Reasoning in the Child*. International Library of Psychology, Book 23, rpt. ed. New York: Routledge.

Piko, Bettina F., Thomas A. Wills, and Carmella Walker. 2007. "Motives for smoking and drinking: Country and gender differences in samples of Hungarian and US high school students." *Addictive Behaviors* 32, no. 10: 2087–2098.

Pitrat, Jacques. 2009. *Artificial Beings: The Conscience of a Conscious Machine*. Hoboken, NJ: John Wiley.

Potegal, Michael, and Dorothy Einon. 1989. "Aggressive behaviors in adult rats deprived of playfighting experience as juveniles." *Developmental Psychobiology* 22, no. 2: 159–172.

Pribram, Karl H., and Diane McGuinness. 1975. "Arousal, activation, and effort in the control of attention." *Psychological Review* 82, no. 2: 116–149.

Protheroe, S. M. 1991. "Congenital insensitivity to pain." *Journal of the Royal Society of Medicine* 84, no. 9: 558–559.

Quay, Herbert C. 1965. "Psychopathic personality as pathological stimulationseeking." *American Journal of Psychiatry* 122, no. 2: 180–183.

Raffaelli, Quentin, Caitlin Mills, and Kalina Christoff. 2018. "The knowns and unknowns of boredom: A review of the literature." *Experimental Brain Research* 236, no. 9: 2451–2462.

Raposa, Michael L. 1999. *Boredom and the Religious Imagination*. Charlottesville: University Press of Virginia.

Raz, Mical. 2013. "Alone again: John Zubek and the troubled history of sensory deprivation research." *Journal of the History of the Behavioral Sciences* 49, no. 4: 379–395.

Reio, Thomas G., Jr., Joseph M. Petrosko, Albert K. Wiswell, and Juthamas Thongsukmag. 2006. "The measurement and conceptualization of curiosity." *Journal of Genetic Psychology* 167, no. 2: 117–135.

Reissman, Charlotte, Arthur Aron, and Merlynn R. Bergen. 1993. "Shared activities and marital satisfaction: Causal direction and self-expansion versus boredom." *Journal of Social and Personal Relationships* 10, no. 2: 243–254.

Renninger, K. Ann, and Suzanne Hidi. 2015. *The Power of Interest for Motivation and Engagement*. New York: Routledge.

Riem, Madelon M. E., Alexandra Voorthuis, Marian J. Bakermans-Kranenburg, and Marinus H. van Ijzendoorn. 2014. "Pity or peanuts? Oxytocin induces different neural responses to the same infant crying labeled as sick or bored." *Developmental Science* 17, no. 2: 248–256.

Risko, Evan F., and Sam J. Gilbert. 2016. "Cognitive offloading." *Trends in Cognitive Sciences* 20, no. 9: 676–688.

Rizvi, Sakina J., Diego A. Pizzagalli, Beth A. Sproule, and Sidney H. Kennedy. 2016. "Assessing anhedonia in depression: Potentials and pitfalls." *Neuroscience and Biobehavioral Reviews* 65: 21–35.

Romand, David. 2015. "Theodor Waitz's theory of feelings and the rise of affective sciences in the mid-19th century." *History of Psychology* 18, no. 4:

385–400.

Rupp, Deborah E., and Stephen J. Vodanovich. 1997. "The role of boredom proneness in self-reported anger and aggression." *Journal of Social Behavior and Personality* 12, no. 4: 925–936.

Russell, Bertrand. 2012. *The Conquest of Happiness*. Abingdon, UK: Routledge.

Russo, Mary F., Benjamin B. Lahey, Mary Anne G. Christ, Paul J. Frick, Keith McBurnett, Jason L. Walker, Rolf Loeber, Magda Stouthamer-Loeber, and Stephanie Green. 1991. "Preliminary development of a sensation seeking scale for children." *Personality and Individual Differences* 12, no. 5: 399–405.

Russo, Mary F., Garnett S. Stokes, Benjamin B. Lahey, Mary Anne G. Christ, Keith McBurnett, Rolf Loeber, Magda Stouthamer-Loeber, and Stephanie M. Green. 1993. "A sensation seeking scale for children: Further refinement and psychometric development." *Journal of Psychopathology and Behavioral Assessment* 15, no. 2: 69–86.

Ryan, Richard M., and Edward L. Deci. 2000. "Self-determination theory and the facilitation of intrinsic motivation, social development, and well-being." *American Psychologist* 55, no. 1: 68–78.

Sandal, Gro M., G. R. Leon, and Lawrence Palinkas. 2006. "Human challenges in polar and space environments." In *Life in Extreme Environments*, ed. R. Amils, C. Ellis-Evans, and H. G. Hinghofer-Szalkay, 399–414. Dordrecht, NL: Springer.

Sansone, Carol, Charlene Weir, Lora Harpster, and Carolyn Morgan. 1992. "Once a boring task always a boring task? Interest as a self-regulatory mechanism." *Journal of Personality and Social Psychology* 63, no. 3: 379–390.

Sawin, David A., and Mark W. Scerbo. 1995. "Effects of instruction type and boredom proneness in vigilance: Implications for boredom and workload." *Human Factors* 37, no. 4: 752–765.

Scerbo, Mark W. 1998. "What's so boring about vigilance?" In *Viewing Psychology as a Whole: The Integrative Science of William N. Dember*, ed. R. R. Hoffman, M. F. Sherrick, and J. S. Warm, 145–166. Washington, DC: American Psychological Association.

Scherer, Klaus R. 1997. "College life on-line: Healthy and unhealthy Internet use." *Journal of College Student Development* 38: 655–665.

Scherer, Klaus R. 2005. "What are emotions? And how can they be measured?" *Social Science Information* 44, no. 4: 695–729.

Schopenhauer, Arthur. 1995. *The World as Will and Idea*, ed. David Berman, trans. J. Berman. London: Everyman.

Schwarz, Norbert. 2018. "Of fluency, beauty, and truth." In *Metacognitive Diversity: An Interdisciplinary Approach*, ed. Joelle Proust and Martin Fortier, 25–46. Oxford: Oxford University Press.

Scuteri, Angelo, Luigi Palmieri, Cinzia Lo Noce, and Simona Giampaoli. 2005. "Age-related changes in cognitive domains: A population-based study." *Aging Clinical and Experimental Research* 17, no. 5: 367–373.

Seel, Ronald T., and Jeffrey S. Kreutzer. 2003. "Depression assessment after traumatic brain injury: An empirically based classification method." *Archives of Physical Medicine and Rehabilitation* 84, no. 11: 1621–1628.

Seib, Hope M., and Stephen J. Vodanovich. 1998. "Cognitive correlates of boredom proneness: The role of private self-consciousness and absorption." *Journal of Psychology* 132, no. 6: 642–652.

Sharp, Erin Hiley, and Linda L. Caldwell. 2005. "Understanding adolescent boredom in leisure: A longitudinal analysis of the roles of parents and motivation." In *Eleventh Canadian Congress on Leisure Research, Malaspina University College Nanaimo, British Columbia*.

Sharp, Erin Hiley, Donna L. Coffman, Linda L. Caldwell, Edward A. Smith, Lisa Wegner, Tania Vergnani, and Catherine Mathews. 2011. "Predicting substance use behavior among South African adolescents: The role of leisure experiences across time." *International Journal of Behavioral Development* 35, no. 4: 343–351.

Sharpe, Lynda. 2011. "So you think you know why animals play……" *Scientific American guest blog*, May 17.

Shiota, Michelle N., Dacher Keltner, and Amanda Mossman. 2007. "The nature of awe: Elicitors, appraisals, and effects on self-concept." *Cognition and Emotion* 21, no. 5: 944–963.

Shoalts, Adam. 2017. *A History of Canada in Ten Maps*. Toronto: Allen Lane,.

Shuman-Paretsky, Melissa, Vance Zemon, Frederick W. Foley, and Roee Holtzer. 2017. "Development and validation of the State-Trait Inventory of Cognitive Fatigue in community-dwelling older adults." *Archives of Physical Medicine and Rehabilitation* 98, no. 4: 766–773.

Simmel, Georg. 2012. "The Metropolis and Mental Life." In *The Urban Sociology Reader*, ed. Jan Lin and Christopher Mele, 23–31. New York: Routledge.

Sirigu, Angela, and Jean-Rene Duhamel. 2016. "Reward and decision processes in the brains of humans and nonhuman primates." *Dialogues in Clinical Neuroscience* 18, no. 1: 45–53.

Smith, Adam. 1976. *An Inquiry into the Nature and Causes of the Wealth of Nations*, 2 vols. Ed. Edwin Cannan. London, 1776; Chicago: University of Chicago Press.

Smith, Edward A., and Linda L. Caldwell. 1989. "The perceived quality of leisure experiences among smoking and nonsmoking adolescents." *Journal of Early Adolescence* 9, no. 1–2: 153–162.

Smith, Peter Scharff. 2006. "The effects of solitary confinement on prison inmates: A brief history and review of the literature." *Crime and Justice* 34, no. 1: 441–528.

Smith, Richard P. 1981. "Boredom: A review." *Human Factors* 23, no. 3: 329–340.

Solomon, Andrew. 2001. *The Noonday Demon: An Atlas of Depression*. New York: Scribner.

Spacks, Patricia Meyer. 1995. *Boredom: The Literary History of a State of Mind*. Chicago: University of Chicago Press.

Spaeth, Michael, Karina Weichold, and Rainer K. Silbereisen. 2015. "The development of leisure boredom in early adolescence: Predictors and longitudinal associations with delinquency and depression." *Developmental Psychology* 51, no. 10: 1380–1394.

Stanovich, Keith. 2011. *Rationality and the Reflective Mind*. New York: Oxford University Press.

Steele, Rachel, Paul Henderson, Frances Lennon, and Donna Swinden. 2013. "Boredom among psychiatric in-patients: Does it matter?" *Advances in Psychiatric Treatment* 19, no. 4: 259–267.

Steinberg, Laurence. 2005. "Cognitive and affective development in adolescence." *Trends in Cognitive Sciences* 9, no. 2: 69–74.

Stevenson, M. F. 1983. "The captive environment: Its effect on exploratory and related behavioural responses in wild animals." In *Exploration in Animals and Humans*, ed. John Archer and Lynda I. A. Birke, 176–197. Wokingham, UK: Van Nostrand Reinhold.

Stickney, Marcella I., Raymond G. Miltenberger, and Gretchen Wolff. 1999. "A descriptive analysis of factors contributing to binge eating." *Journal of Behavior Therapy and Experimental Psychiatry* 30, no. 3: 177–189.

Struk, Andriy, A. Scholer, and J. Danckert. 2015. "Perceived control predicts engagement and diminished boredom." Presentation at the Canadian Society for Brain, Behaviour and Cognitive Science.

Struk, Andriy A., Jonathan S. A. Carriere, J. Allan Cheyne, and James Danckert. 2017. "A short Boredom Proneness Scale: Development and psychometric properties." *Assessment* 24, no. 3: 346–359.

Struk, Andriy A., Abigail A. Scholer, and James Danckert. 2016. "A self-regulatory approach to understanding boredom proneness." *Cognition and Emotion* 30, no. 8: 1388–1401.

Sulea, Coralia, Ilona Van Beek, Paul Sarbescu, Delia Virga, and Wilmar B. Schaufeli. 2015. "Engagement, boredom, and burnout among students: Basic need satisfaction matters more than personality traits." *Learning and Individual Differences* 42: 132–138.

Svendsen, Lars. 2005. *A Philosophy of Boredom*. London: Reaktion Books.

Tabatabaie, Ashkan Fakhr, Mohammad Reza Azadehfar, Negin Mirian, Maryam Noroozian, Ahmad Yoonessi, Mohammad Reza Saebipour, and Ali Yoonessi. 2014. "Neural correlates of boredom in music perception." *Basic and Clinical Neuroscience* 5, no. 4: 259–266.

Taylor, Christopher A., Jeneita M. Bell, Matthew J. Breiding, and Likang Xu. "Traumatic brain injury–related emergency department visits, hospitalizations, and deaths—United States, 2007 and 2013." *MMWR Surveillance Summaries* 66, no. 9 (2017): 1–16. DOI: http://dx.doi.org/10.15585/mmwr.ss6609a1.

Teo, Thomas. 2007. "Local institutionalization, discontinuity, and German textbooks of psychology, 1816–1854." *Journal of the History of the Behavioral Sciences* 43, no. 2: 135–157.

Thackray, Richard I., J. Powell Bailey, and R. Mark Touchstone. 1977. "Physiological, subjective, and performance correlates of reported boredom and monotony while performing a simulated radar control task." In *Vigilance: Theory, Operational Performance, and Physiological Correlates*, ed. Robert R. Mackie, 203–215. Boston: Springer.

Theobold, Dale E., Kenneth L. Kirsh, Elizabeth Holtsclaw, Kathleen Donaghy, and Steven D. Passik. 2003. "An open label pilot study of citalopram for depression and boredom in ambulatory cancer patients." *Palliative and*

Supportive Care 1, no. 1: 71–77.

Thiele, Leslie Paul. 1997. "Postmodernity and the routinization of novelty: Heidegger on boredom and technology." *Polity* 29, no. 4: 489–517.

Todman, McWelling. 2003. "Boredom and psychotic disorders: Cognitive and motivational issues." *Psychiatry: Interpersonal and Biological Processes* 66, no. 2: 146–167.

Todman, McWelling. 2013. "The dimensions of state boredom: Frequency, duration, unpleasantness, consequences and causal attributions." *Dimensions* 1: 32–40.

Todman, McWelling, Daniel Sheypuk, Kristin Nelson, Jason Evans, Roger Goldberg, and Evangeline Lehr. 2008. "Boredom, hallucination-proneness and hypohedonia in schizophrenia and schizoaffective disorder." In *Schizoaffective Disorders: International Perspectives on Understanding, Intervention and Rehabilitation*, ed. Kam-Shing Yip. Hauppauge, NY: Nova Science Publishers.

Tolinski, Brad, and Alan Di Perna. 2016. *Play It Loud: An Epic History of the Style, Sound, and Revolution of the Electric Guitar*. New York: Anchor Doubleday.

Tolor, Alexander, and Marlene C. Siegel. 1989. "Boredom proneness and political activism." *Psychological Reports* 65, no. 1: 235–240.

Tolstoy, Leo. 1899. *Anna Karénina*. Trans. Nathan Haskell Dole. New York: Thomas Y. Crowell.

Toohey, Peter. 2011. Boredom: *A Lively History*. New Haven, CT: Yale University Press.

Trevorrow, Karen, and Susan Moore. 1998. "The association between loneliness, social isolation and women's electronic gaming machine gambling." *Journal of Gambling Studies* 14, no. 3: 263–284.

Tromholt, Morten. 2016. "The Facebook experiment: Quitting Facebook leads to higher levels of well-being." *Cyberpsychology, Behavior, and Social Networking* 19, no. 11: 661–666.

Tunariu, Aneta D., and Paula Reavey. 2007. "Common patterns of sense making: A discursive reading of quantitative and interpretative data on sexual boredom." *British Journal of Social Psychology* 46, no. 4: 815–837.

Turing, Alan M. 1950. "Computing machinery and intelligence." *Mind: A Quarterly Review of Psychology and Philosophy* 59: 433–460.

Turner, Nigel E., Masood Zangeneh, and Nina Littman-Sharp. 2006. "The experience of gambling and its role in problem gambling." *International Gambling Studies* 6, no. 2: 237–266.

Twenge, Jean M. 2017. *iGen: Why Today's Super-Connected Kids Are Growing Up Less Rebellious, More Tolerant, Less Happy—and Completely Unprepared for Adulthood—and What That Means for the Rest of Us*. New York: Simon and Schuster.

Tze, Virginia M. C., Robert M. Klassen, and Lia M. Daniels. 2014. "Patterns of boredom and its relationship with perceived autonomy support and engagement." *Contemporary Educational Psychology* 39, no. 3: 175–187.

Uddin, Lucina Q. 2015. "Salience processing and insular cortical function and dysfunction." *Nature Reviews Neuroscience* 16, no. 1: 55–61.

Ulrich, Martin, Johannes Keller, and Georg Gron. 2015. "Neural signatures of experimentally induced flow experiences identified in a typical fMRI block design with BOLD imaging." *Social Cognitive and Affective Neuroscience* 11, no. 3: 496–507.

Ulrich, Martin, Johannes Keller, Klaus Hoenig, Christiane Waller, and Georg Gron. 2014. "Neural correlates of experimentally induced flow experiences." *Neuroimage* 86 (2014): 194–202.

Valenzuela, Michael J., and Perminder Sachdev. 2006. "Brain reserve and cognitive decline: A non-parametric systematic review." *Psychological*

Medicine 36, no. 8: 1065–1073.

Van den Bergh, Omer, and Scott R. Vrana. 1998. "Repetition and boredom in a perceptual fluency / attributional model of affective judgements." *Cognition and Emotion* 12, no. 4: 533–553.

van Tilburg, Wijnand A. P., and Eric R. Igou. 2017. "Boredom begs to differ: Differentiation from other negative emotions." *Emotion* 17, no. 2: 309–322.

van Tilburg, Wijnand A. P., and Eric R. Igou. 2016. "Going to political extremes in response to boredom." *European Journal of Social Psychology* 46, no. 6: 687–699.

van Tilburg, Wijnand A. P., and Eric R. Igou. 2012. "On boredom: Lack of challenge and meaning as distinct boredom experiences." *Motivation and Emotion* 36, no. 2: 181–194.

van Tilburg, Wijnand A. P., and Eric R. Igou. 2011. "On boredom and social identity: A pragmatic meaning-regulation approach." *Personality and Social Psychology Bulletin* 37, no. 12: 1679–1691.

van Tilburg, Wijnand A. P., Eric R. Igou, and Constantine Sedikides. 2013. "In search of meaningfulness: Nostalgia as an antidote to boredom." *Emotion* 13, no. 3: 450–461.

Vodanovich, Stephen J. 2003. "Psychometric measures of boredom: A review of the literature." *Journal of Psychology* 137, no. 6: 569–595.

Vodanovich, Stephen J., and Deborah E. Rupp. 1999. "Are procrastinators prone to boredom?" *Social Behavior and Personality* 27, no. 1: 11–16.

Vodanovich, Stephen J., Kathryn M. Verner, and Thomas V. Gilbride. 1991. "Boredom proneness: Its relationship to positive and negative affect." *Psychological Reports* 69, no. 3, suppl.: 1139–1146.

Vodanovich, Stephen J., J. Craig Wallace, and Steven J. Kass. 2005. "A confirmatory approach to the factor structure of the Boredom Proneness Scale: Evidence for a two-factor short form." *Journal of Personality*

Assessment 85, no. 3: 295–303.

Vodanovich, Stephen J., and John D. Watt. 2016. "Self-report measures of boredom: An updated review of the literature." *Journal of Psychology* 150, no. 2: 196–228.

Waitz, Theodore. 1849. *Lehrbuch der Psychologie als Naturwissenschaft* [Textbook of psychology as a natural science]. Braunschweig, Germany: Vieweg.

Walfish, Steven, and Tuesdai A. Brown. 2009. "Self-assessed emotional factors contributing to increased weight in presurgical male bariatric patients." *Bariatric Nursing and Surgical Patient Care* 4, no. 1: 49–52.

Wallace, David Foster. 2011. *The Pale King: An Unfinished Novel*. New York: Little, Brown.

Wallace, J. Craig, Steven J. Kass, and Claudia J. Stanny. 2002. "The cognitive failures questionnaire revisited: Dimensions and correlates." *Journal of General Psychology* 129, no. 3: 238–256.

Wallace, J. Craig, Stephen J. Vodanovich, and Becca M. Restino. 2003. "Predicting cognitive failures from boredom proneness and daytime sleepiness scores: An investigation within military and undergraduate samples." *Personality and Individual Differences* 34, no. 4: 635–644.

Wangh, Martin. 1975. "Boredom in psychoanalytic perspective." *Social Research* 42: 538–550.

Wangh, Martin. 1979. "Some psychoanalytic observations on boredom." *International Journal of Psycho-Analysis* 60: 515–526.

Wardley, Kenneth Jason. 2012. " 'A weariness of the flesh': Towards a theology of boredom and fatigue." In *Intensities: Philosophy, Religion and the Affirmation of Life*, ed. Katharine Sarah Moody and Steven Shakespeare, 117–136. Burlington, VT: Ashgate.

Warhol, Andy, and Pat Hackett. 1988. *Andy Warhol's Party Book*. New York: Crown.

Warriner, Amy Beth, and Karin R. Humphreys. 2008. "Learning to fail: Reoccurring tip-of-the-tongue states." *Quarterly Journal of Experimental Psychology* 61, no. 4: 535–542.

Watt, John D. 1991. "Effect of boredom proneness on time perception." *Psychological Reports* 69, no. 1: 323–327.

Watt, John D., and Jackie E. Ewing. 1996. "Toward the development and validation of a measure of sexual boredom." *Journal of Sex Research* 33, no. 1: 57–66.

Watt, John D., and Stephen J. Vodanovich. 1992. "Relationship between boredom proneness and impulsivity." *Psychological Reports* 70, no. 3: 688–690.

Wegner, Lisa. 2011. "Through the lens of a peer: Understanding leisure boredom and risk behaviour in adolescence." *South African Journal of Occupational Therapy* 41, no. 1: 19–23.

Wegner, Lisa, and Alan J. Flisher. 2009. "Leisure boredom and adolescent risk behaviour: A systematic literature review." *Journal of Child and Adolescent Mental Health* 21, no. 1: 1–28.

Weinberg, Warren A., and Roger A. Brumback. 1990. "Primary disorder of vigilance: A novel explanation of inattentiveness, daydreaming, boredom, restlessness, and sleepiness." *Journal of Pediatrics* 116, no. 5: 720–725.

Weinstein, Lawrence, Xiaolin Xie, and Charalambos C. Cleanthous. 1995. "Purpose in life, boredom, and volunteerism in a group of retirees." *Psychological Reports* 76, no. 2: 482.

Weissinger, Ellen. 1995. "Effects of boredom on self-reported health." *Loisir et societé / Society and Leisure* 18, no. 1: 21–32.

Weissinger, Ellen, Linda L. Caldwell, and Deborah L. Bandalos. 1992. "Relation between intrinsic motivation and boredom in leisure time." *Leisure Sciences* 14, no. 4: 317–325.

Wemelsfelder, Francoise. 1985. "Animal boredom: Is a scientific study of the subjective experiences of animals possible?" In *Advances in Animal Welfare Science* 1984 / 85, ed. M. W. Fox and L. D. Mickley, 115–154. Dordrecht: Martinus Nijhoff / Kluwer.

Wemelsfelder, Francoise. 2005. "Animal boredom: Understanding the tedium of confined lives." In *Mental Health and Well-Being in Animals*, ed. F. D. McMillan, 77–91. Oxford: Blackwell.

Wemelsfelder, Francoise. 1990. "Boredom and laboratory animal welfare." In *The Experimental Animal and Biomedical Research*, ed. Bernard Rollin, 243–272. Boca Raton: CRC Press.

Wemelsfelder, Francoise. 1993. "The concept of animal boredom and its relationship to stereotyped behaviour." In *Stereotypic Behavior: Fundamentals and Applications to Animal Welfare*, ed. A. B. Lawrence and J. Rushen, 95–96. Tucson, AZ: CAB International.

Westgate, Erin C., and Timothy D. Wilson. 2018 "Boring thoughts and bored minds: The MAC model of boredom and cognitive engagement." *Psychological Review* 125, no. 5: 689–713.

Weybright, Elizabeth H., Linda L. Caldwell, Nilam Ram, Edward A. Smith, and Lisa Wegner. 2015. "Boredom prone or nothing to do? Distinguishing between state and trait leisure boredom and its association with substance use in South African adolescents." *Leisure Sciences* 37, no. 4: 311–331.

White, A. 1998. "Ho hum: A phenomenology of boredom." *Journal of the Society for Existential Analysis* 9: 69–81.

White, Robert W. 1959. "Motivation reconsidered: The concept of competence." *Psychological Review* 66, no. 5: 297–333.

Whiting, Anita, and David Williams. 2013. "Why people use social media: A uses and gratifications approach." *Qualitative Market Research: An International Journal* 16, no. 4: 362–369.

Willging, Cathleen E., Gilbert A. Quintero, and Elizabeth A. Lilliott. 2014. "Hitting the wall: Youth perspectives on boredom, trouble, and drug use dynamics in rural New Mexico." *Youth and Society* 46, no. 1: 3–29.

Williams, D. J., and Mary Liz Hinton. 2006. "Leisure experience, prison culture, or victimization? Sex offenders report on prison gambling." *Victims and Offenders* 1, no. 2: 175–192.

Wilson, Timothy D., David A. Reinhard, Erin C. Westgate, Daniel T. Gilbert, Nicole Ellerbeck, Cheryl Hahn, Casey L. Brown, and Adi Shaked. 2014. "Just think: The challenges of the disengaged mind." *Science* 345, no. 6192: 75–77.

Wink, Paul, and Karen Donahue. 1995. "Implications of college-age narcissism for psychosocial functioning at midlife: Findings from a longitudinal study of women." *Journal of Adult Development* 2, no. 2: 73–85.

Wink, Paul, and Karen Donahue. 1997. "The relation between two types of narcissism and boredom." *Journal of Research in Personality* 31, no. 1: 136–140.

Winokur, Jon, ed. 2005. *Ennui to Go: The Art of Boredom*. Seattle: Sasquatch Books.

Witte, Kim, and William A. Donohue. 2000. "Preventing vehicle crashes with trains at grade crossings: The risk seeker challenge." *Accident Analysis and Prevention* 32, no. 1: 127–139.

Wood, Richard T. A., Mark D. Griffiths, and Jonathan Parke. 2007. "Acquisition, development, and maintenance of online poker playing in a student sample." *Cyberpsychology and Behavior* 10, no. 3: 354–361.

Wyatt, Stanley, and James A. Fraser. 1929. "The effects of monotony in work—a preliminary enquiry." Oxford: H.M. Stationery Office.

Wyatt, Stanley, and James N. Langdon. 1937. *Fatigue and Boredom in Repetitive Work*. London: H.M. Stationery Office.

Yeykelis, Leo, James J. Cummings, and Byron Reeves. 2014. "Multitasking on a single device: Arousal and the frequency, anticipation, and prediction of switching between media content on a computer." *Journal of Communication* 64, no. 1: 167–192.

Young, Kimberly S. 1998. "Internet addiction: The emergence of a new clinical disorder." *Cyberpsychology and Behavior* 1, no. 3: 237–244.

Young, Kimberly S., and Robert C. Rogers. 1998. "The relationship between depression and Internet addiction." *Cyberpsychology and Behavior* 1, no. 1: 25–28.

Yu, Yen, Acer Y. C. Chang, and Ryota Kanai. 2018. "Boredom-driven curious learning by homeo-heterostatic value gradients." *Frontiers in Neurorobotics* 12.

Yunis, Harvey, ed. 2011. *Plato, Phaedrus*. Cambridge Greek and Latin Classics. New York: Cambridge University Press.

Zajonc, Robert B. 1968. "Attitudinal effects of mere exposure." *Journal of Personality and Social Psychology* 9, no. 2: 1–27.

Zakay, Dan. 2014. "Psychological time as information: The case of boredom." *Frontiers in Psychology* 5: article 917.

Ziervogel, C. F., Najma Ahmed, A. J. Flisher, and B. A. Robertson. 1997. "Alcohol misuse in South African male adolescents: A qualitative investigation." *International Quarterly of Community Health Education* 17, no. 1: 25–41.

Zondag, Hessel J. 2013. "Narcissism and boredom revisited: An exploration of correlates of overt and covert narcissism among Dutch university students." *Psychological Reports* 112, no. 2: 563–576.

Zuckerman, Marvin. 1993. "P-impulsive sensation seeking and its behavioral, psychophysiological and biochemical correlates." *Neuropsychobiology* 28, no. 1–2: 30–36.

Zuckerman, Marvin. 1979. *Sensation Seeking: Beyond the Optimal Level of Arousal*. Hillsdale, NJ: Lawrence Erlbaum Associates.

삽화 출처

p.75 Wellcome Library M001440; Wellcome Collection CC BY 4.0.

p.81 CALVIN AND HOBBES © 1993 Watterson. Reprinted with permission of ANDREWS MCMEEL SYNDICATION. All rights reserved.

p.156 Courtesy of Dr. Jennifer Gunter.

p.184 "Welche Thiere gleichen einander am meisten: Kaninchen und Ente," Fliegende Batter, October 23, 1892. University Library, Heidelberg.

p.194 Reprinted with permission, ©1972 Dow Jones & Company, Inc. All rights reserved worldwide.